国学新读本

龚自珍集

曹志敏 注说

河南大学出版社

国学新读本编辑委员会

总策划　马小泉

主　编　李振宏

编　委　(以姓氏笔画为序)

马小泉　王　健　朱绍侯　刘小敏
李中华　李振宏　苏凤捷　何晓明
张云鹏　张富祥　宋会群　杨天宇
杨寄林　杨朝明　赵国华　郑慧生
姜建设　袁喜生　曹　峰　曹础基
曾振宇　戚良德　龚留柱　熊铁基

目 录

序 …………………………………… 李振宏（1）
《龚自珍集》通说 ……………………………（1）
  一　龚自珍的家世 ………………………（1）
  二　龚自珍的生平 ………………………（5）
  三　龚自珍的学术思想 …………………（16）
  四　龚自珍的人性解放思想 ……………（37）
  五　龚自珍的政治思想 …………………（41）
  六　龚自珍的边疆治理思想及其对西方侵略的
     认识 …………………………………（53）
  七　龚自珍在中国近代史上的影响 ……（64）
  八　龚自珍文集的阅读 …………………（70）
  九　校注说明 ……………………………（73）
《龚自珍集》简注 ……………………………（76）
  第一辑 ……………………………………（76）
    乙丙之际著议第一 …………………（76）
    乙丙之际塾议三 ……………………（77）
    乙丙之际著议第六 …………………（80）

乙丙之际著议第七……………………………………（84）
乙丙之际著议第九……………………………………（85）
乙丙之际塾议第十六…………………………………（87）
乙丙之际塾议第十七…………………………………（89）
乙丙之际著议第十八…………………………………（92）
乙丙之际著议第十九…………………………………（92）
乙丙之际塾议第二十…………………………………（93）
乙丙之际塾议第二十五………………………………（95）
壬癸之际胎观第一……………………………………（96）
壬癸之际胎观第二……………………………………（98）
壬癸之际胎观第三……………………………………（99）
壬癸之际胎观第四……………………………………（100）
壬癸之际胎观第五……………………………………（101）
壬癸之际胎观第六……………………………………（102）
壬癸之际胎观第七……………………………………（103）
壬癸之际胎观第八……………………………………（105）
壬癸之际胎观第九……………………………………（106）
古史钩沈论一…………………………………………（106）
古史钩沈论二…………………………………………（107）
古史钩沈论三…………………………………………（116）
古史钩沈论四…………………………………………（119）
明良论一………………………………………………（123）
明良论二………………………………………………（126）
明良论三………………………………………………（130）
明良论四………………………………………………（132）
六经正名………………………………………………（136）
五经大义终始论………………………………………（142）

第二辑 …………………………………………（151）

 农宗 ……………………………………………（151）

 平均篇 …………………………………………（156）

 尊史 ……………………………………………（160）

 尊史三 …………………………………………（162）

 尊命 ……………………………………………（164）

 尊命二 …………………………………………（166）

 尊任 ……………………………………………（167）

 尊隐 ……………………………………………（169）

 宥情 ……………………………………………（173）

 凉燠 ……………………………………………（175）

 论私 ……………………………………………（177）

 抱小 ……………………………………………（180）

 庐之推 …………………………………………（181）

第三辑 …………………………………………（184）

 保甲正名 ………………………………………（184）

 地丁正名 ………………………………………（186）

 西域置行省议 …………………………………（187）

 御试安边绥远疏 ………………………………（196）

 对策 ……………………………………………（199）

 拟进上《蒙古图志》表文 ……………………（206）

 拟上今方言表 …………………………………（208）

 上镇守吐鲁番领队大臣宝公书 ………………（209）

 上国史馆总裁提调总纂书 ……………………（215）

 上大学士书 ……………………………………（225）

 答人问关内侯 …………………………………（238）

第四辑 …………………………………………（242）

京师乐籍说 …………………………………… (242)

述思古子议 …………………………………… (244)

说中古文 ……………………………………… (245)

释魂魄 ………………………………………… (248)

辩知觉 ………………………………………… (249)

阐告子 ………………………………………… (250)

捕蜮第一 ……………………………………… (252)

捕熊罴鸱鸮豺狼第二 ………………………… (253)

捕狗蝇蚂蚁蚤蟹蚍蚰虻第三 ………………… (253)

非五行传 ……………………………………… (254)

第五辑 …………………………………………… (258)

资政大夫礼部侍郎武进庄公神道碑铭 ……… (258)

王仲瞿墓表铭 ………………………………… (262)

工部尚书高邮王文简公墓表铭 ……………… (265)

海门先啬陈君祠堂碑文 ……………………… (268)

杭大宗逸事状 ………………………………… (270)

送吴君序 ……………………………………… (271)

送夏进士序 …………………………………… (272)

送徐铁孙序 …………………………………… (274)

送钦差大臣侯官林公序 ……………………… (276)

纵难送曹生 …………………………………… (279)

宋先生述 ……………………………………… (280)

叙嘉定七生 …………………………………… (281)

记王隐君 ……………………………………… (283)

吴之癯 ………………………………………… (284)

书果勇侯入觐 ………………………………… (286)

书番禺许君 …………………………………… (288)

书叶机………………………………………………(290)
　　松江两京官………………………………………(292)
　　病梅馆记…………………………………………(293)
第六辑………………………………………………(294)
　　徐尚书代言集序…………………………………(294)
　　江子屏所著书序…………………………………(297)
　　陈硕甫所著书序…………………………………(300)
　　陆彦若所著书序…………………………………(303)
　　钱吏部遗集序……………………………………(304)
　　袁通长短言序……………………………………(306)
　　上海李氏藏书志序………………………………(306)
　　金孺人画山水序…………………………………(308)
　　江南生橐笔集序…………………………………(309)
　　张南山国朝诗征序………………………………(310)
　　绩溪胡户部文集序………………………………(311)
　　四先生功令文序…………………………………(313)
　　鸿雪因缘图记序…………………………………(315)
　　徽州府志氏族表序………………………………(317)
　　长短言自序………………………………………(319)
　　春秋决事比自序…………………………………(320)
　　升平分类读史雅诗自序…………………………(322)
　　干禄新书自序……………………………………(325)
　　识某大令集尾……………………………………(328)
　　书汤海秋诗集后…………………………………(330)
　　上清真人碑书后…………………………………(331)
第七辑………………………………………………(333)
　　与人笺一…………………………………………(333)

与人笺二……………………………………………（334）
　　与人笺五……………………………………………（334）
　　与人笺七……………………………………………（336）
　　与人笺八……………………………………………（338）
　　与江居士笺…………………………………………（339）
　　与陈博士笺…………………………………………（340）
　　与江子屏笺…………………………………………（341）
参考书目 ………………………………………………（343）

序

最近一些年来,一股"国学热"的思潮强劲涌动,在文化学界以至于整个社会上,引起了强烈反响。为什么在这样一个社会的大变革时代,在从传统社会向现代社会的转型期,最为传统的国学,却能引起国人的极大兴趣,这的确是一个值得思考和研究的问题。

"国学"作为一个学术文化概念,产生于近代。从渊源上讲,"国学"概念的产生,与"国粹"有些关联,并且是从对抗西学侵入的角度提出来的。今天,中华民族早已是一个独立于世界民族之林的自立自强的民族,全球经济一体化所带来的世界文化的汇合与交融,也早已是历史发展的必然趋势,而在这样的历史大势中,却会有"国学热"的产生,乍一看来,确有不可思议之处。但实际上,国学的当代走红,则与我们今天所处的历史时代有着一定的关系。

随着改革开放的迅速推进,随着市场经济的强劲发展,传统道德受到了强烈冲击,传统文化与现代文化观念的碰撞也日益强烈。于是,如何看待传统文化的问题,就严峻地提到了国人的面前。传统文化的出路何在,它从何而来,要走向何方,如何对之进行价值重估,一切关心文化问题、有着强烈历史责任感的人们,无不把关注的目光投向中国的传统学术。当然,也不排除一些对改革开放和市场经济所带来的冲击无法理解和接受,对现代经济发展对传统道德的亵渎强烈抗议的人们,自然而然地发出向传统文化复归而倡导国学的呼声。总之,不论是出于积极的思考,还是抱着一种向后看的心态,对国学的重视则成了最近十多年来一种普遍的文化选择。

于是,对待"国学热"就需要有一个分析的态度。对于任何一个民族的发展来说,传统文化都是其牢固的根基,是其一切历史的出发点,摒弃传统、甚至全盘否定传统文化,都是幼稚可笑的,不可取的。但一遇到问题就求助于传统,甚至一味狂热地提倡向传统复归,也是走不通的,过去那句常说的"倒退是没有出路的"话,虽说不是什么至理名言,却也还是有些道理的。这些年来,一些地方出现的中小学生、甚至幼儿园小朋友的读经热,就是一种值得注意的倾向。国学,毕竟是一种学术,需要有一定的文化基础,有一定的分析批判能力,才能对之进行识读、鉴别而决定其取舍。所以,严格地说,对于国学,尤其是经学,在当代中国,需要的是研究以及在此基础上的批判继承,而不是再像传统社会中那样采取唱诗班的方式,对青少年一代进行无分析地灌输。因此,如何弘扬传统文化,就是一个需要思考的问题。

正是基于以上考虑,为着弘扬优秀传统文化的需要,也为着对社会上盲目崇尚读经的风气有所引导,我们组织了这套"国学新读本"丛书,选择一些在中国传统文化中影响较大的国学典籍,对之进行简明扼要的注释,然后在读本前边,用较大篇幅解读该典籍的基本思想文化内涵,评述其在中国文化史上的地位和影响,并对如何阅读该典籍做出读书方法上的引导。通过这样一个较为翔实的导读内容,以批判分析的态度,给青年人的国学典籍阅读提供一个健康的思想导向。根据这样的宗旨,这套丛书,在大的结构上,每本都分为"通说"和"简注"两个部分,"通说"是导读的性质,"简注"在于疏通文字,希望这样的安排,能够为青年朋友和一般社会读者提供一个国学入门的向导。果能如此,也就实现了撰著者和出版者的愿望。

　　国学所以是国学,就在于它是我们祖国优秀民族文化和民族精神的载体。在这些国学典籍中,包含着民族文化的基因,蕴藏着民族精神的范型。衷心期待这套丛书能够成为广大读者学习国学精华、体认民族精神、继承祖国优秀文化遗产的良师益友。

李振宏

2008 年 2 月 28 日

《龚自珍集》通说

龚自珍是近代中国著名的启蒙思想家,梁启超称之为"中国的卢梭",他一生著述丰富,学术成就涉及经学、史学、边疆舆地、金石学、佛学、文学等诸多方面,是晚清学术的重镇。自珍生活的时代,大清王朝由盛转衰,中国处于进入近代社会的前夜,他以渊博的学识、深邃的洞察、时代的敏感与纵横百家、恣意汪洋的诗文,留给后世一笔丰厚的思想遗产,在晚清学术史、思想史上开创了一代新学风,影响了近代中国百年的学术风气与思想走向。

一 龚自珍的家世

乾隆五十七年(1792),龚自珍出生于一个世宦簪缨的书香门第。龚家在杭州为累世望族,自珍的祖父辈兄弟五人,皆为读书士人。祖父龚敬身,字岊怀,号匏伯,少年读书作文,以理学文章自任,酷爱研习《礼记》,但并不热衷于科举功名。由于父母热切期盼他功成名就,敬身这才拿出精力来攻读举业,乾隆二十四年(1759)中举,考充北京咸安宫官学的教习,岁满以知县任用。三十四年(1769)敬身成进士,由内阁中书转任宗人府主事,迁升吏部稽勋司员外郎,兼任考功司事。四十四年(1779)充任顺天乡试同考官,不久迁官礼部精膳司郎中,兼任祠祭司事,并参与《四库全书》的编纂。敬身为官恪尽职守,廉洁简要,日日俯首桌案处理公务,临事毅然坚持节操,对权贵也不屈从,自公所退值以后,即研讨订正古书古义。

四十八年(1783),敬身出任云南楚雄知府,颇有政声。楚雄地处偏僻,官盐价高,百姓争相买食私盐,以致官盐滞销,盐课征收困难,于是有人提议官盐派销,引起极大的民愤。敬身力持异议,主张整顿官盐,裁汰冗费,降低盐价,以利于官盐畅销。乾隆五十三年(1788)四月,大理因为按户派销官盐,又加价勒索,最终激成民变,巡抚商议派兵镇压,敬身单骑前往抚慰,只是杖责首犯了事,民众散去而巡抚就此罢兵,各州县也停止了官盐的加价。敬身因此大计卓异,擢升迤南兵备道,但是因为父丧丁忧,未能出任,于是去官回乡。

敬身嗜好治史,曾经手点《左传》,批校《汉书》,他随笔校勘《汉书》四百余事,曾有志于作《汉书补注》,可惜未能成书,但龚家藏有他的手批本。自珍《己亥杂诗》曾说:"吾祖平生好孟坚,丹黄郑重万珠圆。"①即因此事而作。此外,敬身还著有《桂隐山房遗稿》,主编《平定州志》,嘉庆五年(1800)去世。

自珍生身祖父龚禔身,字深甫,号吟朧,少年时即才华出众,工于诗词,二哥龚澡身也喜欢作诗,风雨之夜二人对床,兄弟吟咏唱和,习以为常。杭世骏主讲邗江安定书院,禔身从学交游,与名士沈沃田、蒋春海、金棕亭等人吟诗于红桥碧浪之间,因而诗名大振。乾隆二十六年(1761)禔身中举,三十四年(1769)与同胞兄弟敬身一起考中进士,官至内阁中书,军机处行走,二人在京城同官同住,

---

① 刘逸生:《龚自珍己亥杂诗注》,第69首,中华书局1980年版,第101页。

如同左右手，一时号称"两龚"，深受大学士刘统勋、于敏中的赏识。敬身性格谨慎朴实，做事造次不苟；而禔身则英姿焕发，聪颖敏感，与人交游酬酢，辉映四座。禔身这种聪明敏感的性格，对其孙自珍有一定影响。四十一年(1776)，禔身随乾隆帝的车驾前往热河，不幸痼疾发作，回京后数月而卒，年仅37岁，著有《吟䑲山房诗》。

自珍外祖段玉裁，字若膺，号懋堂，江苏金坛人，清代著名的文字学家、训诂学家。乾隆二十四年(1759)中举，历任贵州玉屏、四川巫山知县。玉裁师事汉学泰斗戴震，长于文字、音韵、训诂之学，精于校勘，著有《说文解字注》、《六书音均表》、《经韵楼集》等。对于耗费玉裁30年心血而成的文字学巨著《说文解字注》，学术界高度盛赞与肯定，乾嘉学者卢文弨说："盖自有《说文》以来，未有善于此书者。……可以砭诸家之失，可以解后学之疑，斯真能推广圣人正名之旨，而其有益于经训者功尤大也。"[①]王念孙盛赞此书"盖千七百年来无此作矣"[②]。自珍12岁时，外祖玉裁即亲自教其许慎《说文解字》部目，为日后治学奠定了深厚的小学基础。

自珍之父龚丽正，字旸谷，又字赐泉，号暗斋，为禔身次子，幼年过继给伯父敬身为子。乾隆六十年(1795)丽正中举，嘉庆元年(1796)成进士，签分礼部学习行走，四年(1799)补授礼部主事，八年(1803)入军机处任军机章京，十年提升礼部员外郎。丽正为人温和恬静，在军机处因做事缜密而受到长官的倚重，对于人事奥援、奔竞钻营则漠然视之，在官场之中绝无仅有。当时丽正与其弟守正同为进士，为官京师，洪亮吉赠诗说："后先经学宗三郑，兄弟

---

① 卢文弨：《说文解字读序》，(汉)许慎撰，(清)段玉裁注：《说文解字注》，凤凰出版社2007年版，第1351页。
② 王念孙：《说文解字注序》，(汉)许慎撰，(清)段玉裁注：《说文解字注》卷首。

才名说两龚。"①对丽正专治三礼大加赞扬。十四年(1809)丽正充任广西乡试正考官,对各房落选试卷认真复校,将名士王能肃从落卷中选拔出来。

嘉庆十七年(1812),丽正调任徽州知府,两年后主持重修《徽州府志》。二十一年(1816)擢升江南苏松太兵备道,驻上海,直到道光五年(1825)辞官返里,监督海关十余年,耗羡陋规收入非常丰厚,但丽正辞官时并无积蓄。原因在于丽正喜欢结交宾客,东南文人雅士大都集于他的门下,丽正对他们进行生活周恤与著述刊刻资助;再者,丽正无论为官京师,或出任地方官,喜欢接济同族,抚恤穷困潦倒的亲朋故旧,因此亲戚、乡里、寒士等投奔之人络绎不绝,丽正一概来者不拒,竭尽全力资助,因为好客好饮好施舍,甚至为此不惜借债巨万,到辞官时不名一文,也在情理之中。

返乡后,丽正主讲杭州紫阳书院十余年,每每以"先器识,后文艺"鼓励诸生,督课作文要求严格。道光二十一年(1841)三月,丽正在杭州病逝,好友胡敬做挽联云:"司管榷者十年,宜富而贫,视古名臣无愧色;溥仁恩于三党,为善必报,知君后嗣有传人。"②对丽正为官清廉、周恤同族的做法颇为肯定。丽正师从岳父段玉裁学习文字训诂,深得汉学精义,著有《国语注补》、《三礼图考》、《两汉书质疑》、《楚辞名物考》等书。自珍之母段驯,身为经学家段玉裁之女,知书达礼,工于诗词,著有《绿华吟榭诗草》。

自珍的伯父龚履正、叔父龚绳正、龚京正、龚守正均曾为官,其中龚守正为嘉庆七年(1802)进士,官至礼部尚书。龚氏家族以科目起家,簪缨文史,堪称浙江右族,不但为官显赫,且极有学术修

---

① 龚守正:《艳雪轩随记·家乘述闻》,樊克政:《龚自珍年谱考略》,商务印书馆2004年版,第553页。
② 吴昌绶:《定庵先生年谱》,王佩诤校:《龚自珍全集》附录,上海古籍出版社1975年新一版,第626页。

养,包括母亲段驯在内,都有诗集、文集传世,特别是外祖段玉裁,乃清代乾嘉汉学的泰山北斗,对自珍学术素养的训练大有裨益。龚家从自珍祖父、父亲仕宦京师,到自珍本人,已历经三世百余年,对于这样的家世,自珍颇以为自豪,曾作诗说:"祖父头衔旧颎光,祠曹我亦试为郎;君恩够向渔樵说,篆墓何须百字长。"①自珍生于这样一个书香门第、官宦世家,其学术思想深受家学的影响。

二 龚自珍的生平

乾隆五十七年(1792)七月初五,龚自珍出生在杭州东城的马坡巷,书香门第的官宦世家,使自珍幼年即受过良好的启蒙教育。八岁时,其父丽正亲自教其读《登科录》与《昭明文选》,从此,自珍致力于搜集明清二百年的科名掌故。母亲段训则在帐下灯前,教其诵读吴伟业、方舟、宋大樽的诗文。日后自珍的著述颇受三人的影响,诗文具有吴诗的婉丽,宋诗的清新,方文的气势磅礴,这是他博取众家之长而又独辟蹊径的结果。10岁时,自珍开始诗歌创作,并与母亲相互唱和。12岁时,外祖段玉裁亲自教授自珍许慎《说文解字》部目,这是他平生以经说字、以字说经的开端,并由玉裁结识汉学家臧庸、顾明等人。

自珍生于古刹林立、高僧众多、佛教文化非常兴盛的杭州,幼年随父进京,居所靠近法源寺,稍稍长大后保姆带自珍入寺,他常常坐在佛座上嬉戏,保姆牵拉不去,读书时还经常逃塾就寺门读书。社会环境的熏染使自珍深信轮回之说,少年时读《东方朔传》,

---

① 刘逸生:《龚自珍己亥杂诗注》,第11首,第12页。

恍惚若有所醒悟,自谓"曼倩后身",并刻有"曼倩后身"的印章①,以此来伸张自己的轮回信仰与酷似古人的狂傲风度。成年后自珍皈依大乘佛教,亦在情理之中。

自珍聪颖绝伦,博古通今,精通六书音韵之学,还能阅读蒙古、西番、天竺字书。14岁时,自珍开始考证古今官制,著《汉官损益》上下篇、《百王易从论》一篇,可惜轶失不传。16岁时,自珍阅读《四库全书总目提要》,开始研治目录学。此后自珍开始蓄书,多是七阁未收之本。这年,结识学者夏璜,为自珍平生交友之始。

嘉庆十三年(1808),年仅17岁的自珍进入国子监肄业,师从蒋祥墀。国子监的东邻孔庙中,有两千多年前的大石鼓总共十个,每个石鼓的直径约有三尺,上面文字介于籀文与小篆之间,文体为四字诗,自珍对石鼓文异常喜好,于是开始研治金石之学。十五年,应顺天乡试,放榜后中式第28名副贡。这年,父亲丽正为其取名"自珍",第二年,外祖玉裁为自珍取表字"爱吾"。十七年,考充武英殿校录,是自珍从事校雠学的开端。此年,丽正简放徽州知府,龚家举家离京南下。四月,自珍跟从母亲归宁苏州外家。

此时,自珍完成《怀人馆词》三卷,《红禅词》二卷,玉裁读了自珍的诗词大加赞赏,认为可与韩愈媲美,并作序称赞说:"所业诗文甚夥,……风发云逝,有不可一世之概;尤喜为长短句,……造意造言,几如韩、李之于文章,银碗盛雪,明月藏鹭,中有异境……自珍以弱冠能之,则其才之绝异,与其性情之沈逸,居可知矣。"②玉裁本人年少时亦酷爱填词,但他援引先辈祖训,认为工于诗词会有害于研经治史的性情,甚至诗词越工整优美,离儒家经典的圣道就越

---

① 张祖廉:《定盦先生年谱外纪》,王佩诤注:《龚自珍全集》附录,第633页。

② 段玉裁:《怀人馆词序》,《经韵楼集》卷9,上海古籍出版社2008年版,第222页。

远,因此玉裁劝告自珍致力于研读经史。事实上,治经最受清代士子的重视,其次是治史,而文章诗词属于学问之末的雕虫小技,对此自珍说:"屠狗功名,雕龙文卷,岂是平生意?"①

十八年(1813),自珍随父任至徽州,接到玉裁所寄书信,勉励他向汉学家程瑶田问学,大力研读儒家经典,玉裁说:"博闻强记,多识畜德,努力为名儒,为名臣,勿愿为名士。何谓有用之书?经史是也。"②玉裁要自珍发愤成为名儒而不是名士。四月,自珍为应顺天乡试而进京,入京后与礼亲王昭梿交游,闻听昭梿讲述史例应随代变迁、因时而创的见解。八月,自珍乡试落第,旋即南归。九月,林清指挥天理教徒攻入紫禁城,而在河南滑县,李文成则率领天理教徒举行大起义。事变后,嘉庆帝下"罪己诏",并颁发一系列诏谕,要求臣工反思致变之源,寻求致治之方。对于此事自珍颇为震惊与关注。

少年时代,自珍即喜爱王安石的《上仁宗皇帝书》,曾将此书手抄九遍,慨然有经世之志。禁门之变后,更是"慷慨论天下事",并作《明良论》四篇,尖锐批判君主专制的官僚政治,深刻剖析封建专制制度下的君臣关系、朝廷风气以及用人吏治方面的种种弊端,指责三公九卿以及百官群僚是醉心利禄、谄媚君上、犬马自为的寡廉鲜耻之徒,是专制君主视臣下如犬马的必然结果。自珍呼吁朝廷"更法"、"改图",提出君臣"共治天下"的政治理想。《明良论》展现了青年自珍的政治抱负与议政风采,对此,外祖段玉裁大加赞扬。

十九年,丽正主持重修《徽州府志》,自珍参与徽州文献的搜集和整理,其间与徽州官宦以及社会贤达名流交往甚多。徽州大姓甲于天下,名家著述瑰丽粲然,但没有专纪传世。自珍撰《徽州府

---

① 龚自珍:《湘月》,王佩诤注:《龚自珍全集》第11辑,第564页。
② 段玉裁:《与外孙龚自珍札》,《经韵楼集》卷9,第222页。

志氏族表》,著录洪氏、吴氏、程氏、金氏等15族大姓,其余群姓附于书后,收录既不疏漏也不冒滥。

二十一年正月,丽正升任苏松太兵备道,自珍随任至上海,嗜好向人借书,而向自珍借书之人尤多。自珍与学者钮树玉、何元锡诸人搜讨典籍,凡是文渊阁未著录之书以及据善本校勘的流传本,则辗转搜集抄录。自珍更加肆力于著述,学识益为贯串百家,颇为究心于经世之学。钮树玉作诗称赞自珍说:"浙西挺奇人,独立绝俯仰。万卷罗心胸,下笔空依仗。"①

清代中叶以来生齿日繁,土地兼并严重,贫富不均加剧,社会动荡不安。约于嘉庆十九年,自珍作《平均篇》,认为"贫富不相齐"是历代王朝覆灭的最终原因,并从世俗人心的角度,分析贫富不均现象的成因及其社会危害。

嘉道年间内忧外患颇为深重,但朝廷内外文恬武嬉,举国上下沉酣太平,而自珍不胜忧危,二十、二十一年间作《乙丙之际著议》诸文,预言衰世即将到来,并为此规划天下大计,展现出一位启蒙思想家的前瞻意识。

二十二年(1817),自珍将诗稿与文稿各一册,托陈裴之转交吴中宿儒王芑孙,向其请教得失。王芑孙读后,深感自珍"见地卓绝,扫空凡猥,笔复超迈,信未易才也"。但对自珍愤世嫉俗的个性与狂放不羁的文风,进行了推心置腹的批评,其言:"至于诗中伤时之语,骂坐之言,涉目皆是,此大不可也。……甚至上关朝廷,下及冠盖,口不择言,动与世迕,足下将持是安归乎?足下病一世人乐为乡愿,夫乡愿不可为,怪魁亦不可为也。"芑孙希望自珍"循循为庸

---

① 钮树玉:《龚君率人出示诗文走笔以赠》,《匪石山人诗》,《丛书集成初编》第2333册,中华书局1985年版,第12页。

言之谨,抑其志于东方尚同之学,则养德、养身、养福之源,皆在于此"①。自珍文章根底于诸子百家,才华横溢,思想走在时代潮流的前列,而王岂孙在乾嘉学者中资望较高,作为大学士刘墉的门生,岂孙为刘墉诗卷题写跋文,对于其中的过失亦当仁不让,因此他对自珍之言不失诤友之义。

按照清朝定例,凡是翰詹科道等官员子弟,可以参加顺天乡试,录取名额较多,易于登第。自珍不屑凭门荫中举,二十三年八月,以县学生身份应浙江乡试,中式本省经魁,即第四名。二十四年春,自珍应会试落第,留在京师,开始师从刘逢禄学习《公羊春秋传》。逢禄是清代春秋公羊学的集大成者,于是自珍通晓西汉今文经学的微言大义,并将其视为批判社会现实、进行政治变革的思想武器。自珍少年所交朋辈师友,多为精通文字、音韵、训诂的考据学家,嘉庆四年后多是谈艺之士,而自珍壮年之后,所结交的海内通人硕儒不可胜数,多有经世之志。自从师从逢禄研治今文经学后,文章更加渊雅朴茂;推究治学本原,则深明周秦以来的经学家法,而其论述更为言简意赅,深邃精湛。此时,曾为自珍乡试房师的宝兴出任吐鲁番领队大臣,自珍作《上镇守吐鲁番领队大臣宝公书》,讨论抚驭回部事宜,并附呈《西域置行省议》初稿。自珍指出,乾隆年间以来,新疆回部起义多由吏治腐败激起,建议宝兴善待各少数民族,建立"安"和"信"的民族关系,才能保证新疆稳定。

清代中叶以后,沙俄和英国不断侵扰中国东北、西北边疆,促使晚清边疆史地研究的兴起,自珍即为开拓者之一。嘉庆二十五年(1820),张格尔在新疆叛乱的消息传到京城,边疆频频告急,自珍所撰《西域置行省议》定稿写成,提出开发西北边疆、加强边疆防

---

① 眭骏:《王岂孙年谱》,华东师范大学出版社2010年版,第521—522页。

御、维护国家统一的根本大计,成为清代提倡新疆建省的第一人。自珍精于西北史地,嘉庆朝修《大清会典》,程同文将《理藩院》一门及青海、西藏各图,嘱托自珍进行校理。道光元年十一月,自珍至内阁中书行走,此后任职十余年,对内阁掌故最为熟悉。此时,国史馆正在重修《大清一统志》,自珍任国史馆校对官,他深感蒙古各部纵横万余里,却没有专志,于是作《拟进上蒙古图志表文》,声称要自撰《蒙古图志》。同时自珍作《上国史馆总裁提调总纂书》,论辩西北塞外诸部落的沿革,考订旧志的疏漏,提出修订凡例建议18条。

自道光元年(1821)后,自珍与程同文、秦恩复友善,相约得一异书,则相互借录,无虚旬月。徐松、王徵君以搜罗古籍而闻名天下,自珍将其引为同志,荟萃诸多珍本秘籍。自珍热衷于西北史地研究,二年春,从程同文家中借来《西藏志》抄录一通,将其中五篇奏文选入《续文断》,并作《最录西藏志》。可惜九月自珍家中书楼遭受火灾,《蒙古图志》的书稿,为撰写该书而收集的档册图志,以及所搜罗的七阁未收书以及千余种金石拓本,大部或全部毁于火。这令自珍痛心不已,其后每岁以酒醢祭奠亡书百种,皆为绝无仅有的善本。《蒙古图志》虽未成书,但其文集存有诸篇序文,也足见自珍对西北史地的精博。

梁启超称佛学为晚清思想界的"伏流",其言:"晚清所谓新学家者,殆无一不与佛学有关。"[1]自珍亦不例外。道光二年岁末的一段时光,自珍终日端坐,在佛香缭绕之中翻经写字,以消遣残年,其中不无乐趣。三年六月之前,自珍作《发大心文》,其云:"世界无尽,佛力无尽,众生无尽,一切法无尽,我愿亦无尽。"[2]自珍以

---

[1] 梁启超:《清代学术概论》,东方出版社1996年版,第99页。
[2] 龚自珍:《发大心文》,王佩诤注:《龚自珍全集》第6辑,第396页。

积极入世的态度,发愿以利益众生、济世普度的佛学,为内忧外患的清廷寻求出路。自珍曾向江沅学佛,江沅对佛典有专门的研究,方法独特超人,是自珍学佛的第一导师。

自珍才华横溢,但科举并不顺利。道光三年(1823)三月,自珍赴京参加会试,因叔父守正为会试同考官,为了避嫌而未参加,时常与谢阶树、陈沆等人交游,讨论古今学术源流。春夏之间,自珍作《五经大义终始论》暨《答问》九篇,认为五经大义是有终有始、一以贯之的圣人之道,他治经的终极理念就是探寻治国平天下的"圣人之道"。六月,自珍作《与江居士笺》,将江沅引导其学佛喻为"求无上法宝""求无上医王""求万劫息壤"①,但明确表白自己不愿退隐山林,而要实现经邦济世之志。四年八月,自珍与江沅资助居士贝墉重刊《圆觉经略疏》,并作《重刊圆觉经略疏后序》《助刊圆觉经略疏愿文》。自珍在京师结识了睿亲王之子镇国公裕恩,裕恩好读佛典,遍识七种文字的佛经,所藏佛典极为丰富,自珍经常向他借阅佛经,或探讨佛理。自珍本人曾持有《陀罗尼》满49万卷,他更定每日课程,诵读《普贤》《普门》《普眼》诸经文,表现出求佛的极度虔诚。

五年(1825),自珍作《古史钩沈论》四篇,《论一》明确指出,君主专制下"一人为刚,万夫为柔",是天下士人萎靡无耻的根本原因,揭示了君主专制对人才的扼杀与士大夫人格的扭曲;《论二》集中讨论了史籍与文化传统的关系,提出"灭人之国,必先去其史"的著名论断;《论三》批评儒学经典的不纯,同时申明自己不愿专意注经的原因,在于喜好百家、杂家之言,要研究"天地东西南北之学";《论四》提出"宾宾说"的历史观,认为皇帝对待士人应如宾客一般尊重。《古史钩沈论》反映了自珍深邃的社会批判思想,直到戊戌

---

① 龚自珍:《与江居士笺》,王佩诤注:《龚自珍全集》第5辑,第345页。

维新时期，依旧尖锐犀利，对维新派的思想产生了深远的影响。六年三月，自珍参加会试，刘逢禄任会试同考官，见到一份浙江试卷以及邻房湖南试卷，深觉经策奥博，认为此二卷必是自珍、魏源试卷，因此向主考官极力推荐。但四月放榜，二人均落第，逢禄作诗《题浙江湖南遗卷》，对二人的落第深表惋惜："更有无双国士长沙子，孕育汉魏真精神。尤精选理踪鲍谢，暗中剑气腾龙鳞。"①从此"龚魏"开始齐名。

道光九年，自珍参加会试，中式第95名，四月二十一日参加殿试，作《对策》一文，力图效法王安石《上仁宗皇帝言事书》，提出发展西北农业，巩固西北边疆的建议。二十五日传胪，自珍成三甲进士，二十八日朝考，针对张格尔叛乱平定后，新疆诸多问题亟待解决的情况，自珍作《御试安边绥远疏》，以安边、绥远为主题，提出"以边安边"、"足兵足食"、"夺伯克之权"的思想。自珍胪举时事，洋洋洒洒千余言，对时政直陈无隐，阅卷诸公之中，大学士戴均元震惊之余，对自珍颇为赏识，想将自珍列为第一，但其他考官不赞同。殿上三试，自珍皆以楷法不中程式，不列优等，不得入翰林而改为部曹铨选。十二月，自珍作《上大学士书》，畅言内阁事例中当因当革的六事，指出社会变革的不可逆转，他说："自古及今，法无不改，势无不积，事例无不变迁，风气无不移易。"②但其建议未被采纳。

自珍遇事敢于直言不讳，狂放不羁之名在京师广为传诵。道光十一年（1831）冬，诗人张维屏来到京师，尚未与自珍晤面，就听到自珍狂不可近的流言蜚语，待到二人相见之后，张维屏发现自珍

---

① 刘逢禄：《刘礼部集》卷11，《续修四库全书》第1501册，上海古籍出版社1995年版，第205页。

② 龚自珍：《上大学士书》。（自珍文凡出自本书一律只注篇名）

为人颇为温厚纯笃。十二年夏,京师大旱,道光帝谕令在京各衙门例准奏事人员各抒己见,当时大学士富俊五度造访自珍,自珍手书《当世急务八条》,富俊读至"裁汰冗滥"一条时,不禁动色以为难行,对于其他几条颇为赞赏。但自珍的建议未被采纳,此文亦并未收入《龚集》。

十一年闰九月,直隶总督琦善上奏道光帝,认为陆路营伍足以捍卫京师,而天津水师毋庸复设,以节糜费。对此自珍上书万言,极力陈述天津水师不可裁撤的缘由,但未被采纳。后来鸦片战争爆发,英军将领璞鼎查直抵天津,根本没有水师进行抵抗,人们开始佩服自珍的远见卓识。

十三年,自珍作《六经正名》及《答问》,认为儒家经典只有六经,后来被增列为十三经,增列的应属传、记、群书、诸子之类,因此提出"以经还经,以记还记,以传还传,以群书还群书,以子还子"①的主张。

十五年(1835),自珍由内阁中书升任宗人府主事。此时,自珍虔诚事佛,经过阅读佛典而获得诸多启示与学问,甚至对佛典的正误提出译解及校订意见。自珍深感佛教典籍自从传入中国以来,校雠者甚为稀少。因此于十七年春,撰成《龙藏考证》七卷,又将天台宗经典《妙法莲华经》重订目次,分为二部,删去七品,存有21品;还删去《药王》半品,并作《妙法莲华经四十二问》。自珍究心大乘佛教,推崇天台宗、禅宗的思想学说,有关佛学的撰述颇为丰富,此外还撰有《三普销文记》《龙树三椏记》《重辑六妙门》与《支那古德遗书》等。三月,自珍由宗人府主事改任礼部主事,在祠祭司上行走,四月补主客司主事,仍兼祠祭司行走。

---

① 龚自珍:《六经正名答问五》,王佩诤注:《龚自珍全集》第1辑,第40页。

自珍居官京师,多年以来皆为冷署闲曹,他性情豪迈高傲,处事率性而为,不拘小节,与师友纵论天下大事,风发泉涌,有不可一世之气。加上他器识宏远,议论深邃,动辄触犯朝政时忌。魏源与自珍情同手足,曾写信对其进行规劝:"近闻兄酒席谭论,尚有未能择言者,有未能择人者。夫促膝之言,与广廷异;密友之争,与酬酢异;苟不择地而施,则于明哲保身之义,深恐有失,不但德性之疵而已。承吾兄教爱,不啻手足,故率而诤之。"①自珍亦试图压抑自己胸中的愤世嫉俗之气,几度戒诗、烧诗,还作诗云:"百脏发酸泪,夜涌如原泉。此泪何所从,万一诗祟焉。"②但叛逆性格终已铸就,改掉谈何容易?十八年九月,自珍叔父龚守正任礼部尚书,身为礼部主事的他循例回避,加上父亲丽正年逾七旬,因此,自珍以乞养归田为由,决定开缺辞官。

十一月,林则徐被道光帝任命为钦差大臣,前往广东查禁鸦片,在京陛见时曾与自珍会晤。临别时,自珍作《送钦差大臣侯官林公序》,就禁烟问题以及与此相关的内外政策提出若干建议。自珍认为,吸食鸦片不但导致中国白银外流,国库空虚,而且危害人民健康,使人"病魂魄,逆昼夜",因此主张采取断然措施,严禁鸦片,同时必须作好抵御英国侵犯的准备。林则徐对自珍的献策颇为赞赏,但因为时局复杂多变,前程凶险未卜,拒绝了自珍南下随行的请求。自珍所撰《春秋决事比》六卷成于道光十八年。汉儒董仲舒比附经义,以《春秋》决疑断狱,而刘逢禄亦以《春秋》决天下之疑,有董仲舒遗风,自珍师承逢禄之学,发挥公羊家的微言大义,秉承经世致用的治学原则,认为《春秋》乃礼仪大宗,长于治人。

---

① 魏源:《致龚定庵信》,《魏源全集》第12册《补录》,岳麓书社2004年版,第750页。

② 龚自珍:《戒诗五章》,王佩诤注:《龚自珍全集》第9辑,第451页。

自珍以其浪漫的热情、尖辣的笔墨,对封建末世的黑暗腐朽进行了无情地鞭挞,因而为世所不容,只得辞官离开京城。在出都之前半月,自珍在给友人吴虹生的信中说:"弟(龚自珍自称)因归思郁勃,事不如意,积痗所鼓,肺气横溢,遂致呕血半升,家人有咎酒者,非也。"①由此可见,自珍出都前的心情是何等抑郁,以致忧思成疾。十九年(1839)四月二十三日,自珍不带眷属仆从,只身离京南下,同行的只有两辆车,一车自载,一车载文集百卷,先独自一人携带诗文书稿回到故乡杭州,后又北上迎接眷属,十二月二十六日,回到昆山羽琌山馆。

　　离开令人窒息的北京,自珍鞭挞时弊的诗作如同连珠泉涌。从京师至故里杭州,自珍两次往返九万里,历时十月之久,沿途拜访师友,作诗吟咏,旅途之中以鸡毛笔将诗词书写在账簿纸上,扔于竹簏之中,最终得到纸团315枚,作诗共315首,道光十九年为己亥年,因此被称为《己亥杂诗》。《己亥杂诗》是七言绝句联缀而成的大型组诗,内容颇为丰富驳杂,不仅有纪行之作,还有不少诗篇自述家世出身、仕宦经历、师友交游、平生著述,涉及时事、政治、经济、文化等极为广阔的领域,既是自珍对一生思想阅历的回顾与总结,也是嘉道时期中国社会的一个缩影。其中第125首写道:"九州生气恃风雷,万马齐喑究可哀。我劝天公重抖擞,不拘一格降人材。"②此诗痛斥了当时万马齐喑的黑暗时局,希望朝廷破格使用人才,扭转国运时势的衰颓。《病梅馆记》亦作于此年,自珍托梅议政,控诉了清廷束缚士人思想、摧残压抑人才的罪行,表达了要求政治改革、追求个性解放的强烈愿望。

---

①　龚自珍:《与吴虹生书(一)》,王佩诤注:《龚自珍全集》第5辑,第347页。

②　刘逸生:《龚自珍己亥杂诗注》,第125首,第176页。

道光二十年(1840),中英鸦片战争爆发,中国开始被纳入世界体系。二十一年正月,自珍就任江苏丹阳的云阳书院讲席。七月,梁章钜莅任江苏巡抚,八月初一带兵抵达上海,主持防御英军入侵的备战事宜,同时致书自珍讨论时事。自珍即刻致书梁章钜,约定辞去云阳书院讲席,赴上海入章钜幕府,准备参加抗英斗争。十二日,自珍因病突发,卒于丹阳县署。叔父守正作挽联云:"石破天惊,一代才名今已矣;河清人寿,百年论士竟何如?"①自珍一生,以其深远的忧患意识、犀利的社会批判思想、精博深邃的学术著述,成为近代中国历史上颇具影响的启蒙思想家。

三 龚自珍的学术思想

对于自珍的学术,著名学者钱穆曾说:"然则定庵之为学,其先主治史通今,其卒不免于治经媚古;其治经也,其先主大义通治道,其卒又不免耗于琐而抱其小焉。自浙东之六经皆史,一转而为常州公羊之大义微言;又自常州之大义微言,再折而卒深契乎金坛、高邮之小学训诂;此则定庵之学也。以定庵之才,遇定庵之时,而遂以成其为定庵之学。"②钱穆此论,颇能道出自珍治学的基本特色:治经以通晓儒家经典的微言大义与治国之道,治史以通晓古今之变,虽然他的学术也难免于媚古与琐细。

(一) 龚自珍的原经思想与"六经皆史"思想的阐发

儒家经典最初只有六经,即《易》、《诗》、《书》、《礼》、《乐》、《春秋》,被称为"六艺",因《乐经》失传而又有五经之说。汉代以后随

---

① 樊克政:《龚自珍年谱考略》,商务印书馆2004年版,第533页。
② 钱穆:《中国近三百年学术史》,商务印书馆1997年版,第612页。

着儒学的独尊,历代对儒家经典不断增加附益,至南宋增列为十三经。以"经"为《诗》、《书》、《礼》、《乐》、《易》、《春秋》六经专名这一思想的提出,始于自珍作《六经正名》及《答问》。自珍认为,孔子未生以前已有六经,"六经、六艺之名,由来久远,不可以臆增益"①,因而儒家经典只有六经,六经高于其他典籍。十三经中的《仪礼》、《礼记》、《春秋左传》、《春秋公羊传》、《论语》、《孝经》、《孟子》、《尔雅》等书或为记,或为传,或为子,或为群书,却"悍然加以经之名",自珍指出:"仲尼未生,先有六经;仲尼既生,自明不作;仲尼曷尝率弟子使笔其言以自制一经哉?乱圣人之例,淆圣人之名实,以为尊圣,怪哉!"②因此,自珍反对将六经与传、记、群书、诸子混而不分,认为要尊经,就必须"以经还经,以记还记,以传还传,以群书还群书,以子还子,五者正名之功硕矣"③。

自珍以六经为经,从而否定自汉代以来被增列的儒家经典,并力图据以写定五经,反映了自珍维护六经正统地位的思想,不仅带有回归原典的意义,而且宋代以来经学的主要依据是四书,在自珍的界定中,四书更不可以称之为经,因此,自珍《六经正名》亦是对宋代以来以四书为经的否定。但自珍认为,这些典籍是对经的发明,属于经学讨论范围,可以作为经的附属来对待,同时,把"经"的内涵放到语源学的历史发展演变中去考察,有助于剥落经学家附于经的层层粉饰与种种附会,有助于人们认清经的本来面目。自珍所论,具有深邃的历史眼光。

对于六经的价值与功用,章学诚曾有"六经皆史"的著名论断。在章氏看来,天地之间凡所著述皆为史学,六经即是圣人取《诗》、《书》、《礼》、《乐》、《易》六种史书来垂戒后世,都是先王的政教典

---

①② 龚自珍:《六经正名》。
③ 龚自珍:《六经正名答问五》。

章,其云:"后世文字,必溯源于六艺。六艺非孔氏之书,乃周官之旧典也。《易》掌太卜,《书》藏外史,《礼》在宗伯,《乐》隶司乐,《诗》领于太师,《春秋》存乎国史。"①章氏"六经皆史"说,是将"六经"视为先圣先王治理国家、切于民生日用的典籍,史学应当作为经邦济世之器,而章学诚极力要推崇的正是这种经世致用精神。既然六经是圣人治理天下之器,"圣人即器而存道",那么学人"诂经"的价值,就在于从六经之中阐发圣人所蕴含的经世之道。章学诚"六经皆史"的观点,可谓深得儒学的精髓。在此一问题上,龚自珍的思想与章学诚的观点极为一致。正如钱穆所言:"定庵学问志趣,似不屑屑为经生,而颇有取于其乡人实斋章氏文史经世之意也。"②

学术界多数认为自珍"六经皆史"的思想与章学诚一脉相承,事实上,自珍这一学术理念深受外祖段玉裁的影响,玉裁所著《经韵楼集》中有《十经斋记》一文,认为十三经之外,应该加入《大戴记》、《国语》、《汉书》、《资治通鉴》、《说文解字》、《周髀算经》、《九章算术》,成为"二十一经"③,这样儒家经典的范围大为扩大。玉裁尊史为经,对于儒家五经范围的质疑,对自珍的原经思想产生了一定影响。

不过,自珍反其道而行之,在他看来,所谓道、学、治三者是统一的:"一代之治,即一代之学也;一代之学,皆一代王者开之也。有天下,更正朔,与天下相见,谓之王。佐王者,谓之宰。天下不可以口耳喻也,载之文字,谓之法,即谓之书,谓之礼,其事谓之史。职以其法载之文字而宣之士民者,谓之太史。"④自珍这一思想必

---

① 章学诚著,叶瑛校注:《文史通义校注》附《校雠通义校注》,中华书局1994年版,第951页。
② 钱穆:《中国近三百年学术史》,商务印书馆1997年版,第593页。
③ 段玉裁:《十经斋记》,《经韵楼集》卷9,第236页。
④ 龚自珍:《乙丙之际著议第六》。

然要求学术研究成为兼济社会、救治民生、教化万民的良方妙药,他极力推崇史的价值,认为"史之外无有语言焉;史之外无有文字焉;史之外无人伦品目焉"①。因此史是一切学问的发端,而儒者所谓的"六经",亦是西周东迁之后的说法,是前朝文献史书的汇编。

自珍还一一指出,道、墨、农、杂、阴阳、兵等诸子百家的源流,也出于史,所谓"诸子也者,周史之小宗也",这就否定了刘向认为只有道家、术数家出于"史"的观点,认为"经"与"子"莫不出于"史",其言:"五纬、二十八宿异度,而不知其皆系于天也;知江河异味,而不知皆丽于地也。故曰:诸子也者,周史之支孽小宗也。"②

龚自珍六经皆史、经子皆史的思想,具有双重思想意义,一方面,在封建时代经学是治道之源,具有"放之四海而皆准,垂之万世而不易"的神圣地位,而自珍将"经"、"子"与"史"等同,将其视为历史著作,等于否定了经的神圣地位,具有思想解放的意义;此外,自珍抬高了在传统观念下被视为异端的诸子九流的地位,推动了晚清诸子学研究的发展。

最为重要的是,自珍认为六经是先圣先王纂辑的前朝文献,再经过孔子删定,必然将治世安邦的微言大义蕴含其中,而儒者治经,就要从儒家典籍中发掘先圣先王治国平天下的经世精神,自珍一生的学术实践即本于此。这里需要指出的是,虽然自珍"六经皆史"的思想与章学诚《文史通义》之论合拍符节,但并非自珍剿袭章氏,虽然章氏生于自珍之前的乾嘉时期,但其《文史通义》的最初刊行乃在道光十二年,而自珍这些著述,《乙丙之际著议》作于嘉庆二十二年,而《古史钩沈论》则作于道光九年,在这一问题上自珍个人思想的独创,应是不言而喻。

----

①② 龚自珍:《古史钩沈论二》。

(二) 研治天地南北之学,没有门户之见

从理论层面而言,主张治学实事求是、不分门户、汉宋兼采汇通的学者,大有人在,但在实际治经中,清儒依旧颇重家法,说经壁垒森严,至江藩作《汉学师承记》而达于极致。江藩博览群经,治经专宗汉儒,门户之见特深,所著《国朝汉学师承记》、《国朝宋学渊源记》独树一帜,标榜汉学,排斥宋明理学,对当时整个学术界影响颇大。嘉庆二十二年(1817)成书之后,江藩请自珍为其书撰写序言。自珍读完江藩之书,对江藩独标"汉帜"的门户之见非常不满,并直言不讳地指出,清代学术有清代学术的博大精深,并非"汉学"二字所能囊括,某些身为"绝特之士"的儒者涵咏体会经文,自有独特的学术创见,并非汉宋家法所能一语道尽,但却被江藩因门户之见而摒弃!因此,自珍写成《与江子屏笺》一信,认为《国朝汉学师承记》的名目有十点不妥之处(即十不安),建议江藩将书名改为《国朝经学师承记》。

尽管如此,自珍作《江子屏所著书序》,仍然对江藩之书高度肯定:"古之学圣人者,著书中律令,吾子所谓代不数人,数代一人,敢问谁氏也?曰:汉司马子长氏、刘子政氏。江先生书,曰《国朝经学师承记》者如干卷,迁之例;其曰《国朝经师经义目录》如干卷,向之例。"[①]自珍自动将江藩之书更名,认为其书《国朝经学(汉学)师承记》可与司马迁《史记》相媲美,而其书《国朝经师经义目录》可以与刘向《别录》争衡,而且是"代不数人,数代一人"的佳作。

清儒治经注重家法,比如在《诗经》研究方面,说诗门户颇为森严,乾嘉学者推崇《毛序》、《毛传》与《郑笺》,篇义一准《小序》,诠释经旨一准《毛传》,并佐以《郑笺》,文字训诂以《说文》、《尔雅》为主,

---

① 龚自珍:《江子屏所著书序》。

存在着胶固泥古的倾向。但自珍却独树一帜,曾作《诗非序》、《非毛》、《非郑》各一卷,"予说诗,以涵泳经文为主,于古文毛,今文三家,无所尊,无所废"①。自珍虽然推崇今文经学,但他没有经学家固有的家法观念,主张摆脱传注,根据《诗经》本文反复涵咏揣摩,推求诗人作诗的本义,而不拘泥于《毛传》、《毛序》、《郑笺》的陈腐之见,直接从诗歌本身来阐发经典的义理所在,自抒心得。正如自珍在《己亥杂诗》中所说:"经有家法夙所重,诗无达诂独不用。我心即是四始心,沉寥再发姬公梦。"②

关于今、古文经学的异同,历代儒者争论不休,势同水火。但在自珍看来,今、古文经学同出孔子之手,源流相同,只不过在后世流传过程中,儒者发生多种解读与翻译而已,他说:"今文、古文同出孔子之手,一为伏生之徒读之,一为孔安国读之。未读之先,皆古文矣,既读之后,皆今文矣。惟读者人不同,故其说不同。源一流二,渐至源一流百。"③简而言之,儒学分为"道问学"与"尊德性"两端,而清代古文经学偏重于"道问学",即注重典籍的文字训诂,典章制度,而今文经学偏重于"尊德性",即致力于阐发经典的义理,发掘其中的微言大义。而学术的最高境界,应该是"有制度名物以为之表,有穷理尽性以为之里,有诂训实事以为之迹,有知来藏往以为之神"④。也就是将"尊德性"与"道问学"融为一体,古文经学与今文经学兼采并蓄,这是自珍没有今古文门户之见的根源所在。

自珍一向被学术界列为承上启下的今文家,但他研究今文经学,并不排斥古文经学,对古、今文"无所尊,无所废"。自珍曾作

---

①② 刘逸生:《龚自珍己亥杂诗注》,第63首,第92页。
③ 龚自珍:《大誓答问第二十四》,王佩诤注:《龚自珍全集》第1辑,第75页。
④ 龚自珍:《江子屏所著书序》。

《春秋决事比》,即兼采今、古文之长:"凡建五始,张三世,存三统,异内外,当兴王,及别月日时,区名字氏,纯用公羊氏;求事实,间采左氏;求杂论断,间采穀梁氏,下采汉师,总得一百二十事。独喜效董氏例,张后世事以设问之。"①众所周知,自珍精通春秋公羊学,但在今古文经学的问题上,自珍没有丝毫门户之见,作《春秋决事比》采纳了《公羊传》、《左传》与《穀梁传》的特色与所长,以及董仲舒与其他汉儒经师,可谓兼采百家之长。

自珍不仅对今、古文经学没有门户之见,即使对于清儒所痛诋的伪书,也因为它们保存了部分古籍精义,而认为伪书是价值的。自清初以来,经过阎若璩、惠栋等人的考证,东晋梅赜所献古文《尚书》之伪已成定案,但在自珍看来,历代古籍亡佚散失严重,而某些伪书保存了古籍精义,其价值不可抹杀。因此自珍晚年作《尚书古文序》,所持版本就包括梅赜伪古文《尚书》:"伪孔氏《尚书》,视马、郑本文字无大异也。枚赜及伪孔罪虽大,未尝窜改文字,又非别有经师相承,能异文字者也。《尚书》如此,《书序》亦然。自珍今写定《书序》,即用伪孔氏本,知枚氏罪在妄造故,伪孔罪在妄析故,罪皆不在文字间故。"②自珍这一学术思想,即源自外祖段玉裁,由于汉代经典由多家经师相传习,而不同经师所传授的经书,异字在所难免,而家法相沿由来已久;如果不是有德有位的考文之圣出世,很难判断谁是谁非。自珍以开放的胸襟,以典籍中所含精义进行取舍,是一种非常有远见的做法。

自珍的学术,出入于经史,徜徉于释道,精研于舆地、金石,确实具有研治"天地南北之学"的广博与大气,与他深受清代各学术

---

① 龚自珍:《春秋决事比自序》。
② 龚自珍:《最录尚书古文序写定本》,王佩诤注:《龚自珍全集》第 3 辑,第 244 页。

流派的影响,广泛汲取众家之长,有着密切关系。自珍的汉学功底源于外祖父、乾嘉汉学的名家段玉裁,地理学源于徐松,经世之学则受魏源影响,而佛学、杂学则是与江沅、王昙交游切磋的结果。晚清名士李慈铭一向恃才傲物,对当时学人少有首肯,但却目自珍为"近代霸才"①,足见自珍学问的渊雅。

(三) 批评汉学精于抱小而拙于阐发圣人大道

乾嘉汉学家们试图通过"训诂明则义理明"的理念来构建自己的经学解释模式,在治学方法上,特别强调音韵、文字、训诂在通经中的重要作用,如戴震治学,认为治经必须由小学而通于圣人至道,提出"以字考经,以经考字"的研究方法。自珍年仅12岁,即跟随汉学家外祖段玉裁研究《说文解字》部目,具有深邃的小学功底。玉裁深感汉学家的治经不能把握儒学的真精神,最为严重的问题在于不讲求义理,无法达到阐发圣人治国安邦之道的终极目的,自称"喜言训诂考核,寻其枝叶,略其本根,老大无成,追悔已晚"②,玉裁晚年的这些反思,对于弱冠之龄的自珍产生了一定影响。自珍的治学理念始终与乾嘉汉学异趣,不肯拘牵于文字、音韵、训诂。在他看来,汉学家所从事的考订古籍,校订文字,不过是学童都会的"小技小艺"而已。自珍曾说:"辨古籍真伪,为术浅且近者也;且天下学僮尽明之矣,魁硕当弗复言。"③

自珍对乾嘉汉学进行批评的理论反思,可以溯源于"小学"与"大学"之分的见解,在《陈硕甫所著书序》一文中,自珍说:"古者八岁入小学,教之数与方名,与其洒扫进退之节。保氏掌国子之教,

---

① 李慈铭:《越缦堂读书记》,中华书局2006年第2版,第876页。
② 段玉裁:《博陵尹师所赐朱子小学恭跋》,《经韵楼集》卷8,第193页。
③ 龚自珍:《资政大夫礼部侍郎武进庄公神道碑铭》。

有书有数。六书九数,皆谓之小学。由是十五入大学,乃与之言正心诚意,以推极于家国天下。壮而为卿大夫、公侯,天下国家名实本末皆治。"①其中六书九数指文字、音韵、训诂以及算术之学。在自珍看来,周代先秦时期,学童8岁入学,首先学习六书九数与洒扫进退仪节这些属于小学的内容,在15岁即将进入成年时,才教授正心诚意与治国平天下的大学之道,壮年之后成为公卿大夫,治学治国才能兼及名实本末。但后世小学废弃,童子入学即讲授治理天下之道以及穷理尽性的大学之言,而有关六书九数等小学内容却废弃不讲。

　　清儒鉴于宋明时期高谈理气性命,"束书不观,游谈无根"的空疏学风,对典籍进行文字训诂的研究、典章名物的考证,埋头于文化典籍的整理。自珍虽然批评古文经学过于注重训诂而忽视义理的阐发,但自珍并不抹杀古文经学的功绩,认为"欲闻性道,自文章始",也就是说文字训诂是阐发义理的必经阶梯。对于乾嘉汉学的学术贡献,自珍有着深刻的认识:正是一代又一代汉学家积大半生之功,对历代典籍进行名物训诂、校勘辑佚,为后世研治经典提供了极大的便利,使得"愚瘁之士,寻之有门径,绎之有端绪,盖整齐而比之之力,至苦劳矣"②。

　　但是,乾嘉学者的经学研究,主体上毕竟属于小学的范畴,而治经的真正目的,是从经书中发掘圣人的微言大义,从而通晓治国安邦之道,以服务于国计民生。因此自珍晚年,有汉学家"抱小之论"。认为汉学家对典籍的考证、训诂、校勘、辑佚,可谓至繁至琐,研治一经就需要花费数十年之功,才能"始立一术",但终生也没有触及治国平天下的大学之道。在自珍看来,乾嘉汉学带有"拙朴"的特色,只有不避迂曲繁琐、殚精竭虑于经典的学者,才能坚守考

---

①② 龚自珍:《陈硕甫所著书序》。

据并做出成就,而这种学者必须具备淳古、朴拙与退让的性格,才能在学术上思虑完密,无所苟且而达到精微之至,但他们对"天命之奥、大道之任、穷理尽性之谋,高明广大之用"这些本应研治的终极大道,则不敢涉足,或者说"不可得闻",或者说"以俟来者"①。由此可见,汉学家所标榜的"训诂明则义理明",不过是一句空言而已。

此外,汉学家的治经宗旨、为学态度对其精神人格,产生了深远的影响,精研小学与仁爱孝悌有着一以贯之的内在一致性,汉学家拙朴谨慎、循规蹈矩的学风,反映在为人处世上则是入孝出悌,进入政治领域则是忠臣顺民,对统治者只会俯首帖耳,这正是统治者最最需要的。自珍遍考古史,发现班固作《汉书·艺文志》,即将《尔雅》《小尔雅》《古今字》等字书列于《孝经》一类,而西汉以仁孝恭谨著称的"万石君"石奋,著有《颜氏家训》的颜之推,他们不仅仁孝好学,而且精于文字训诂,而与自珍同代的汉学家,最为典型的莫过于外祖段玉裁与座师王引之。玉裁身为七八十岁的老人,遇到亲人之丧哀痛如同小孩子,祭祀祖先哭泣不已,读书也要正襟危坐,行止坐卧非常讲究规矩。身为工部尚书的王引之,65岁丧父,哀痛之情也如同小孩子。乾嘉汉学家的恭谨仁孝,可见一斑。

(四)治经好求微言大义:对今文经学的吸收与批判

嘉庆二十四年(1819)春,28岁的自珍进京会试,结识了刘逢禄,从其研治春秋公羊学,因而自珍的政论文涂上了一层今文经学的色彩,他作诗记述了这一变化:"昨日相逢刘礼部,高言大句快无

---

① 龚自珍:《抱小》。

加。从君烧尽虫鱼学,甘作东京卖饼家。"①"虫鱼学"指先秦时解释经传词语及诠释草木鸟兽虫鱼的《尔雅》,该书是古文家解释经典名物的工具书,因此人们把专门从事考据的汉学贬斥为"虫鱼学"。"东京"指汉魏都城洛阳,三国时钟繇把《春秋左氏传》比作"大官之厨",把《公羊传》奚落为"卖饼家"。这里,自珍不以"卖饼家"为耻,在清代公羊学初兴之际,公然高举公羊学的大旗。下面我们探讨自珍接受今文经学的缘由以其今文经学研究的特点。

1. 接受今文经学的内在原因

作为汉学世家出身、深受汉学熏染的自珍,在接触清代今文学集大成者的刘逢禄之后,就要"甘作东京卖饼家",这本身就是一个耐人寻味的事情,这其中必然有一个内在可以沟通的深层切合点,促成了自珍学术思想的转变。对此,钱穆作出解释说:"言夫常州学之精神,则必以龚氏为眉目焉。何者?常州言学,既主微言大义,而通于天道、人事,则其归必转而趋于论政,否则何治乎《春秋》?何贵乎《公羊》?亦何异于章句训诂之考索?故以言夫常州学之精神,其极必趋于轻古经而重时政,则定庵其眉目也。"②钱穆此论颇中肯綮,常州今文经学与乾嘉汉学一个非常重要的区别,在于今文家治经讲求微言大义以通天道人事,而最终归宿必然会走向议政论政,这与青年时代自珍酷爱天地南北之学,喜好慷慨论天下事,有着内在的一致性。

自珍少年时代即崇拜"天变不足畏,祖宗不足法,人言不足恤"的王安石,赞赏王安石力图革除北宋积贫积弱的弊病,实现富国强兵的改革精神。嘉庆十八年(1813),林清率领天理教徒攻打紫禁

---

① 龚自珍:《杂诗,己卯自春徂夏,在京师作,得十有四首》,王佩诤注:《龚自珍全集》第9辑,第441页。

② 钱穆:《中国近三百年学术史》,第590—591页。

城,史称"禁门之变"。在朝廷内外反思治乱之源的氛围下,年仅22岁的自珍作《明良论》四篇,抨击君主专制、畅言变法改革。《明良论》受到外祖段玉裁的高度赞扬,其言:"四论皆古方也,而中今病,岂必别制一新方哉? 耄矣,犹见此才而死,吾不恨矣。"①自珍慷慨议政的治学精神与今文家治经终极指向天道人事,有着内在的一致性,也是自珍接受今文经学的重要内因。正如时人所言:"近数十年士大夫诵史鉴,考掌故,慷慨论天下事,其风气实定公开之。张南山谓定公得志恐为王荆公,岂非以其议论兴革而逆亿其将来者哉。"②但应该指出,自珍诸多议政论政名篇,如《明良论》、《乙丙之际著议》、《尊隐》等皆作于师从刘逢禄、广泛接触今文经之前,说明喜欢议政论政是自珍学术的一贯风采,而师从刘逢禄学习春秋公羊学,为其学术思想注入了新的血液。

自珍治经,深得今文家好求"微言大义"的旨趣,晚年研究春秋,并不拘泥于经文的字句,而是深入理解《春秋》的精神实质,做到融会贯通,活学活用。在《春秋决事比答问》中,自珍明确提出:"《春秋》之狱,不可以为故当;《春秋》之文,不可以为援;《春秋》之义,不可以为例;……是故《春秋》之指,儒者以为数千而犹未止,然而《春秋》易明也,易学也。"③在自珍看来,研究《春秋》,不可以局限于文字,不可以援引成例,因此对于《春秋》之旨,不同学者有不同理解,甚至有数千种理解也未有止境。自珍这一治经思想,深合今文家治经的思想灵魂,是其对公羊学说的创造性贡献。

自珍深知世事情伪与政治变迁,而决狱与施政必须因时而变,

---

① 龚自珍:《明良论四》。
② 佚名:《定庵文集后记》,孙文光、王世芸编:《龚自珍研究资料集》,黄山书社1984年版,第174页。
③ 龚自珍:《春秋决事比答问第五》,王佩诤注:《龚自珍全集》第1辑,第63页。

因势而变,正如古人所言,冬裘夏葛,因时设治而已。而千百年来世事变迁何异于沧海桑田,如果拘泥于《春秋》决狱具体的条条框框,肯定会造成南辕北辙,因此《春秋》之例有经有权,有正有变,后世学者只能"神而明之"、活学活用了!自珍在解释《论语》"夏礼吾能言之"时说:"圣人神悟,不恃文献而知千载以上之事,此之谓圣不可知,此之谓先觉。但著作之体,必须信而有征。无征不信,不信民弗从。圣人不肯以我一人之神悟,而疑惑天下后世之学者。"①在自珍看来,圣人能以神悟而知千载之事,本来可以不依据经典来阐发治道,但圣人著述之所以有赖于经典,就是要增加民众的信任而已。自珍此论,正是他本人心声的夫子自道。因此,春秋公羊学的家法并非自珍关注的焦点,并非其著述的重心,以经典为依托来阐发自己的政治理念,才是自珍治经的终极目的。正是今文家治经追求"微言大义"的精神,使自珍接受了今文经学。

近代以来研究清代学术史的学者,一般都把龚自珍、魏源列为今文经学谱系的中坚人物,认为他们援经议政,下启康有为、梁启超以今文微言大义变革政治的先河,此论是就龚、魏学术在晚清今文经学史上的影响与流变而言。就自珍本人的学术脉络而言,应该有"天地南北之学"的广博,并非今文经学家一言可以拘囿,在很大程度上,自珍往往借助经典直抒胸臆,表达自己的学术理念与治国之道,而诠释经典在自珍那里不过处于从属地位。晚清国学大师章太炎,对这一点看得颇为清楚:"龚自珍不可纯称'今文',以其经附于史与章学诚相类,亦由其外祖段氏'二十一经'之说,尊史为经,相与推移也。"②章太炎看到了自珍与其他今文家的不同,但对

---

① 龚自珍:《语录》。
② 支伟成:《清代朴学大师列传》卷首,《章太炎先生论订书》,岳麓书社1986年版。

于自珍学术的精博幽远,却认识不足。

2. 探研五经大义的终始之道

道光三年(1823)春夏之间,自珍作《五经大义终始论》暨《答问》九篇,认为五经之中蕴含着有终有始、一以贯之的圣人之道,不但贯通天人之际,洞晓幽明之序,且可通行于社会发展的始、中、终的全过程。始、中、终为社会发展的三个阶段,亦称"三世法",也就是"始乎饮食,中乎制作,终乎闻性与天道"①。在自珍笔下,春秋公羊学所言"据乱世、升平世、太平世"的三世说,常常是始、中、终三个社会阶段的同义语。

自珍认为,社会发展"始乎饮食",这里的饮食指国计民生,也就是社会发展以民生饮食为基始,在满足民生衣食温饱的基础上进入制礼作乐、完善社会制度的阶段,这一步完善了,便进入"性与天道"的理想境界。这三步可谓"民事终,天事始,鬼神假,福禔应,圣迹备"②,即以民事为基础,做到国强民富,才开始有神道设教的天事之始与鬼神福禔。自珍具有民本思想,认为"天聪明,自我民聪明",也就是说民的聪明"本乎天",但民不能皆"肖天"。"肖天"指具有大智大慧的圣君贤相,他们能解决重大的民生问题,而圣王制礼作乐、神道设教都是以人民的日用饮食为基础。

民生饮食得以解决,那么,"民饮食,则生其情矣,情则生其文矣",人在饮食温饱之后,必然会产生七情六欲,而这情欲必须加以文饰规范,社会才能得以有序,因此,"观百礼之聚,观人情之始也,故祭继饮食"。祭祀就属于"中乎制作"之下的礼乐典章范畴,自珍认为,圣君贤相掌理国政,应当顺应时势民情而制礼作乐,使百姓的饮食、祭祀、城郭、宫室皆得所安,民间讼狱、国家兵刑大政恰当得宜,这就是圣人之道"中乎制作"的第二个阶段。

---

①② 龚自珍:《五经大义终始论》。

自珍认为,司空的职责在于掌平水土,为民建立城郭、仓廪、宫室,使百姓得以安居乐业,所谓"此其以安百姓者也";而司寇是职掌刑法之官,管理民事的诉讼断狱,作用在于除暴安良,所谓"与百姓虑不安,所以安安也";与司寇职责相近的是掌握军队兵马的司马,它是"为司寇之细";司空正面维护社会生活秩序,司寇、司马则是惩治危害社会秩序的人与事。自珍以司空、司寇、司马之职,来论述升平世政治、刑法、军事制度,皆属于"为民制作"的范畴。

当然,先圣先王的制作远不止于此,他还要访察"天下良士",立为宾师、师儒,以辅佐王道,教化百姓。自珍以师儒、宾师为教化之官,认为他们所起的作用在修明伦常、以德化民,因此他们成为"太平世"的标志。自珍认为"太平必文致",所谓文致,也就是通过文明教化来实现太平,而文教以伦常礼教为主要内容,即所谓伦常教化。在自珍看来,良士是国家的"金玉异物",宾师、师儒的群集是政治贤明、王道昌盛的体现,而良士去国隐退,则是王名衰微、世道昏乱的象征。自珍以宾师、师儒为太平世的象征,是对文化精英在太平世所发挥作用的高度肯定。

在自珍看来,人民饮食无虞,居处安乐,诉讼刑狱公允,官制完备,国家承平,天子有德而良士、宾师群集朝堂,乃是圣人制作的极致,也就是自珍所谓的"终乎闻性与天道"。此外,自珍认为,三世说并非《春秋公羊传》所独有,而是《诗经》、《尚书》、《礼经》、《周易》、《春秋》五经皆有三世的终始大义,并以《洪范》八政分配于三世,从而提出一个以食货为开始,以祭祀、司空、司徒、司寇为中,以宾、师为终的社会发展理论。《洪范》八政本指食、货、祀、司空、司徒、司寇、宾、师,是人君施政教民的八个方面,而自珍则将八政与公羊学的三世说相配,成为社会发展的三个阶段,描绘了自珍心目中王道社会的理想蓝图。

清人王萱龄对自珍《五经大义终始论》评价甚高,在《定庵文签评》中说:"其于内圣外王之全体大用,悦诸心而研诸虑久矣,忽然奋命褚墨,五经之文,浩乎若决江河而注诸海也。至于其所驱使,皆晚周秦汉古奥义,当为之正义一卷,以俟来者。"①王萱龄认为,自珍此文具备内圣外王的全体大用,深得晚周秦汉儒学的古义。自珍学佛的第一导师江沅亦高度赞扬说:"此文如云霞在目,天女之衣,光采奇异,形而为金枝玉叶,散而为五色鸾凤,变化一跃千里。……六经之文,周之情,孔之思也。有此等文,而龚子之文,从无敌于汉以来天下。"②江沅也认为,自珍此文深合六经精义与周公制礼作乐、孔子删定六经的微言大义,因此龚文可以"从无敌于汉以来天下"。

自珍晚年,对自己的经史研究充满了自豪感。道光十九年(1839),自珍辞官南归故里,路过曲阜,拜谒孔庙、孔林,满怀豪情地说:"少年无福过阙里,中年著书复求仕;仕幸不成书幸成,乃敢斋祓告孔子。"③在此之前,自珍多次到兖州,但没有取道曲阜拜谒孔林孔庙。自珍相继写成《五经大义终始论》、《群经写官答问》、《六经正名》、《古史钩沈论》等经史之作,自珍这才慨然感叹:"可以谒孔林矣。"④但这次拜谒孔庙孔林,对于两庑陪祀的先贤名儒,亦是有的祭拜有的并不祭拜,自珍持论之严,可以想见。

3. 批判今文经学当中的阴阳谶纬

在汉代,春秋公羊学与五行灾异、天人感应等谶纬神学糅杂一起,这是今文经学的一大诟病。自珍在继承春秋学积极有用一面的同时,而对其中谶纬迷信与五行灾异等神学因素,持坚决否定的

---

① 孙文光、王世芸:《龚自珍研究资料集》,黄山书社1984年版,第42—43页。
② 江沅:《定庵文评》,孙文光、王世芸:《龚自珍研究资料集》,第43页。
③ 刘逸生:《龚自珍己亥杂诗注》,第281首,第341页。
④ 吴昌绶:《定庵先生年谱》,王佩诤注:《龚自珍全集》附录,第624页。

态度,他力图吸收公羊学"三世说"等积极因素,批判其宗教神学成分,建立自己的儒学体系,这与清代的社会现实有着密切的关系。有清一代,民间宗教和秘密结社盛行,乾隆后期,白莲教得以充分发展,并公开走向武装反抗。白莲教的首领往往利用灾异谶纬,妄言劫运,或声称自己是弥勒转世、活佛下生,将来必定大富大贵,以便借机聚众起事,严重威胁着清朝的统治秩序。因此自珍在接受今文经学的同时,坚决反对谶纬灾异等宗教神学,有着颇为重要的现实意义。

对于汉儒奢言谶纬、以五行占验灾异的现象,自珍深恶痛绝,明确指出:"刘向有大功,有大罪,功在《七略》,罪在《五行传》。凡五行为灾异,五行未尝失其性也。"①刘向作《七略》,保存了古代文化典籍,功不可没;而刘向作《五行传》,以"五行"附会貌、言、视、听、思"五事",对后世造成了极为恶劣的影响,可谓罪不可赦。自珍认为,西周初年的史官与古代的儒者,没有料到春秋时期会出现裨灶、梓慎以占侯之术、阴阳五行预测吉凶祸福;西汉会出现文成、五利以召神劾鬼、求仙长生蛊惑汉武帝;王莽会以祥瑞符命、改元更受命来篡汉,这些统治者也不会料到张角、张鲁等人会利用谶纬迷信,创立五斗米道、三里雾道,鼓动民众反抗现存统治秩序。因此,如果五经接纳灾异谶纬,经学就成了为张角、张鲁张目的工具,而且,自珍生活的时代,如火如荼的白莲教大起义刚刚平息,而嘉庆十八年,自珍进京参加顺天乡试,刚刚离京就发生天理教徒攻打紫禁城的"禁门之变",而白莲教、天理教的教义与阴阳谶纬有着千丝万缕的联系,而所有这些都是自珍所不能接受的。

在自珍看来,孔子修《春秋》,发生水旱灾害就秉笔直书,从来不奢言灾异,箕子《洪范》言庶征,分为休征与咎征,也不牵扯人事。

---

① 龚自珍:《非五行传》。

"孔氏上承《尧典》,下因鲁史,修《春秋》,大书日食二十又六事,储万世之历,不言凶灾。"①将日食说为凶灾,是《诗经·小雅》诗人所言,是孔子门人七十子的后学与汉代群臣博士所言,与至圣孔子没有关系,因此必须扫清经学当中这些谶纬灾异等迷信成分,应该"以五事还五事,以皇极还皇极,以五福、六极还五福、六极,而《洪范》可徐徐理矣",而且《周易》、《洪范》、《春秋》各不相干,"《易》自《易》,《范》自《范》,《春秋》自《春秋》。《易》言阴阳,《洪范》言五行,《春秋》言灾异。以《易》还《易》,《范》还《范》,《春秋》还《春秋》,姑正其名,而《易》、《书》、《春秋》可徐徐理矣"。② 必须对《周易》、《洪范》、《春秋》加以正名,这样才会对三部经典进行精深的研究。

自珍还指出,《洪范五行传》是刘向、刘歆之言,而并非传习《尚书》的伏生、张生、欧阳生之言,将《五行传》混入《尚书大传》,是对伏生的诬蔑,是近代大儒的误解。自珍对汉代经学中的谶纬灾异进行了尖锐批判:"汉人有一种风气,与经无与,而附于经,谬以禆灶、梓慎之言为经,因以污陈五行,矫诬上帝为说经,《大易》《洪范》,身无完肤,虽刘向亦不免,以及东京内学,本朝何尝有此恶习?"③自珍这一批判颇为中肯,由此可见,他接受了今文经学的以经议政,但对其中的阴阳五行等迷信成分,坚决予以摒弃。

道光六年(1826)春,彗星出现于南方天空,身为两广总督的阮元怀疑广东将有兵灾,便向精通天算舆地的李明彻询问,而李明彻认为将有旱灾,建议阮元奏请朝廷免去洋米进口税,以平抑米价。阮元身为汉学家,学识渊博,仍将彗星牵扯人事,由此可见,阴阳灾异的影响在清代依然颇为盛行。关于彗星一事,自珍写信给钦天

---

① 龚自珍:《乙丙之际塾议第十七》。
② 龚自珍:《非五行传》。
③ 龚自珍:《与江子屏笺》。

监博士陈杰,再次表明自己"最恶京房之《易》,刘向之《洪范》,以为班氏《五行志》不作可也"①。自珍认为,自古以来以阴阳五行占验灾异,与历算家推算日月五星的度数绝不相同,春秋时期的梓慎、裨灶不会推算日食,更何况是月食,而清代天文历算家推测日、月食已非常精准,但有关彗星的推算,古代没有专书,也不知如何推算,自珍建议博士陈杰呈请郑亲王乌尔恭额,取出历年来钦天监所藏有关彗星的旧档案进行研究,著成专书,以摧毁汉代以来阴阳灾异的谬说,彗星出没应该与日食一样有规律。自珍此见,具有朴素唯物主义的远见卓识与近代实事求是的科学精神。

4. 对今文经学"夷夏之防"思想的摒弃

孔子作《春秋》,提出"内诸夏而外夷狄"的思想,认为"诸侯用夷礼则夷之,进于中国则中国之",也就是说孔子以文化礼仪区分"夷"与"夏",华夏诸侯采用蛮夷的礼仪,就将其视为"蛮夷",夷狄采用华夏礼仪,就将其视为"华夏";公羊家研究《春秋》,深言"华夷之辨"与"夷夏之防"。在历史上,每当华夏文明遭受异族侵略,为了保存华夏文明的延续,"华夷之辨"则会占据主流,而在民族友好相处时,往往被思想家淡忘。

在华夷之辨问题上,自珍采取了一种颇为开明的接纳态度,对满族统治的大清王朝多所赞美。应该指出的是,自珍对清朝的赞美,并非身为汉族士大夫却没有民族骨气,也并非不摄于统治者的淫威而言不由衷。自珍从研经读史中,确实感受到清代典章制度的进步,在自珍看来,"史之百王,仁不仁之差,大端有三:视其赋,视其刑,视其役而已矣"②。帝王的仁与不仁,在于赋税、刑罚、徭役三个方面。

---

① 龚自珍:《与陈博士笺》。
② 龚自珍:《升平分类读史雅诗自序》。

清朝实行轻徭薄赋政策,康熙帝实行"摊丁入亩",把赋税征收与田亩相联,废除了中国实行两千多年的丁税(人头税),有利于减轻底层穷苦百姓的赋税负担。雍正、乾隆年间又多次减轻地丁,蠲免漕粮,从赋额而论,有漕粮的省份不过十分之一,没有漕粮的省份,也只有三十分之一,况且乾隆一朝多次蠲免漕粮,还普蠲天下地丁,可谓是"史所未有"。通过研经读史,自珍发现在赋税方面国朝(清朝)远远低于汉唐,可与三代尧舜时期媲美,对此,自珍发出由衷的赞美:"我仁皇帝永免滋生人口之赋,并入地赋,有赐蠲、赐缓、赐赈,而无赐复。寰海之内,无一人不复者也,仁莫大焉!事莫简焉!……我仁皇帝革二千年之苛政,此配天之实也。"①有人担心乡下小民见闻不广,也不研读史书,则不知道国朝(清朝)赋税远远低于前代,自珍作《地丁正名》,目的就是要宣扬国朝的圣恩圣德。

在刑罚方面,清代司法程序非常严格,避免了统治者对人民的滥杀,"盖自有司初定谳,以至于予勾,中间更心目十数,更手百数。仕者罪至死,子孙应试入仕如故。此本朝之刑"②。与先秦、汉唐与宋明相比,清朝刑罚大为减轻,确实与历史相符。《尚书》中《酒诰》的杀滥,《甫刑》的繁苛,汉文帝虽然废除肉刑,但鼎镬、砧质、夷三族等酷刑依然存在,士大夫妻女发为乐籍,更是史不绝书,残忍之至。明代言官受廷杖、下镇抚司狱之刑,也表现出血腥的一面,但这些严苛的刑罚在清代已经废黜。在力役方面,清朝实行中外一家的政策,没有汉唐时期戍守边塞之民,"而一切城工河防,以及内廷营造,行在所幸,治跸道,皆雇民给直;国家虽费帑巨万,民不知,知受雇而已。……乃役夫岁数百万,无空役者,是故本朝绝无

---

① 龚自珍:《地丁正名》。
② 龚自珍:《升平分类读史雅诗自序》。

力役之事"①。在清代,一切城工、河防、内廷营造以及皇帝出行修治道路,都是雇民给予报酬,因此自珍断言,国朝没有力役之事。

在官制方面,自珍论述汉代关内侯的历史进步性。西汉时受封关内侯的功臣、贵族居住于京师,他们只收取封地的赋税,而无封地的兵权与行政权,可以加强中央集权,防止诸侯叛乱。自珍从"大一统"的角度论证关内侯的进步性,称关内侯制可以"为万世法",并由关内侯联系清朝的封爵制度,在自珍看来,清代除了开国功臣承袭王爵世袭罔替以外,其他爵位都是降等承袭,没有功勋的贵族子弟数代之后就会成为平民,不再授田,与关内侯制度有着一致的精神实质,可谓"超越二千载,最平允易行者也"②。

龚家三代为官礼部,自珍少年长于京师,中年为官京师,熟悉清朝掌故典章,又饱读经史,从今昔对比中,确实感受到朝廷典制的巨大进步,因此对清朝皇帝发出由衷的赞美,亦属人之常情,在研读《春秋公羊传》时,自珍对其中的华夷之辨持否定态度,是非常正常的现象,他说:"宋、明山林偏僻士,多言夷、夏之防,比附《春秋》,不知《春秋》者也。《春秋》至所见世,吴、楚进矣。伐我不言鄙,我无外矣。《诗》曰:'无此疆尔界,陈常于时夏。'圣无外,天亦无外者也。然则何以三科之文,内外有异?答:据乱则然,升平则然,太平则不然。"③在自珍看来,大讲夷夏之防的宋明儒者,多是隐居山林的偏僻之士,他们根本不了解《春秋》大义,在据乱世、升平世夷夏之防确实存在,但是人类进入太平世,夷夏之防、华夷之辨是就会因为华夷一体、中外一家而消亡。

民国时期,一些学者具有反清的革命情结,对自珍没有华夷之

---

① 龚自珍:《升平分类读史雅诗自序》。
② 龚自珍:《答人问关内侯》。
③ 龚自珍:《五经大义终始答问七》。

辨、夷夏之防的思想观念,深感遗憾,甚至认为这是自珍思想的巨大遗憾,是没有道理的。比如钱穆认为,自珍治《春秋》,只知道有变法,却不知道有夷夏:"而定庵治《春秋》,知有变法,乃不知有夷夏。……定庵又言尊史,乃知有乾、嘉不知有顺、康,故止于言宾宾而不敢言革命。然则定庵之所讥'积百年之力,以震荡摧锄天下之廉耻,既殄既狁既夷'者,正彼之所以得夷踞于宾之上,而安为其主者也。"①钱穆认为,龚自珍的时代虽然衰象已经呈现,但还是不敢严格区分夷与夏,自珍畅言尊史,却只知道乾嘉盛世而不知道顺康时期满人对汉族圈地、剃发、易服、屠戮的罪行,因此对统治者止于宾宾关系而不敢畅言革命。钱穆的这些论点,没有顾及到清朝典章制度进步对自珍思想的影响。

四 龚自珍的人性解放思想

关于自珍的个性,《己亥杂诗》说得非常清楚:"少年哀乐过于人,歌泣无端字字真。既壮周旋杂痴黠,童心来复梦中身。"②自珍少年时代,无论是悲哀还是快乐,都比其他人表现强烈,而诗文中表现出的感情无论是高歌还是哭泣,皆是字字真实,壮年后周旋于官场夹杂着痴情和狡黠,而那纯真的童心还时常出现在梦中。此外,自珍的一诗一词更能表现其个性:"少年击剑更吹箫,剑气箫心一例消。"③"怨去吹箫,狂来说剑,两样消魂味。"④"怨去吹箫"是自珍闲适恬淡、超尘脱俗生活状态的真实写照;而抨击时弊的政论文,言辞犀利的论辩,改革政治的建议,都是他"狂来说剑"的体现。

---

① 钱穆:《中国近三百年学术史》,第614页。
② 刘逸生:《龚自珍己亥杂诗注》,第170首。
③ 刘逸生:《龚自珍己亥杂诗注》,第96首。
④ 龚自珍:《湘月》,王佩诤注:《龚自珍全集》第11辑,第564页。

"箫心剑气"正是自珍个性的真实写照,独特的个性使其对人性有着独特的思考。

自珍自幼熟读《论语》、《孟子》,深谙孟子关于"人性善"的论题。孟子认为,人人皆有善端,即人性有善的萌芽,而"恻隐之心,仁之端也;羞恶之心,义之端也;辞让之心,礼之端也;是非之心,智之端也"①。但人生而有各种欲望,"口之于味也,目之于色也,耳之于声也,鼻之于臭也,四肢之于安佚也,性也"②,人的各种自然欲望必须合理调节,才能"存心养性"。而存心养性的方法之一就是"寡欲",孟子说:"养心莫善于寡欲。其为人也寡欲,虽有不存焉者,寡矣;其为人也多欲,虽有存焉者,寡矣。"③宋明理学沿着这一路径,至朱熹提出"存天理,灭人欲"的口号,并以一整套封建礼教来束缚人的思想和行为。有清一代,程朱理学所宣扬的"性善欲恶"占据统治地位。

在人性问题,自珍认为,人人都有自私之心,并从天地、日月、冬夏等自然角度肯定"有私"的天然性,肯定追求物质利益的合理性。自珍说:"敢问私者何所始也?告之曰:天有闰月,以处赢缩之度,气盈朔虚,夏有凉风,冬有燠日,天有私也;地有畸零华离,为附庸闲田,地有私也;日月不照人床闼之内,日月有私也。"④在自珍看来,人性的"私"就是对个人利益进行维护的欲求,即便是圣哲帝王,也是希望神灵"庇我子孙"、"保我国家",而不是他人的子孙与国家。从这一角度而言,普通人"有私"就更属于正常现象。正是因为"有私",才会形成社会的各种伦理道德关系;因为"有私"才会有"孰亲、孰厚之气谊",才会有忠臣、孝子、贞妇,他们只爱自己的

---

① 杨伯峻:《孟子译注·公孙丑上》,中华书局2008年版,第59页。
② 杨伯峻:《孟子译注·尽心下》,第263页。
③ 杨伯峻:《孟子译注·尽心下》,第268页。
④ 龚自珍:《论私》。

君主、父亲和丈夫。其实所谓忠孝节义等伦理道德,实质上都是从自身利益出发,来维护社会各阶层的既得利益,都离不开一个"私"字。自珍对人性"私"的阐释,揭示了儒家伦理道德规范的内在本质。

孟子主张人性本善,但性善欲恶,人要存心养性就必须"寡欲",这就造成对人性的压抑。对此自珍并不赞同,他引经据典,论证人的欲望具有重要的合理性。在自珍看来,饮食这一人的基本欲望乃是人之常情,必须先有饮食需求的基本满足,才会有伦理道德与礼仪制度,自珍此论是对朱熹"存天理、灭人欲"的禁欲主义的抗议。自珍的人性论与告子相同,持无善无不善之说,认为"善非固有,恶非固有,仁义、廉耻、诈贼、很忌非固有"①。

在龚自珍看来,人性没有先天固有的善与恶,暴君桀的本性与圣王尧的本性一致,没有任何区别。所谓善恶是伦理道德的外在要求,古代帝王制礼作乐,制定刑罚,所谓的"立五礼,制五刑",目的在于使人们弃恶扬善,但是这些只能治人而不能治人之性,只能有功于教化而不能改变人性。孟子倡言性善,是以伦理道德的外在要求来回避人的本性欲求,有违人格独立与个性健全。自珍主张人性无善无恶,并将"私"视为人的自然本性,认为"上古不讳私",而"私"既不属于善与恶的范畴,也无所谓善与恶,这样,人性才能得以解放,而人的行为的善恶,就可以交给社会制度加以规范。

自珍特别看重"心力"的作用,他说:"心无力者,谓之庸人。报大仇,医大病,解大难,谋大事,学大道,皆以心之力。……哲人之心,孤而足恃,故取物之不平者恃之。"②这里的"心力"指哲学上的

---

① 龚自珍:《壬癸之际胎观第七》。
② 龚自珍:《壬癸之际胎观第四》。

"自我意志",或者说是人的主观能动性,"自我意志"薄弱的就是庸人,而要"解大难,谋大事,学大道",就需要"自我意志"的强大。自珍立足于自然的人性,要求顺应人性的自然,以充满个性的自我来对抗所谓的统治者树立的儒家"圣人",敏锐意识到圣人理想人格及其伦理道德对自我个性的巨大钳制,开始破解世人对"圣人"理想人格的崇拜,并试图建立适合人性发展的伦理价值体系。由此可见,自珍的人性论具有重大的历史意义,成为近代人性论的开端。

自珍建构了个体人格的价值和标准,要求突破束缚人性的封建礼教,大力张扬自然的人性,因为他对晚清社会扼杀人的个性深恶痛绝。那么,应该如何造就人才,培养豪杰之士? 自珍认为,那就是使个人的性情、才智得到充分发展,"士大夫以暇日养子弟之性情,既养之于家,国人又养之于国,天胎地息,以深以安,于是各因其性情之近,而人才成"①。但是,人的个性呈现出明显的个体差异,"民我性不齐,是智愚、强弱、美丑之始"②,如果用同一模式束缚现实生活中千差万别的个人,只会把人变成毫无个性、毫无主观能动性的奴隶,因此不管是人的个性是温柔敦厚还是乖僻暴戾,都要依照人的个性,满足不同人才的发展需要。

在自珍看来,不同的人性如同大自然中的山川河流,高耸与低矮,娴雅与幽远,湍急与险峻,平坦与淳朴,斑驳与精怪,温润与华美,暴戾与拙朴,毒辣与浑重,……可谓多姿多彩,斑驳陆离,无论是具有叛逆性格的人,还是循规蹈矩的人,他们都应该得到自由的发展,合理的成长。自珍提倡个性尊严与自由,不再把个人当作实现伦理道德的工具,在当时社会具有积极的历史进步意义,对晚清

---

① 龚自珍:《与人笺五》。
② 龚自珍:《壬癸之际胎观第二》。

向往自由和人性解放的近代伦理思想产生了深远的影响。正如梁启超所言:"(龚自珍)思想盖甚复杂,然其于《春秋》盖有心得,能以恢诡渊渺之理想,证衍古谊,其于专制政体,疾之滋甚,集中屡叹恨焉,又颇明社会主义,……语近世思想自由之向导,必数定庵。"① 梁启超之论不免有溢美之词,但自珍追求人性解放对近代的思想影响,可窥一斑。此后,个性解放与自由发展成为近代伦理思想的核心主题。

五 龚自珍的政治思想

汉代今文家治经,讲究"以《禹贡》治河,以《洪范》察变,以《春秋》决狱,以三百五篇当谏书"②,自觉将经学研究与政治变革密切结合。自珍治经的旨趣,也是要阐发经典中所蕴含的微言大义,来表达自己的学术理念与治国之方。自珍认为,治国安邦之道蕴含于经史之中,他说:"不研乎经,不知经术之为本源也;不讨乎史,不知史事之为鉴也。不通乎当世之务,不知经、史施于今日之孰缓、孰亟、孰可行、孰不可行也。"③因此治经的终极目的,在阐发圣人治国平天下的大道,但时过境迁,古今时势不同,因此治国不能拘泥于古经古方。自珍的政治思想,主要包括以下几个方面:

(一) 警告世人衰世的已经来临

以时势国运而言,嘉道时期是清朝走向中衰的转戾点,乾隆盛世已经落下帷幕,各种社会矛盾更加尖锐地暴露出来:在国内,人

---

① 梁启超:《论中国学术思想变迁之大势》,上海古籍出版社2001年版,第125—126页。
② 皮锡瑞:《经学历史》,中华书局2004年新一版,第56页。
③ 龚自珍:《对策》。

口繁盛,土地兼并,水旱频仍,民生日蹙,社会动荡,民间各种反清斗争此起彼伏,种种社会问题纷至沓来;在国外,鸦片走私,白银外流,洋货倾销,西方列强的侵略步步逼近,中国正处于"千古未有之奇变"的前夜。而此时清朝的统治日趋腐朽,吏治腐败,行政效率低下,军备废弛,国库空虚。对于时局特点,自珍作诗说:"四海变秋气,一木难为春。"①此一语道出嘉道时期整个时局的特点。黄爵滋也揭露说:"今论者有曰,邪教可虑也,会匪可忧也,灾黎可悯也,岁荒可惧也,兵弁多无用也,海洋多莫测也,外之鲜爱民之官,而内之鲜敬事之吏也。"②但内外交困的时局并没有引起朝廷、官僚、士大夫的警醒,反而举国沉酣太平。

再者,清儒除晚明遗老之外,慑于清廷的高压文化政策,绝少谈论政治。正如学者钱穆所言:"朝廷以雷霆万钧之力,严压横摧于上,出口差分寸,即得奇祸,习于积威,遂莫敢谈。不徒莫之谈,盖亦莫之思。……本非得已,而习焉忘之,即亦不悟其所以然。"③至嘉道时期,随着国势的衰落,清廷的文字狱渐趋松弛,人心渐获解放,但整个社会文恬武嬉,不知忧国忧民为何物。在坚冰乍解之际,作为敏感的启蒙思想家,自珍及其好友魏源充满忧患意识,呼唤国人正视时局的危难,倡导经世致用精神。正如梁启超所言:"龚、魏之时,清政既渐陵夷衰微矣。举国方沉酣太平,而彼辈若不胜其忧危,恒相与指天画地,规天下大计。"④嘉道时期的种种社会危机,给士大夫提出严峻的问题:学人士子必须把学术研究与解决

---

① 龚自珍:《自春徂秋,偶有所触,拉杂书之,漫不诠次,得十五首》,王佩诤注:《龚自珍全集》第9辑,第485页。
② 黄爵滋:《综核名实疏》,盛康:《皇朝经世文续编》卷13,沈云龙主编:《近代中国史料丛刊》,文海出版社1967年。
③ 钱穆:《中国近三百年学术史》,第591—592页。
④ 梁启超:《清代学术概论》,东方出版社1996年版,第69页。

现实国计民生问题,更好地结合起来,于是经世致用思潮蓬勃兴起,而龚自珍即是这一思潮的大力倡导者。其中大胆预言衰世到来是其思想具有高度批判性的表现之一。

在文恬武嬉的嘉道时期,自珍以思想家的敏锐,预言一场社会变革、革命风暴即将到来,认为自己所处的时代是比乱世还令人窒息的衰世。《尊隐》为自珍少年时代较为得意的政论之作,文章巧妙运用象征和隐喻手法,以寓言形式刻画了"衰世"的种种特征,具有警策人心的战斗力,揭示了清朝社会危机随时就要爆发的局面。在文中,自珍以"早时"、"午时"、"昏时"来比喻历代王朝演进的三个阶段,与公羊家将《春秋》十二世划分为三等、东汉何休将历史演进划分为据乱世、升平世、太平世的"三世说"有着异曲同工之妙。

其中"早时"象征着统治集团处于上升的朝阳阶段,作为统治中心的"京师"控制着全国,政治清明,可谓"天下法宗礼族归心,鬼归祀,大川归道,百宝万货,人功精英,不翼而飞,府于京师"①,天下的人才精英聚于京师,而处于山野的以鄙夫、皂隶为主,这些在野力量并没有受到重视。"午时"象征着统治阶级处于如日中天的鼎盛阶段,他们仍有力量控制整个社会,表面上依然是"炎炎其光,五色文明,吸饮和气,宜君宜王"②,"京师"仍是全国财富和人才的聚集中心,但物盛则衰,此时出现了处境窘迫、抑郁不得志的读书人,他们虽然对当权者还不能构成威胁,但潜在的威胁在缓慢滋生。

"昏时"代表统治集团已经穷途末路,整个社会是非颠倒,凄惨悲凉,"日之将夕,悲风骤至,人思灯烛,惨惨目光,吸饮莫气,与梦为邻"③,此时"圣智心肝,人功精英,百工魁杰"这些社会精英,作为新生力量的代表,他们来到京师,"京师"不但不接受重用他们,

---

①②③　龚自珍:《尊隐》。

反而压迫摧残他们;相反,那些卑劣龌龊、庸碌无能的小人却受到重用!于是,作为统治中心的"京师"与代表在野势力的"山中之民",力量对比发生根本变化,自珍说:

> 京师之气泄,则府于野矣。如是则京师贫;京师贫,则四山实矣。……京师贱;贱,则山中之民,有自公侯者矣。如是则豪杰轻量京师;轻量京师,则山中之势重矣。如是则京师如鼠壤;如鼠壤,则山中之壁垒坚矣。京师之日苦短,山中之日长矣。①

自珍描绘了一幅统治集团与在野势力此消彼长的过程,认为清廷的衰世已经到来,已到了"天地为之钟鼓,神人为之波涛"的地步!自珍从衰世论预言天下大乱即将到来,预言代表新兴社会力量的"山中之民",必将取代京师权贵力量。自珍此论并非危言耸听,而是嘉道时期叛乱迭起、险象环生、危机四伏的社会现实的真实写照,"山中之民"既包括被排斥在外的士人,也包括生活困苦的农民群众。自珍死后不过10年,蔓延18省、持续14年的太平天国起义爆发。对于自珍疾呼衰世的到来,梁启超做出了很高的评价:"当嘉、道间,举国醉梦于承平,而定庵忧之,儳然若不可终日,其察微之识,举世莫能及也。"②自珍预言衰世已经来临,意在警醒清廷与官僚士大夫,正视当时弊病丛生的社会现实,积极思考解决社会问题的良方。

(二)尖锐批评君主专制对人才的迫害

乾纲独断是清朝的"家法",乾隆帝曾宣称:"自皇祖皇考以来,一切用人听言大权,从未旁假。即左右亲信大臣,亦未有能荣辱

---

① 龚自珍:《尊隐》。
② 梁启超:《论中国学术思想变迁之大势》,第126页。

人、能生死人者,盖与其权移于下,而作威作福,肆行无忌,何若操之自上?"①皇帝乾纲独断,自然千方百计对大臣进行打压,对其事权进行限制。至自珍生活的嘉道时期,士大夫的锐气风骨早已消磨殆尽,官风败坏、士风萎靡已成为严重的社会问题。

自珍将社会批判的矛头,不仅指向士习民风,吏治民隐,而且直指君主专制的最高统治者——封建帝王。在自珍看来,自有文字记载以来,世道就分为三等,即治世、乱世、衰世,而每一等世道都是以人才而论。但在衰世最先衰败的就是人才,"左无才相,右无才史,阃无才将,庠序无才士,陇无才民,廛无才工,衢无才商,抑巷无才偷,市无才驵,薮泽无才盗,则非但鲜君子也,抑小人甚鲜"②。衰世不但缺乏才相、才史、才将、才士、才民、才工、才商,甚至连才偷、才驵、才盗都非常少,不但君子无才,就连小人也变得愚蠢!之所以如此,都是封建专制与伦理名教对人性进行摧残、迫害的结果。

统治者为了稳固自己的统治,千方百计对"才士与才民"进行束缚、迫害,甚至是杀戮,但这一杀戮并非以刀锯、水火,而是以文章教化、伦理名节、科举利禄与司法行政,统治者要杀戮的不是人的身体,而是摧残人的精神,即人的"能忧心、能愤心、能思虑心、能作为心、能有廉耻心、能无渣滓心",而且这种摧残不是三年五载,而百年一贯如此。人才的发展如同庖丁解牛、伯牙鼓琴、后羿射箭、熊宜僚耍弄弹丸,都是自然天成,需要广阔的自由天地与空间,但统治者对人才进行种种限制,自珍曾说:"人有疥癣之疾,则终日抑搔之,其疮痏,则日夜抚摩之,犹惧未艾,手欲勿动不可得,而乃卧之以独木,缚之以长绳,俾四肢不可以屈伸,则虽甚痒且甚痛,而

---

① 《清高宗实录》卷323,乾隆十三年八月,中华书局1987年版。
② 龚自珍:《乙丙之际著议第九》。

亦冥心息虑以置之耳。"①专制制度对人才的束缚已经无以复加，就像一个得了疥癣的人，想搔一下痒都不能，因为他的手被捆束无法动弹，无论有多么痒多么痛，也只得冥心息虑，无可奈何。

直到晚年，自珍作《病梅馆记》，以犀利的笔调，以梅喻人，谴责与控诉封建统治者对人才的束缚，病态社会对个性价值的压抑，表达了他"疗梅"的志愿。按照文人画士的审美标准，梅以"曲"、"欹"、"疏"为美，因此人们对梅"斫其正，养其旁条，删其密，夭其稚枝，锄其直，遏其生气，以求重价"，统治者对人性的摧残，就像文人画士残害梅树一样，用异化的、病态的道德标准对人的个性进行销蚀，使得人性扭曲，精神萎缩，毫无生机活力。因此自珍发誓要解除对梅的束缚，"予购三百盆，……乃誓疗之，纵之、顺之，毁其盆，悉埋于地，解其棕缚；以五年为期，必复之全之。……呜呼！安得使予多暇日，又多闲田，以广贮江宁、杭州、苏州之病梅，穷予生之光阴以疗梅也哉？"②自珍发誓要"疗梅"，让梅树在沃土中自然生长，也就是打破人思想上的枷锁，让每个人无拘无束地自由成长，让被压抑的个性得以健全发展。自珍对封建专制的痛恨与控诉，跃然纸上。

如果说上述批判还是集中于制度层面，而在《古史钩沈论》中，自珍则把批判矛头直指封建皇帝本人，认为从前称霸天下的帝王，既野心勃勃又武力强大，既神明英武又富有四海，为了保住自家的万代江山，维护帝王之尊与万世子孙的帝位，必然会采用种种手段打压天下英雄豪杰，去掉士人的礼义廉耻，把雄豪之士变成皇帝的忠实奴仆，绝对顺从他一人的意志而不许有丝毫的非议。这样，皇帝一人可以随心所欲，为所欲为，结果"一人为刚，万夫为柔"，任何

---

① 龚自珍：《明良论四》。
② 龚自珍：《病梅馆记》。

人只能作为皇帝俯首贴耳的顺民,否则就是大逆不道的乱臣贼子,轻者贬谪、罢官、下狱、充军、流放,重者腰斩枭首、诛灭九族,这样,就形成了"万马齐喑"、"万籁无声"的政治局面,这是专制皇帝"振荡摧锄天下廉耻"的必然结果,难怪整个社会也就江河日下了。

历代帝王不但以科举功名、严刑峻法、伦常名教束缚士大夫,最为险恶的是,皇帝甚至使用"乐籍"即官妓来腐蚀士人。自珍遍览古史,发现唐、宋、明时期无论是在京师还是在通都大邑,都有大量官妓存在。在自珍看来,"自非二帝三王之醇备,国家不能无私举动,无阴谋。霸天下之统,其得天下与守天下皆然"①。历代帝王除了三皇五帝道德醇备、政治清明以外,其他称霸天下的王统,他们设置国家的各项制度与措施,无不深怀阴谋,无论是得天下还是守天下,都是如此。而官妓就是对付士大夫最为有力的武器。作为知识掌握者与官僚预备队的士大夫,他们是四民之中最有聪明才智的,最喜欢议论朝政,无论是祖宗之法还是人主的举措施政,抑或一代号令,都是他们议论的对象。这是专制帝王所不允许的,于是居心叵测,以官妓软化消弭士大夫的斗志,消磨士大夫的意志。

从唐代开始,统治者大规模以科举取士,明清以来更是三年在京城举行一次会试,因此,京师就成为全国各地士子云集荟萃的地方。而官妓大量密布于京师,一些贪恋女色的士人被官妓目挑心招,结果资材被耗费,精力被消磨,斗志被扰乱,还有一些多情士子,作些缠绵悱恻的情诗艳赋,来消耗大好年华。这样,对专制帝王的所作所为以及军国大政,就没有精力也没有心思顾及了。自珍还进一步指出,帝王的这些权术只能对"千百中材"起作用,而对于那些真正的豪杰之士则不会见效,这往往成为帝王最大的遗恨!

---

① 龚自珍:《京师乐籍说》。

自珍晚年作《己亥杂诗》:"九州生气恃风雷,万马齐喑究可哀。我劝天公重抖擞,不拘一格降人才。"呼吁统治者改革更张,打破"万马齐喑"的政治局面,不拘一格使用天下人才。

(三) 对官风士习的批判与吏治改革思想

专制制度与历代帝王对士大夫进行摧残的结果,就是官僚权贵寡廉鲜耻,士大夫因循委靡。在自珍的笔下,大大小小的朝臣官吏表面上道貌岸然,以朝廷命官与百姓父母自居,而实际上却寡廉鲜耻、误国误民、无耻之尤。皇帝身边的大臣权贵,肩负着天下亿万苍生的福祉,应该尽心国事、以天下治乱兴衰为念。但是嘉道时期的政要之官,只知道追求车马的豪华气派、服饰的考究阔气,而一些贤良的官员,也不过写写书法,作一些无聊的赓诗而已。在皇帝面前,大臣们不是深谋远虑商讨军国大事,而是千方百计卖弄花言巧语以向皇帝争宠,目的无非是安富尊荣,保官图位,将来"无灾无难到三公,妻受荣封,子荫郎中,流芳身后便无穷,不谥文恭,便谥文忠"①,一旦国家有难,这些权贵只会作鸟兽散,难以成为力挽狂澜的国家栋梁。其用心之险恶,由此而知。

朝臣权贵与地方官之所以贪恋权位,无所作为,与"停年格"的任官制度有关。所谓停年格,就是官员提拔完全以年限、资格为标准,也就是通常所说的论资排辈,结果必然导致官员们因循守旧,不求有功但求无过。自珍还列出士人从考中进士、步入仕途,到成为宰辅、一品大臣的时间表。按照中等情况,士子成为进士要30岁,此后点翰林、成为庶吉士,再官至尚书大概需要30—35年,最后官至大学士还需要十年,这样,官至一品的尚书、大学士,都是年逾六旬甚至七旬的老年人,他们齿落发疏,精神委靡,即使素来德

---

① 朱克敬:《瞑庵二识》卷2,岳麓书社1983年版。

高望重,也会因为宦海风波而趋于老成守旧,因循退葸。这些人贪恋权位,不肯轻易退出官场,致使有才华的年轻后进没有进身之阶。

在自珍看来,官僚士大夫最为严重的问题,就是寡廉鲜耻,唯唯诺诺,无所作为。许多士人从向皇帝陈奏政事、开始为官的时候,廉耻之心已经很少了,而且做官越久,官职越高,越是接近皇帝,就越会巴结逢迎,阿谀奉承。那些三公九卿地位颇为尊崇,但已经没有古代公卿俨然以帝王之师自处的巍然风范,大臣气节早已扫地以尽。事实上亦是如此,嘉庆皇帝曾说:"(朝臣)泄沓成风,苟且从事,悠忽度日,怠玩居心。视国事漠不相关,积陋习牢不可破。……欲起废策颓,非共奋精神,大加振作,不可问矣。内外臣工,勿慕虚荣而贻实祸,勿保一时之爵禄,而遗万古之臭名。"①之所以出现这种现象,最根本的原因还是专制君主摧残士人的结果。

因此,要想振刷朝政,振作士气,首先就是君主以以宾宾之道礼遇朝臣。西汉时贾谊曾说:"主上之遇大臣如遇犬马,彼将犬马自为也。如遇官徒,彼将官徒自为也。"如果国君对待大臣像对待犬马、官奴一样,大臣就会像犬马、官奴那样要求自己。因此,只有君主优待大臣,才能改变官风士习。而礼遇尊待大臣,首先"尊其心",自珍说:"心尊,则其官尊矣,心尊,则其言尊矣。官尊言尊,则其人亦尊矣。"②只有尊重大臣的精神,才能使他们的言论、官位与人格得以尊崇。

在君臣关系上,龚自珍提出"宾"的概念而与"人主"相对应,"宾宾"是君主像对待宾客一样对待前朝圣智、魁杰、高寿之人,他们是君主的宾客而不是臣子,具有"异姓之卿"的独立人格,"燕私

---

① 《清仁宗实录》卷281,嘉庆十八年十二月,中华书局1986年版。
② 龚自珍:《尊史》。

之游不从,宫库之藏不问,世及之恩不预,同姓之狱不鞫,北面事人主,而不任叱咄奔走,捍难御侮,而不死私仇"①。因此他们"进中礼,退中道",王者对他们往往虚位以待。"宾"是皇帝的外臣,抱持着礼乐道义,不依赖于"一人之主"而存在,与"仆妾、俳优、狗马之伦"的臣子完全不同,"故夫宾也者,生乎本朝,仕乎本朝,上天有不专为其本朝而生是人者在也。是故人主不敢骄"。正是基于"宾"的理念,自珍考证了古代朝仪,包括"主坐臣亦坐"、"主立臣亦立"、"主坐臣立"以及"主立臣拜……臣拜起仍就列立"②等朝仪。对朝仪的考证显示了自珍对君主专制淫威的抗议。

在自珍看来,要想培养人才,就要改革八股取士制度,以讽书射策取士。振刷朝政的关键在于选拔人才,而嘉道时期充斥整个社会的是乡愿之徒,他们毫无办事能力,而造成这一情况的真正原因,是朝廷培养人才无方与选拔人才方法的不当。在培养人才方面,自珍认为,古代圣贤之人,传说尧舜时期的皋陶、夔、后稷和契等人,他们都是贤臣,但其一生不过任某一种专职,从事某一方面的政务,而后世士大夫早年岌岌于科举八股等无用之学,而做官后又将刑名、钱谷、兵工、礼乐责于一身,自然难以胜任,因此自珍提出以"讽书射策"代替"八股取士"的科举改革思想。

在自珍看来,科举考试不仅要考经义,而且要"兼策本朝事",就是要考试本朝的国政大事,按照优劣分出等第,如果考生答不出必须如实写上"未闻"二字,不得含糊其事。自珍所言"讽书射策",就需要士子关注社会现实,关注国计民生与朝政时势,有利于朝廷选拔具有真才实学的人才。"讽书射策"与后世科举改革中废除八

---

① 龚自珍:《古史钩沈论四》。
② 龚自珍:《撰四等十仪》,王佩诤注:《龚自珍全集》第1辑,第98—99页。

股、改试策论的主旨相同,戊戌变法期间,康有为曾上书光绪帝,建议科举考试改试策论,以实学实政为考试内容,结果被采纳。自珍此论的远见卓识,可见一斑。

(四)以今文改制思想畅言政治改革

今文家将孔子视为有帝王之德而无帝王之位的素王,而六经之中固然有前代史料,但经过孔子整理编订之后,将圣人的微言大义蕴含其中,六经就成了孔子"托古改制"的手段,因此改革政治制度、实行变法维新,就成为今文家最为核心的政治思想。在晚清,随着内忧外患局势的加深,改革思潮与经世致用思潮相互激荡,与救亡启蒙的历史使命紧紧交织在一起,成为近代思潮的主流。

自珍依据今文经学"变易"的观点,提出变法思想。他说:"礼乐三而迁,文质再而复,百工之官,不待易世而修明,微夫储而抱之者乎,则弊何以救?废何以修?穷何以革?《易》曰:'穷则变,变则通,通则久。'"①一年四季更替循环是自然界的法则,而王朝兴衰则是人类社会的沧海桑田,所以作为一个王朝,因时设治、及时更法则是圣王治国的应有之义。此外,纵观历史,变易也是不争的事实,自珍说:

> 夏之既夷,豫假夫商所以兴,夏不假六百年矣乎? 商之既夷,豫假夫周所以兴,商不假八百年矣乎? 无八百年不夷之天下,天下有万亿年不夷之道。然而十年而夷,五十年而夷,则以拘一祖之法,惮千夫之议,听其自陊,以俟踵兴者之改图尔。②

纵观历史,夏、商、周三代是古人理想的黄金时代,是圣人治天

---

① 龚自珍:《古史钩沈论四》。
② 龚自珍:《乙丙之际著议第七》。

下的时期,但三代也在不断变迁更替,因此"变"才是永恒的真理与至道,因为"穷则变,变则通,通则久"! 如果面对弊政,朝廷上下因循敷衍,苟且度日,拘守祖宗之法,那么就会由新兴的王朝代替旧王朝,进行弊政的改革,改朝换代即将来临。自珍警告说:

> 一祖之法无不敝,千夫之议无不靡,与其赠来者以劲改革,孰若自改革? 抑思我祖所以兴,岂非革前代之败耶? 前代所以兴,又非革前代之败耶? 何莽然其不一姓也? 天何必不乐一姓耶? 鬼何必不享一姓耶? 奋之,奋之! 将败则豫师来姓,又将败则豫师来姓。《易》曰:"穷则变,变则通,通则久。"非为黄帝以来六七姓括言之也,为一姓劝豫也。①

由于祖宗之法也是因时设治,不会永远适应所有时代,因此"一祖之法无不敝",每一个王朝的龙兴不都是革除前朝弊政的结果吗? 如果一个王朝不主动进行改革,也会由"作乱犯上"的继任者强行进行改革。历史无情,绝不会让腐朽的王朝祸国殃民。自珍希望已经处于衰世的清朝自行改革,但他看不到希望。

自珍的改革思想具有深远的历史意义,嘉道时期社会弊病丛生,改革已经势在必行,但统治者冥顽不化,依然坚持祖宗之法。嘉庆帝依旧坚持"祖宗之法",他说:"朕以皇考之心为心,以皇考之政为政,率循旧章,恒恐不及,有何维新之处?"②说什么"利不百不变法也"③。道光帝也是一位守成皇帝,关于改革与守成之间的关系,他说:"张弛损益,因乎时,存乎人焉。故创业务期可继,而守成亦贵有为。若因循玩泄,有废莫举,所谓堂构涂塈者安在耶? 然非值必不可缓之事,有必不得已之心,动辄更张,矜言改作,则前人底

---

① 龚自珍:《乙丙之际著议第七》。
② 《清仁宗实录》卷56,嘉庆四年十二月,中华书局1986年版。
③ 《清仁宗实录》卷240,嘉庆十六年三月。

法之善,必至纷然,失其所守,其弊更有不可胜言者。"①在道光帝看来,改革是迫不得已之事,不可轻言改制,否则弊端不可胜言。皇帝的守成思想加剧了整个社会的守旧氛围,自珍面对内忧外患的政局,大声疾呼"一祖之法无不敝",显得非常具有现实意义。

六　龚自珍的边疆治理思想及其对西方侵略的认识

清代中叶以后,沙俄和英国不断侵扰中国东北、西北边疆,促使了晚清边疆史地研究的兴起,嘉道年间的边疆史地研究,包括西北史地、东南海疆、域外史地学以及对东北、蒙古和中俄边境的关注。著名地理学家徐松性喜延引后学,堪称清代边疆史地研究的先驱,在他周围聚集了程同文、龚自珍、魏源、沈垚、张穆、俞正燮、陈潮等学者,他们在资料上互通有无,在研究上相互切磋,形成一种新的学术研究风气。自珍站在边疆史地研究的最前列,主张新疆建省、移民实边,开启了中国近代边疆史地研究的新动向。

(一) 新疆防务与建省问题

嘉道年间随着吏治败坏,清廷在新疆的统治逐渐废弛,将弁官吏畏惧边疆荒凉苦寒,不愿供职西北边陲,各部院多将庸劣之人保送新疆供职,他们或操守不佳,或能力不足,结果清朝大小官吏与当地伯克横征暴敛,使回部和其他少数民族怨声载道,反抗事件频繁爆发,边疆危机不断。因而此一时期的学者,对西北边疆史地的研究,已经不再限于学术探讨本身,而是着眼于整个国家边疆建设的现实问题。

---

① 爱新觉罗·旻宁:《重修圆明园三殿记》,《清宣宗御制文余集》,《故宫珍本丛刊》第583册,海南出版社2000年版,第139页。

嘉庆二十五年(1820)，张格尔在新疆叛乱的消息传到京城，曾为自珍乡试房师的宝兴出任吐鲁番领队大臣，自珍作《上镇守吐鲁番领队大臣宝公书》，他上书宝兴，讨论抚驭回民事宜，此时其筹谋两年之久的《西域置行省议》完稿，提出新疆建立行省，加强边疆防御、维护国家统一的根本大计，一并呈给宝兴。道光八年（1828），张格尔被擒伏诛，第二年四月自珍会试中式，参加殿试，作《对策》一文，力图效法王安石《上仁宗皇帝言事书》，畅言朝廷的边政建设，提出发展西北农业，巩固西北边疆的建议。二十五日传胪，自珍成三甲进士，二十八日朝考，针对张格尔叛乱被平定后新疆诸多问题亟待解决的情况，自珍作《御试安边绥远疏》，以安边、绥远为主题，提出"以边安边"、"足兵足食"、"夺伯克之权"的思想。自珍关于新疆建省与防务问题，主张如下：

在给宝兴的上书中，自珍回顾乾隆三十年(1765)新疆乌什发生的武装起义，认为那是清朝官吏与当地伯克勾结，残酷剥削压迫维吾尔族的结果，领队大臣素诚与阿奇木伯克阿布都拉多方勒索，贪婪欺压，"占回之妇女无算，笞杀其男亦无算，夺男女之金银衣服亦无算"①，因而激起维吾尔族起义。乾隆帝亦以任用素诚而引咎，御制诗经常以激变为言。因此自珍认为，抚驭回部之道，唯有善待新疆少数民族，各民族之间建立"安"和"信"的关系，才能保证新疆安定，他建议宝兴"不以驼羊视回男，不以禽雀待回女"，这样才能使新疆得以安定发展。自珍的这一思想极具现实意义，有清一代新疆多故，与当地复杂的民族关系、宗教矛盾固然有关，也与清廷吏治腐败密切相关。

清朝统治区域辽阔，疆域广大远远超过明代，边疆治理形势也与前代有着很大的区别，对此自珍说："皇朝先平准部，后平回部，

---

① 龚自珍:《上镇守吐鲁番领队大臣宝公书》。

为古未有,而中外一家,情形与古大不同。彼夫断左臂之论,凿空之讥,读史者固无庸摭拾尔。"①清朝平定准格尔蒙古与大小和卓叛乱,形成了"海内一统"、"中外一家"的大一统局面,汉唐治理边疆所谓断匈奴左臂、开辟西域交通这些论调,已经不再适合当前形势。自珍认为,清廷不应简单效法前代"凿空"、"羁縻"之策,从而提出建立行政区划、直接统治新疆地区的治边政策,其言:"拓地二万里,而不得以为凿空;台堡相望,而无九边之名;疆其土,子其民,以遂将千万年而无尺寸可议弃之地,所由中外一家,与前史迥异也。"②自珍认为,按照当前形势,大清帝国应该将边疆与内地视为一体,在新疆建立行政区划、直接有效地统治天山南北地区,才是最为根本的治边策略,可谓"疆其土,子其民"。

因此自珍作《西域置行省议》,主张清廷取消军府制,在新疆建立行省,任命总督、巡抚、布政使、按察使等官员各1名,巡道3名,提督1名,总兵官3名,以取代将军、参赞大臣的"镇守"。其中总督驻扎伊东府,巡抚、提督驻扎迪化府。在新疆实行州县制以取代"伯克制度",在天山南北设14府州,而在14府州之下共设50个县,因此设知府11名,知直隶州3名,知州2名,知县40名,以进一步加强对新疆地区的有效管理,防止外来侵略。自珍深知乾隆帝利用札萨克和伯克来笼络新疆蒙、回各族的用意,因此建议赏给哈密、辟展两郡王协办府事的名号,排班在道、府之下,同知之上,在各回城伯克中遴选一人为协办县事,排在知县之下,县丞之上,让他们协助知府、知县管理各民族事务。此外,在新疆大力发展文化教育,设立学宫,增设生员,举行科举乡试等等。

自珍是清代第一个提出新疆建省的学者,并且对新疆府道州

---

① 龚自珍:《对策》。
② 龚自珍:《御试安边绥远疏》。

县的区划进行了设计,光绪年间左宗棠西征阿古柏之后,新疆建省得以实现。作为西征主帅和新疆建省的策划者,左宗棠认为,道光朝讲究经世致用的学者,唯有魏源与龚自珍,但他认为魏源之策多切实可用,而"龚博而不精",自珍在新疆改设郡县的具体规划,左宗棠认为"多不可行"。原因在于"盖未亲历其境,不习知山川条例,故所拟建置,大略多舛错"。但自珍认为新疆应如同内地一样,设置郡县直接进行统治的原则,确实具有远见卓识,功不可没,"惟如今制,边腹不分,治兵之官多,治民之官少,求其长治久安,必不可得,定庵之议固不磨矣"①。由此可见,左宗棠虽然不赞同自珍所拟定的新疆具体建置规划,但非常钦佩他新疆建省的原则。

屯田新疆是西汉以来中央王朝统治边疆的重要策略,乾隆年间,清廷也曾令八旗、绿营官兵开垦屯田,但是规模不大,对于缓解内地对新疆的粮食物资供应没有多大用途。自珍着眼整个国家形势,认为在西域建立行省,继续加强屯田移民,发展新疆生产,可以解决清廷内地人口繁多、风俗日下及国力日耗等统治危机,是一举两得的上策。嘉道之际,内地各省生齿日繁,人均土地大大降低,流民、游民日益增多,这一情况严重威胁清王朝的统治。自珍对这一问题非常敏感,他说:"夫游民旷土,自古禁之。今日者,西北民尚质淳,而土或不殖五谷,东南土皆丰沃,而人或非隶四民,守令所焦虑者,似无暇在此,而所以督责守令,亦不尽在此,是宜深计也。"②

在自珍看来,游民、流民增多往往破坏现存统治秩序,因此为历代统治者所严厉禁止;而清朝当前的情况是西北民风淳朴,但处处是没有开垦的"旷土",而东南沿海土地肥沃但垦殖殆尽,许多人

---

① 左宗棠:《左文襄公书牍》卷24,《龚自珍研究资料集》,第75页。
② 龚自珍:《对策》。

游于士、农、工、商"四民"之外,威胁着社会的稳定。因此移民实边、发展生产,既能缓解内地生齿日繁、谋生艰难的问题,使内地流民和土地问题一并得到解决,同时又可以发展边疆生产、使边疆"足兵足食"。因此自珍的边疆建设方略全国一体化,他说,那些移民"与其为内地无产之民,孰若为西边有产之民,以耕以牧,得长其子孙哉"①!

自珍设计的新疆移民屯田为期七年,规模宏大,考虑颇为周详,首先要在新疆开辟道路,兴修水利;其次,移民实边的对象包括在京师游食的非土著之民,直隶、山东、河南、陕西、甘肃之民,还有江南省凤、颍、淮、徐等地以及山西大同、朔平性情强武之民,朝廷鼓励他们移民屯垦;至于江西、福建种烟草的奸民,各省衣食不济的驻防旗人,朝廷应强迫他们移民新疆屯田,凡是愿意移民实边的民户与旗人,朝廷发给盘费,旗人盘费加重以示优厚,到新疆安插后官府发给蒙古帐房、耕牛、犁具与种子,官吏每年上报屯垦亩数,十年后报告垦田总数。屯民将粟面、青稞、果蔬的十分之一上缴,贮藏本地官仓,作为官员的俸米,20年后除交谷外还要征收丁赋,如同内地征折银钱之例。

关于屯田的管理是一个非常重要的问题,前代往往有屯田之名,而无屯田之实,原因在于屯田为公田,而民力属于私力,屯民往往不肯出力。有鉴于此,自珍的策略是"公田变为私田,客丁变为编户,戍边变为土著",也就是朝廷将屯田由官府公田化为民户私田,屯民由客丁变为当地的编户齐民,一些没有战斗力的兵丁也由戍边转化为屯垦耕作的土著居民,可以促进新疆人口的增长,扩大汉文化的影响,有利于边防巩固与民族的融合。

当然,在屯垦实边之初,可谓工程浩大,耗费巨大,但从国家的

---

① 龚自珍:《西域置行省议》。

长治久安而言,却具有非常深远的历史意义与影响,他说:"以上各议,现在所费极厚,所建极繁,所更张极大,所收之效在二十年以后,利且万倍……国运盛益盛,国基固益固,民生风俗厚益厚,官事办益办,必由是也,无其次也。"①自珍此论颇有远见卓识,对于巩固西北边疆、维护国家统一、开发西北有着重要的现实意义。自珍对西部边疆史地精湛的研究与器识宏远的新疆开发计划,使其成为近代研究开发西北的先导与探路者。

对于《西域置行省议》的建言,自珍颇为自信,《己亥杂诗》曾预言:"五十年中言定验,苍茫六合此微官。"事实确实如此,光绪朝平定阿古柏叛乱后,清廷在新疆建省,对此李鸿章《黑龙江述略序》说:"古今雄伟非常之端,往往创于书生忧患之所得,龚氏自珍议西域置行省于道光朝,而卒大设施于今日。"②

(二)蒙古史地研究

自珍精于西北史地,嘉庆朝纂修《大清会典》,地理学家程同文参与撰写,其中《理藩院》一门及青海、西藏各图,他嘱托自珍进行校理,自珍因此熟悉理藩院所管辖的藩部所在,形成了"中外一家"的民族视野,深感大清帝国疆域所及,包括东北黑龙江流域、漠北蒙古地区,还有西北的新疆、青海和西藏地区,改变对边疆的统治方式势在必行。他写作《最录平定罗刹方略》、《最录西藏志》、《与人论青海事书》等一系列边疆史地的文章,这是自珍研治"天地东西南北之学"的开始。嘉庆二十五年(1820),自珍捐纳为内阁中书,道光元年(1821)十一月,至内阁中书行走,他先后任此职十余

---

① 龚自珍:《西域置行省议》。
② 李鸿章:《〈黑龙江述略〉序》,徐宗亮纂修:《黑龙江述略》,成文出版社1969年版,第5页。

年,对内阁掌故颇为熟悉。自珍长于西北舆地,对于西北要塞之外的部落、世系、风俗、山川形势、源流分合尤为精通,此时国史馆重修《大清一统志》,他任国史馆校对官。自珍深感朝廷虽有《钦定西域图志》以记述准格尔部、回部情形,但蒙古各部纵横万余里,久隶大清版图却没有专志,于是作《拟进上蒙古图志表文》,声称要自撰《蒙古图志》30篇,订定义例,为表18篇,为志12篇,为图28篇。此书体例庞大宏丰,足见自珍对于西北史地的精博。可惜道光二年(1822)九月,自珍家中书楼遭受火灾,已成十之五六的《蒙古图志》书稿以及为撰写该书而收集的档册图志,大部分毁于火。

虽然《蒙古图志》并未撰成,但龚集中存有诸篇序文,如《蒙古像教志序》、《蒙古水地志序》、《蒙古台卡志序》、《蒙古声类表序》、《蒙古寄爵表序》、《蒙古字类表序》、《蒙古氏族表及在京氏族表总序》、《蒙古册降表序》、《青海志序》、《乌梁海表序》等,由此可见,自珍虽然要撰写《蒙古图志》,但并不局限于蒙古高原,内容涉及漠北喀尔喀蒙古、新疆漠西卫拉特蒙古、青海蒙古各部,非常显然自珍意识到,蒙古各部在保卫从贝加尔湖到新疆天山南北的广大地区中,占有举足轻重的锁钥地位。后来自珍作《北路安插议》,专论土尔扈特蒙古在新疆建立行省后的治理政策,他说:"如立行省后,不可使与民户旗户无区别,宜各建一大城居其酋,听出城外旧有水草处数区,仍令安牧,岁时酌令入牲畜于布政司,则蠲其例贡,一切封爵翎顶如故。"①自珍认为,新疆建立行省后,对土尔扈特蒙古要具体问题具体分析,考虑其民族的实际状况,安置他们进行游牧,这就是在新疆建制中封建与郡县并存不废。

道光元年,自珍作《上国史馆总裁提调总纂书》,论辩西北塞外诸部落的沿革,考订旧志的疏漏,共提出修订凡例建议18条。他

———————
① 龚自珍:《北路安插议》,王佩诤注:《龚自珍全集》第1辑,第112页。

把清王朝的陆地边疆分为北塞和西塞,他说:"窃谓西有西属国,北有北属国,北属国之情形,与西国尤不同。北属往往错处喀尔喀、伊犁之间,东北则错蒙古、黑龙江之间。"①其中西部新疆外胪属国有布鲁特、哈萨克、爱乌罕、那木干、安集延、温都斯坦;黑龙江有巴彦虎部、唐努乌梁海各部、科布多各部;西藏各属国有廓尔喀、作木朗、布鲁克巴、哲孟雄等,自珍掌握它们的世系风俗、地理形势与源流合分,反映了他对西部、北部陆地边疆的完整认识。

(三)龚自珍对西方侵略、禁烟问题的认识与解决方案

自珍对西方列强特别是英国对华的侵略,早有深刻的认识:"粤东互市,有大西洋,近惟英夷,实乃巨诈,拒之则扣关,狎之则蠹国。"②嘉庆二十五年(1820),自珍作《东南罢番舶议》一文,此文虽然佚而不传,但由题目可以知道,他注意到西方殖民者的对华商品输出给东南各省造成的危害。

道光年间,鸦片走私在中国泛滥,给中国社会造成了严重的危害,自珍曾作诗进行谴责:"鬼灯队队散秋萤,落魄参军泪眼荧。何不专城花县去?春眠寒食未曾醒。"③诗中说吸食鸦片的烟鬼们出入烟馆,一盏盏烟灯如同鬼灯,而吃不上鸦片烟的烟鬼则涕泪横流,丑态百出,接着他讽刺说烟鬼们为何不到专种罂粟的县专城居住呢?他们可以躺在床上吸烟,直到禁绝烟火的寒食也不用醒来!自珍对鸦片的憎恨之情跃然纸上。

道光十八(1838)年十二月,道光帝任命林则徐为两广总督,赴广东查禁鸦片,在林则徐陛见离京前夕,自珍表示愿意随林则徐南

---

① 龚自珍:《上国史馆总裁提调总纂书》。
② 龚自珍:《阮尚书年谱第一序》,王佩诤注:《龚自珍全集》第3辑,第229页。
③ 刘逸生:《龚自珍己亥杂诗注》,第86首,第124页。

下禁烟,但因为种种原因未能成行。林则徐离京前,自珍作《送钦差大臣侯官林公序》,为其禁烟献计献策,自珍提出三种决定义,三种旁义,三种答难义,一种归墟义,对禁烟问题及其相关对外政策提出了自己的建议。鸦片输入导致中国白银大量外流,"自明初开矿,四百余载,未尝增银一厘。今银尽明初银也,地中实,地上虚,假使不漏于海,人事火患,岁岁约耗银三四千两,况漏于海如此乎"①?也就是说,地下有开不尽的银矿,但是社会上的白银却越来越少,原因在于白银大量流向海外,因此自珍将这一问题作为"决定义"提出。鸦片输入不仅导致白银大量外流,国库空虚,而且对百姓健康危害极大,因此应该严厉禁绝。自珍说:

> 汉世五行家,以食妖、服妖占天下之变。鸦片烟则食妖也,其人病魂魄,逆昼夜,其食者宜缳首诛!贩者、造者,宜刻胒诛!兵丁食宜刻胒诛!此决定义,更无疑义。②

吸食鸦片使人精神萎靡,昼夜颠倒,严重损害人民的体质,因此自珍坚决主张采取断然措施,对于制造、贩卖、吸食鸦片的百姓、兵丁一律严惩不贷,严厉禁绝鸦片输入中国。对于中英正常贸易当中的呢羽毛、钟表、玻璃、燕窝之类,也应该在杜绝之列,因为杜绝呢羽毛,可以使中国的蚕桑、木棉种植利润加大,可以保护东南沿海蚕桑、木棉的种植以及丝织业、棉纺业的发展,而钟表、玻璃、燕窝等属于奢侈品,只会使京师权贵的生活更为腐化,也应该杜绝,但是和禁绝鸦片相比,则属于"旁义"了。但自珍深知,禁绝鸦片必然激起英国的武力挑衅,因此必须做好抵抗英国发动侵略战争的准备。

> 火器宜讲求,京师火器营,乾隆中攻金川用之,不知施于海便否?广州有巧工能造火器否?胡宗宪《图编》,有可约略

---

①② 龚自珍:《送钦差大臣侯官林公序》。

仿用者否？宜下群吏议，如带广州兵赴澳门，多带巧匠，以便修整军器。①

自珍认为，要抵抗英国侵略，必须讲求火器制造。因为担心京师火器营的火器不便于海上作战，自珍询问广州是否有能工巧匠会制造火器，又提到明代抗倭名将胡宗宪的《筹海图编》，此书图文并茂论述了从辽东沿海、山东、江苏、浙江、福建到广东一线的沿海地理形势及海疆防御，希望此书能为林则徐提供东南海疆海防的依据。由此可知，自珍对禁烟问题关注已久，而且多属深思熟虑之见。在抵抗英国侵略上，自珍主张采取以防守为主的军事战略。

在自珍看来，抵抗英国侵犯只是沿海防守，而不是去海上作战，只是驱逐外国侵略而不是海上追剿，因此和陆上旷日持久的平原战阵有着很大的区别，对战争消耗、兵民伤亡都和古人开边衅有着本质不同。囿于历史条件，自珍对中英双方的军事状况没有深入本质的调查研究，对世界形势也不太了解，但他对攻守战略考虑周详，对抵抗英国侵略早作安排，这已属难能可贵。

这场禁烟斗争面临的局势颇为严峻，上至皇室成员、达官贵族，下至平民百姓，甚至是以尚武著称的八旗子弟，都在吸食鸦片，而且诸多阶层通过各种渠道，获得鸦片走私的黑色利润，因此朝廷内外破坏禁烟的势力非常大，可谓牵一发而动全身。对此自珍有着清醒的认识，他说：

  送难者皆天下黠猾游说，而貌为老成迂拙者也。粤省僚吏中有之，幕客中有之，游客中有之，商估中有之，恐绅士中未必无之，宜杀一儆百。公此行此心，为若辈所动，游移万一，此千载之一时，事机一跌，不敢言之矣！不敢言之矣！②

反对禁烟的投降派表面貌似老成迂拙，实际上阴险狡诈，这些

---

①② 龚自珍：《送钦差大臣侯官林公序》。

人有广东的官僚、胥吏、幕僚、游客、商贾,甚至是当地士绅,他们大多是鸦片走私的既得利益者,与走私勾当有着千丝万缕的联系,因此他们千方百计破坏禁烟运动,自珍劝告林则徐一定不要被他们的游说所鼓惑,坐失禁烟的千载良机,对他们破坏禁烟的行径一定要杀一儆百。

对于自珍的出谋划策,林则徐评价甚高,他说:"责难陈义之高,非谋识宏远者不能言,而非关注深切者不肯言也。"自珍的建言对林则徐来说,是莫大的鼓励,"足坚我心,虽不才曷敢不勉"①?虽然自珍未能随林则徐南下禁烟,但对其禁烟行动始终非常关注,曾作诗说:"故人横海拜将军,侧立南天未蒇勋。我有阴符三百字,蜡丸难寄惜雄文。"②自珍深知林则徐的禁烟尚未成功,可谓任重道远,自珍有一篇向林则徐陈述战守方略的计划,可惜没有办法寄达,白白浪费了这篇不同寻常的好文章。鸦片战争爆发后,自珍于道光二十一(1841)年八月,给梁章钜写信,要求进入其幕府参加抗英斗争,可惜未能成行就已暴卒。

关于自珍的离京原因与暴卒之谜,有所谓丁香花公案的传言,即自珍与贝勒奕绘的侧福晋顾太清关系暧昧,为仇家所迫仓皇出都,这一说法被野史小说、私家笔记津津乐道,这固然与自珍性情放荡不羁、好填香艳诗词有关,更与国人喜欢在男女问题上捕风捉影关系密切,这一说法早已被学术界所否认。③ 与龚家有姻亲关

---

① 林则徐:《致龚自珍》,《林则徐全集》第 7 册《信札卷》,海峡文艺出版社 2002 年版,第 162 页。
② 刘逸生:《龚自珍己亥杂诗注》,第 87 首。
③ 关于龚自珍己亥离京南下与辛丑暴卒,有所谓"丁香花公案"的说法,认为自珍与奕绘侧福晋顾太清关系暧昧,因此被迫南下,而卒于丹阳县署是被仇人所杀。此说不可信,见樊克政《龚自珍年谱考略》附录六《关于龚自珍己亥离京与辛丑暴卒的原因问题》一文。

系的张尔田,则认为自珍出都与穆张阿的迫害有关。① 从自珍写给林则徐的书信可以看出,自珍对禁烟问题关注已久,且坚决主战,喜欢放言高论使他的主张定为穆张阿所闻所恶,张尔田之说不无道理。

七 龚自珍在中国近代史上的影响

龚自珍与魏源同是19世纪中期经世致用思潮的代表人物,二人所处时代相同,思想相近,情谊笃厚,因此并称"龚魏"。他们在晚清思想史上具有颇为深远的影响,恩格斯《共产党宣言·序言》指出:"封建的中世纪的终结和现代资本主义纪元的开端,是以一位大人物为标志的。这位人物就是意大利但丁,他是中世纪的最后一位诗人,也是新时代第一位诗人。"在中国近代史上,龚自珍就是类似但丁一样的时代转折人物。作为思想家、文学家和诗人,他以敏锐的思想,犀利的诗文,为旧时代唱起了挽歌,为新时代的到来张目呐喊,可谓中国近代思想史上的启蒙先驱。当然,批判否定自珍思想的亦大有人在,比如反对维新变法的顽固派叶德辉、王先谦,古文经学家朱一新,革命派章太炎、刘师培等人,他们对自珍的学术与思想进行了尖锐的批评,但从反面印证了自珍思想影响的至深至远。

(一)正面评价

自珍在今文经学史上最为深远的影响,而在于其援引公羊学义例,议论批判时政。戊戌维新时期,康有为继承并发扬光大了自珍以经议政的传统,重拾今文家孔子是托古改制的素王之说,以及

---

① 钱穆:《中国近三百年学术史》,第612—613页。

刘歆伪造古文经的论争,作《新学伪经考》与《孔子改制考》,从而掀起波澜壮阔的戊戌变法运动。对此康有为曾说:"吾向亦受古文经说,然自刘申受、魏默深、龚定庵以来,疑攻刘歆之作伪多矣!吾蓄疑于心久矣!"①康有为作《新学伪经考》一书,认为古文经全是刘歆伪造,其思想源头可以追溯到刘逢禄、龚自珍与魏源三人对刘歆伪窜《左传》的质疑。戊戌变法时期的夏曾佑,对龚自珍推崇备至,曾作诗赠梁启超云:"瑽人申受出方耕,孤绪微茫接董生。"②瑽人即指龚自珍。

梁启超对自珍的评价最为公允,他说:"晚清思想之解放,自珍确与有功焉。光绪间所谓新学家者,大率人人皆经过崇拜龚氏之一时期。初读《定庵文集》,若受电然,稍进乃厌其浅薄。然今文学派之开拓,实自龚氏。"③此一语道出自珍对晚清思想界的影响,他以今文经学的微言大义抨击封建专制,大胆畅言变法维新,这使资产阶级维新派的心灵被自珍的文章深深打动,他们对自珍几乎到了顶礼膜拜的程度,梁启超更将自珍誉为"中国的卢骚(卢梭)",坦言自己及其朋友阅读龚集时有"若受电然"的刺激。

自珍对君主专制的尖锐批判,对封建官僚的无情讽刺,有利人们思想的解放;呼吁变法改革,有利于欧美新思潮的输入。对此认识最为深刻的是梁启超,他说:"吾见并世诸贤,其能为现今思想解放光明者,彼最初率崇拜定庵。……夫以十年以来,欧美学澎湃输入,虽乳臭之子,其眇思醰说,皆能轶定庵。顾定庵生百年前而乃有此,未可以少年喜谤前辈也。"④自珍的思想在晚清思想界大放

---

① 康有为:《重刻伪经考后序》,《新学伪经考》,古籍出版社1956年版,第379页。
② 梁启超:《清代学术概论》,第68页。
③ 梁启超:《清代学术概论》,第67页。
④ 梁启超:《论中国学术思想变迁之大势》,第126页。

光明,成为思想自由的先导,对于人们思想的解放与欧美新学术、新思想的输入,产生了极为深远的影响。

自珍不仅思想激进深邃,而且富有文学才华,其诗文激情奔放,富有个性解放的人文色彩。外祖段玉裁曾盛赞自珍诗词说:"所业诗文甚夥,……风发云逝,有不可一世之概。尤喜为长短句,……造意造言,几如韩、李之于文章,银碗盛雪,明月藏鹭,中有异境……自珍以弱冠能之,则其才之绝异,与其性情之沈逸,居可知矣。"①玉裁对自珍的诗词评价甚高,甚至认为可与韩愈诗文媲美,这并非溢美之词,在晚清文坛几乎成为共识,就连对自珍极尽攻击之能事的叶德辉,对其文章依然推崇备至,他说:"然至今读先生所著书,未尝不想见怀抱之雄奇,于百千年世界之变迁,若烛照计数,燎如指掌,岂非浙西山川钟毓之灵,累叶械朴作人之化,郁而未发,特藉先生一泄其奇耶?今先生之诗文词,久已家藏户诵。"②自珍的诗文在晚清风靡一时,几乎人人交口称赞,模拟创作,徐世昌曾说:"光绪甲午以后,其诗盛行,家置一编,竞事摹拟。"③

被誉为"诗界革命旗帜"的维新派诗人黄遵宪,曾作《己亥杂诗》89首,从标题到形式,均模仿自珍的《己亥杂诗》。辛亥革命时期,一些资产阶级思想家、文学家推崇自珍诗文,作为"南社"发起人的柳亚子,推誉自珍诗文"三百年来第一流",并自称"我亦当年龚自珍",南社诗人高旭、苏曼珠等人,也以"龚派自许",他们有意模仿自珍诗词,采用自珍诗词的格调进行创作,并且集自珍诗句来

---

① 段玉裁:《怀人馆词序》,《经韵楼集》卷9。
② 叶德辉:《郋园北游文存·龚定庵年谱外纪序》,《叶德辉文集》,华东师范大学出版社2010年版,第115页。
③ 徐世昌:《晚晴簃诗汇》卷135,华东师范大学出版社,2009年版,第978页。

抒发情怀更成为一种时尚。据1936年出版的《南社诗集》统计,集龚句的诗,竟有三百余首。① 杨杏佛作《感事十绝集定庵句》,其中一首为:"万马齐喑究可哀,高吟肺腑走风雷。田横五百人安在?悄向龙泉祝一回。"②"五四"新文化运动后,思想家、文学家鲁迅、胡适、郁达夫、俞平伯等人,都不同程度受到自珍思想与诗文的影响,因为在大变革时期,最需要一种反抗的精神,奔放的热情,自由的价值取向,而龚自珍兼有这些气质。

(二) 反面评价

在赞美称誉之外,对自珍的学术与思想进行批评否定的,亦不乏其人。稍晚于自珍的大儒朱一新,对自珍的鄙薄与訾议,主要集中于学术理念与小学功底,他说:"《公羊》家多非常可怪之论,西汉大师自有所受,要非心知其意,鲜不以为悖理伤教,故为此学者,稍不谨慎,流弊兹多。……若刘申受、宋于庭、龚定庵、戴子高之徒,蔓衍支离,不可究诘。凡群经略与《公羊》相类者,无不旁通而曲畅之。即绝不相类者,亦无不锻炼而傅合之,舍康庄大道而盘旋于蚁封之上,凭臆妄造以诬圣人,二千年来,经学之厄,盖未有甚于此者也。"③朱一新对自珍的批评,主要是认为他研究春秋公羊学,多蔓衍支离,穿凿附会,使经学面临困厄的境地。此外,自珍以公羊学的三世说对当时社会进行了尖锐批判,显示了自珍强烈的忧患意识,对此,朱一新从学术研究应实事求是的角度,对自珍的三世说加以否定,他说:"定庵专以张三世穿凿群经,实则公羊家言惟张三世最无意义。何注'恩王父'之说,亦复不词,定庵以此为宗,乌足

---

① 孙文光、王世芸编:《龚自珍研究资料集》,第241页。
② 柳亚子主编:《南社诗集》第5册,(上海)中学生书局1936年版。
③ 朱一新:《无邪堂答问》卷1,中华书局2000年版,第20—21页。

自名其学？凡此云云，皆所谓以艰深文浅陋也。"①朱一新的这些论调，显示了古文家与今文家治学思想的巨大差异，也显示了其学术思想的守旧与固弊，根本无损于自珍学术的光辉。

张之洞晚年曾作《学术》一诗："理乱寻源学术乖，父仇子劫有由来。刘郎不叹多葵麦，只恨荆榛满路栽。"其自注说："二十年来，都下经学讲《公羊》，文章讲龚定庵，经济讲王安石，皆余出都以后风气也。遂有今日，伤哉！"②张之洞敏锐地意识到今文学经兴起所导致的政治、学术的变化，"经学讲公羊"是道咸以后学术研究的主要特点，而自珍学术以公羊学为基础，学子讲论自珍文章，足见其学术魅力所在。作为清廷维护者的张之洞，将自珍视为祸乱之源，也是情理之中的事情。

当年反对维新变法的顽固派叶德辉，在清朝覆亡后总结其灭亡的原因时，曾说"曩者光绪中叶，海内风尚公羊之学，后生晚进，莫不手先生文一编(指《定盦文集》)。其始发端于湖湘，浸淫及于西蜀、东粤，挟其非常可怪之论，推波扬澜，极于新旧党争，而清社遂屋。论者追原祸始，颇咎先生(指龚自珍)及邵阳魏默深(指魏源)二人"③。叶德辉的这一论调，对自珍在晚清社会的影响不无夸大与歪曲之处，但也从一个侧面说明，自珍的学术对晚清思想的走向与政局演变，产生了深远的影响。

晚清学者丁福保亦持此论："有清一代，为许、郑之学者，以江浙为最盛。刘逢禄、龚自珍、魏源、宋翔凤，倡为今文之学，摭拾西汉残缺之文，欲与许、郑争席，至康有为、廖平之徒，肆其邪说，经学

---

① 朱一新：《无邪堂答问》卷1，第21页。
② 张之洞：《张文襄公全集》卷227《诗集四·学术》，中国书店1990年影印本，第1005页。
③ 叶德辉：《郋园北游文存·龚定庵年谱外纪序》，《叶德辉文集》，华东师范大学出版社2010年版，第115页。

晦盲而清室亦因之而屋焉,追原祸始,至今于龚、魏,犹有余痛。"①在丁福保看来,自珍倡导的今文经学,影响了晚清的康有为、廖平,直接导致了晚清经学的晦暗与清朝的灭亡。事实上,清代灭亡自有其缘由,与龚自珍的学术没有直接的关系,但由此可以看出,龚集在晚清思想界拥有举足轻重的地位。

章太炎对自珍的批判更为尖刻,首先是对其治学理念、学术功底进行否定,他说:"仁和龚自珍,段玉裁外孙也,稍知书,亦治《公羊》,与魏源相称誉。……要之三子(指魏源、龚自珍、邵懿辰)皆好为娆易卓荦之辞,欲以前汉经术助其文采,不素习绳墨,故所论支离自陷,乃往往如评语。"②对于自珍"六经皆史"之说,章太炎认为自珍抄袭章学诚之说,对于自珍恣意汪洋的诗文,章太炎则认为其文辞侧媚淫丽,甚至认为青年学子模仿龚文,将会导致汉种的灭亡,他说:"自珍承其外祖之学,又多交经术士,其识源流,通条理,非源(指魏源)之侪,然大抵剽窃成说,无自得者,其以六经为史,本之《文史通义》,而加华辞。观其华,诚不如观其质者。若其文辞侧媚,自以取法晚周诸子,然佻达无骨体,视晚唐皮、陆且弗逮,以校近世,犹不如唐甄《潜书》近实。后生信其诳耀,以为巨子。诚以舒纵易效,又多淫丽之辞,中其所嗜,故少年靡然乡风。自自珍之文贵,则文学涂地垂尽,将汉种灭亡之妖耶?"③章太炎认为龚文的盛行会导致汉族种姓的灭亡,以至于称之以"妖"。这里应该指出的是,章太炎的激烈言辞,并没有阻止龚文的广泛流传。相反,一代

---

① 丁福保:《畴隐居士学术史》,孙文光、王世芸编:《龚自珍研究资料集》,黄山书社1984年版,第169—170页。
② 章太炎著、徐复注:《訄书详注·清儒》,上海古籍出版社2000年版,第158页。
③ 章太炎:《说林下》,章太炎、刘师培等撰,罗志田导读:《中国近三百年学术史论》,上海古籍出版社2006年版,第27页。

又一代学人从龚文中汲取营养,使自珍诗文的影响越来越扩大,而自珍则成为"三百年来第一流"的学者,思想家。

八　龚自珍文集的阅读

自珍著述宏丰,生前就将自己的诗词与文章,结集出版。15岁时其诗开始编年,此前诗文大多散佚,颇为可惜,自珍对自己的少年之作颇为自负,曾有"少作精严故不磨"的诗句以自诩。19岁,自珍倚声填词,到21岁编成词集《怀人馆词》三卷、《红禅词》二卷。后来又编成《定庵文集》以及《己亥杂诗》,但这些刻本流传并不广泛。再者,为了只将诗文精品流传于世,自珍还将诸多诗文弃而不刻。自珍卒后的晚清民国时期,吴煦、朱之榛、王文濡等人相继刊刻了自珍的文集及其补编,比较著名的有邃汉斋校订本、扶轮社本。此外,还有一些学者致力于龚文的辑佚工作,章钰、张祖廉、吴昌绶、黄人等人搜集了自珍的大量佚稿。而自珍的师友以及祝心渊、潘鸿等人保存了龚集的批校与手校,收集了程恩泽、魏源、江沅、陈澧、陈硕甫等人的批语以及有关龚集的校勘资料。1975年上海古籍出版社出版了著名藏书家、历史学家王佩诤校注的《龚自珍全集》,对自珍的作品进行了较为全面的收录与校注。

自珍以旷古未有的奇才,狂放不羁的个性,恣意汪洋的笔触,奇伟瑰丽的风格,创作了大量饮誉当世又垂范后世的文章与诗词,他的好友王昙称其文"绝空一世,前宿难得",清代学者李兆洛亦认为龚文"求之于古,亦不易得"。自珍不朽的诗文使其在青年时代即成为名士,轰动了当时的学术界与思想界,而且在他身后,更影响了一代又一代的学人士子,从洋务派的左宗棠,到资产阶级维新派的康有为、梁启超,再到南社诗人柳亚子、高旭,诸多活跃在近代中国历史舞台上的社会精英,无不深受自珍思想的感染,对其诗文推崇不已。

关于自珍思想及其文集的意义,这里借助李泽厚先生之论说明,他说:"龚自珍思想的特点和意义,主要是在于那种对黑暗现实(特别是对那腐败之极的封建官僚体系的种种)的尖锐嘲讽、揭露、批判,在于那种极尽喜笑怒骂之能事的社会讥评,在于那种开始隐隐出现的叛逆之音。这种声音在内容上触着了最易使近代人们感到启迪和亲切的问题——如君主专政、如个性的尊严和自由、如官僚政治的黑暗;而在形式上,这种声音又响奏着一种最易使近代人们动心的神秘隐丽、放荡不羁的浪漫主义色调——所以,无论是龚氏装在'公羊今文学'中的'非常异义可怪之论',或者是龚氏那些慷慨浪漫的诗歌散文,就都深深地打动和投合了要求冲破旧束缚、向往自由和解放的晚清一代年轻人们的心灵和爱好。龚自珍的诗文在晚清风行一时,不是偶然的现象。"①今天我们重读龚集,其思想魅力与学术价值,没有丝毫的减损与削弱。

李泽厚还提到了自珍诗歌的艺术特色及其影响,他说:"龚自珍的诗歌,又特别是七绝,在晚清风靡一时,'避席畏闻文字狱,著书都为稻粱谋';'田横五百人安在,难得归来尽列侯';……'我愿天公重抖擞,不拘一格降人才';'……瓶花贴妥炉香定,觅我童心廿六年'……慷慨、惆怅、悲愤、凄婉,完全适应和投合开始个人觉醒的晚清好几代青年知识分子的情绪和意向。从公羊……到佛学,从浪漫诗文到异端观念,都是与封建正统的汉学考据、宋学义理相对抗着的。它们无一不开晚清之先声。龚自珍为中国近代思潮奏出了一个浪漫主义的前奏曲,这个充满异端情调的序曲,在稍后的时代里就发展成为激昂强烈的真正的交响乐章。无论在文学

---

① 李泽厚:《十九世纪改良派变法维新思想研究》,《中国近代思想史论》,安徽文艺出版社 1999 年版,第 370 页。

上,政治上或学术上,都如此。叛逆的果核开了花,龚自珍的'公羊今文学'终于在康有为手里取得了丰硕的收获。"①在当今社会,阅读龚集,同样具有颇为重要的意义:既可以了解晚清学术思想的发展脉络,又可以启发新一代学人关于人的觉醒与思想意识的再反省,以及传统政治制度的固有弊病及其改革问题。总之,龚集是一个蕴含宏富的宝库,等待读者去探索,去思考,去谋划未来的蓝图。

但自珍文集的阅读难度比较大,原因之一,与自珍独特的文风有关,自珍的文章旨深意远,具有强烈的社会批评意识,摄于清廷专制积威的高压,自珍希望以隐约迷离的文风,在增强其治学理念与政治思想表达的同时,亦可以借此避祸,梁启超说:"生网密之世,风议隐约,不能尽言,其文又瑰玮连犿,浅学或往往不得其指之所在。"②因此,龚文有的隐晦曲折,有的纵横不羁,有的掩抑低徊,有的深刻峭厉,有的恣意汪洋,风格可谓多姿多彩。对此,刘师培曾说:"龚氏之文自矜立异,语羞雷同,文气偯聱,不可卒读,或语求艰深,旨意转晦,此特玉川、彭原之流耳。或以为出于周秦诸子,则拟焉不伦。……近岁以来,作文者多师龚、魏,则以文不中律,便于放言,然袭其貌而遗其神。"③刘师培此言深合自珍之文的特色:用词古奥,想象奇伟浪漫,读起来较为吃力,不要说普通大众,即使造诣深邃的文史大家,皆是如此。

此外,龚文的阅读难度大还与自珍渊博的学识、深邃的经学功底有关。毋庸讳言的是,清代学术以经学为核心,因此晚清以来,

---

① 李泽厚:《十九世纪改良派变法维新思想研究》,《中国近代思想史论》,第371页。
② 梁启超:《论中国学术思想变迁之大势》,第126页。
③ 刘师培:《论近世文学之变迁》,章太炎、刘师培等撰,罗志田导读:《中国近三百年学术史论》,第172页。

无论是政治家还是思想家,他们进行著书立说、发表政见,都要从经学的阐释入手,将自己的思想主张、政治学说披上经学的外衣,以便增强立说的可信性。宣传变法革新的龚自珍,进行托古改制的康有为,无一不是如此。自珍宣传他的学术思想与政治变革主张,就以公羊家的"三世说"和《周易》的变易观念为依据,同时旁征博引儒家十三经、诸子百家与佛教经典,这就增加了阅读的难度,需要读者加强对传统文化的修养。再者,有关龚自珍的诗词,目前已有较为全面的编年与笺注,但是关于龚自珍的文集,除了"文革"期间适应"批儒评法"的需要,对部分政论文进行注释外,目前还未有较有学术功力的文集注本问世,这也在一定程度上,影响了酷爱文史、热爱传统文化的社会大众对龚自珍文集的接受。

此次《龚自珍集》的注释,笔者选取了最能代表自珍学术成就与政治思想的散文,以飨读者,在"通说"中对于龚自珍的家世、时代、生平、学术思想、人性论、伦理思想、政治思想、边疆治理思想及其在近代史的深远影响,进行了翔实而深刻的论述,以便于读者深入理解自珍的思想。在原文注释方面,鉴于自珍的文章艰深难读,首先,注释简明扼要地对文字加以疏通,对于生僻字进行注音,其次,对原文中涉及的人物、典章制度、地名官制、引用文献,在吸收各家注释成果的同时,进行了深入浅出的注释,对于前人注本的错误加以改正与摒弃。

九　校注说明

1. 本注本以上海古籍出版社 1975 年出版的王佩诤校《龚自珍全集》为底本。文字、标点均依照该本,但删掉了文中小字夹注与文后校注。王佩诤本的标点有误者,在文中直接进行改正,在注释中加以说明;文字有误者保持原文,正确文字在其后加[ ]进行标注,在注释中给予说明。

2. 王佩诤本的文章均属全篇一段,未有段落划分,本注本为了便利读者阅读,根据个人理解,重新进行了段落划分。王佩诤本采用繁体字,本书采用简体字,个别古体字不适于简化者,仍保留原字。

3. 王佩诤本编为十一辑,按照文章体裁分类编订,存在不尽合理之处,如《春秋决事比自序》与《春秋决事比答问》密切相关,却远隔数篇,不在同一辑。本注本悉属节选,分为七辑,在尊重王佩诤本篇目顺序与编撰体例、文章分类的基础上,完全按照文章内容进行分类,第一辑为经学与史学论文,第二辑为哲学与思想论文,第三辑属于政治与边防论文,第四辑属于寓言小品文,第五辑属于碑传与记事,第六辑属于书序与题跋,第七辑属于书信。限于编辑体例与字数要求,龚自珍有关金石题跋、佛学论文以及诗词赋铭,没有选录。

4. 天津师范大学历史文化学院2013级历史学本科生祖胤蛟同学,自幼研读清人学术文集,酷爱乾嘉学术研究,本人完成本书注释的初稿后,就交给祖胤蛟同学进行校改。祖胤蛟同学不但将《龚自珍集》原文进行认真核对,而且对本人的注释也进行了改正、补充,提出的一些看法具有真知灼见,如龚自珍《乙丙之际著议第十九》"元虞集、明徐孺东、洪应蛟、董应举、左光斗、朱长孺之伦,皆言西北水利,其言甚美"一段,本人对"洪应蛟"为何人不得而知,暂付阙如,而祖胤蛟同学指出"洪应蛟"为"汪应蛟"之误,再如龚自珍《五经大义终始论》"在《春秋》说曰:'以美阳芬香告于天。'犹告盛也。"王佩诤本标点如此,本人亦未加深思,而祖胤蛟同学指出此处有误,此语应出自南宋洪咨夔《春秋说》,因此标点应为"在《春秋说》曰"。诸如此类的见解,祖胤蛟提出不少。清代学者的学术著作一向以繁难著称,诸多学者视为畏途,而年在弱冠的本科生更是难以胜任,但祖胤蛟同学对乾嘉学术研究兴味颇浓,不禁使本人想起孔子之言:"后生可畏,焉知来者之不如今也。"

《龚自珍集》简注

第 一 辑

乙丙之际①著议第一

岁辛酉②,近畿大水。越七年戊辰③,又水。甲、乙间④,东南河工⑤屡灾。客曰:近年财空虚,大吏告民穷,而至尊忧帑匮⑥。金者水之母,母气衰,故子气旺也。一客曰:似也。子亦知物极将返⑦乎?天生物,命官理之,有所溃,有所郁,郁之也久,发之也必暴。且吏不能理五行使之和,必将反其正性,以大自泄,乃不利。今百姓日不足,以累圣天子愁然⑧之忧,非金乎?币之金与刃之金同,不十年其惧或烦兵事,赖圣天子维持元气,建本甚厚,亦弗瘳⑨也。越六年癸酉⑩,兖、豫役并起⑪,四越月平。龚子曰：其溃者，其纵之者咎也；其郁者，其钥之者咎也。是以古之大人，谨持其源而善导之气。

[注释]①乙丙之际：乙亥年（嘉庆二十年，1815年）与丙子年（嘉庆二十一年，1816年）之际。　②辛酉：嘉庆六年，即公元1801年。　③戊辰：嘉庆十三年，即1808年。　④甲、乙间：甲戌年（嘉庆十九年，1814）与乙亥年（嘉庆二十年，1815）之际。　⑤河工：指修筑河堤、开浚河道等治河工程，也特指治理黄河的工程。　⑥至尊：至高无上的地位，代称皇帝、天子。帑(tǎng)：指国库里的钱财。匮(kuì)：缺乏。　⑦物极将返：即"物极必反"。　⑧怒(nì)然：忧思貌。　⑨瘵(zhài)：病，多指痨病。　⑩癸酉：嘉庆十八年，即1813年。　⑪兖、豫役并起：兖、豫指兖州与豫州，分别在今山东省与河南省，嘉庆十八年（1813），李文成领导天理教在河南滑县起义，直隶、山东等地天理教徒纷纷响应，攻克定陶、曹县，斗争坚持4个月，后失败。

乙丙之际塾议三①

客问龚自珍曰：子之南也，奚所睹②？曰：异哉！睹书狱者③。狱如何？曰：古之书狱也以狱，今之书狱也不以狱。微独④南，邸抄⑤之狱，狱之岸皆同也，始狱不服皆同也，比其服皆同也，东西南北，男女之口吻神态皆同也，狱者之家，户牖⑥床几器物之位皆同也。吾睹一。

[注释]①塾议：书塾中的议论，指不成熟的意见。　②子：指龚自珍本人。之南：到南方去。奚(xī)：什么。　③书狱者：主办刑事案件的人，此处指专门为地方各级官署办刑事案件的幕僚，即刑名师爷。　④微独：不单是。微：无，非。　⑤邸抄：亦作"邸钞"，专门传知朝政与政治情报的新闻文抄。　⑥户牖(yǒu)：门窗。

或释褐①而得令，视狱自书狱②，则府必驳之，府从则司必驳之,司从则部必驳之③。视狱不自书狱,府虽驳,司将从,司虽驳,部将从。吾睹二。

[注释]①释褐(hè):指脱去平民的粗布衣服换上官服,指初入仕途的官员。 ②视狱:审理案件。自书狱:亲自拟稿处理案件。 ③府:知府。司:各省的按察使,省一级的司法机关。部:京师的刑部,六部之一,清朝中央一级的司法机关。驳:批驳,驳斥。

视狱自书狱,书狱者之言将不同,曰:臣所学之不同,曰:臣所聪①之不同,曰:臣所思虑之不同。学异术,心异脏也。或亢或逊,或简或缛②,或成文章,语中律令③,或不成文章,语不中律令,曰:臣所业于父兄之弗同。部有所考,以甄核④外,上有所察,以甄核下,将在是矣。今十八行省⑤之挂仕籍者,语言文字毕⑥同。吾睹三。

[注释]①聪:听。 ②缛(rù):繁。 ③中(zhòng):符合。律令:法律条令。 ④甄(zhēn)核:审查。 ⑤十八行省:清代以行省作为地方最高一级行政单位,清初设置18个行省,光绪后边地陆续建省,增至22个。行省长官或称总督,或称巡抚,总督统辖数省,巡抚仅辖一省。此处泛指全车各地。挂仕籍:官员在名册上登记,指出仕做官。 ⑥毕:完全。

曰:是有书之者①,其人语科目京官②来者曰:京秩官③未知外省事宜,宜听我书。则唯唯④。语入赀来者⑤曰:汝未知仕宦⑥,宜听我书。又唯唯。语门荫来者⑦曰:汝父兄且慁⑧我。又唯唯。尤力持以文学名之官曰:汝之学术文义,憎⑨不中当世用,尤宜听我书。又唯唯。今天下官之种类,尽此数者,既尽驱而师之矣。强之乎?曰:否。既甘之矣。吾睹四。

[注释]①书之者：即书狱者，主办案件的书吏。　②科目京官：通过科举而担任京官、再外放任地方官。　③京秩官：官吏的职位和品级，在京师任官的称京秩官。　④唯唯：是是。　⑤入赀(zī)来者：依靠捐纳得官的人，即用钱买官的人。　⑥仕宦：做官，此处指做官的诀窍。　⑦门荫来者：即凭借祖先功勋而循例做官的人。　⑧慑：惧怕。　⑨懵(měng)：糊涂，无知。

佐杂①书小狱者，必交于州县，佐杂畏此人矣。州县之书狱者，必交于府，州县畏此人矣。府之书狱者，必交于司道，府畏此人矣。司道之书狱者，必交于督抚，司道畏此人矣。督抚之上客②，必纳交③于部之吏，督抚畏此人矣。吾睹五。

[注释]①佐杂：清代州县官署内辅助知县、知府等地方主官的佐贰、首领、杂职等。　②上客：贵宾，此处指督抚的幕僚。　③纳交：结交，交往。

其乡之籍同，亦有师，其教同，亦有弟子，其尊师同，其约齐号令同，十八行省皆有之，豺踞而鸮视①，蔓引而蝇孳②，亦有爱憎恩仇，其相朋③相攻，声音状貌同，官去弗与迁也，吏满弗与徙也，各行省又大抵同。吾睹六。

狎④富久，亦自富也。狎贵久，亦自贵也。农夫织女之出，于是乎共之，宫室车马衣服仆妾备。吾睹七。

[注释]①豺(chái)：豺狼；鸮(xiāo)：猫头鹰。　②孳(zī)：滋生，繁殖。③朋：勾结。　④狎(xiá)：亲近而态度不庄重。

七者之睹，非忧、非剧、非酲①、非疟②、非鞭、非棰③、非符、非约，析四民④而五，附九流⑤而十，挟百执事⑥而颠倒下上，哀哉，谁为之而壹至此极哉！

[注释]①酲(chéng):指喝醉酒后的状态。 ②疟(nüè):疟疾,一种急性传染病。 ③棰(chuí):指受鞭笞、摊棍子。 ④析:分开。四民:指士、农、工、商; ⑤附:附属。九流:先秦时期的九个学术流派,即儒、道、阴阳、法、名、墨、纵横、杂、农九家,泛指社会上的各种人。 ⑥挟:操纵,挟持。百执事:泛指百官。

乙丙之际著议第六

自周而上,一代之治,即一代之学①也;一代之学,皆一代王者开之也。有天下,更正朔②,与天下相见,谓之王。佐王者,谓之宰③。天下不可以口耳喻也,载之文字,谓之法,即谓之书,谓之礼,其事谓之史。职以其法载之文字而宣之士民者,谓之太史④,谓之卿大夫。天下听从其言语,称为本朝、奉租税焉者,谓之民。民之识立法之意者,谓之士。士能推阐本朝之法意以相诫语者,谓之师儒⑤。王之子孙大宗⑥继为王者,谓之后王。后王之世之听言语奉租税者,谓之后王之民。王、若宰、若大夫、若民相与以有成者,谓之治,谓之道。若士、若师儒法则先王、先冢宰⑦之书以相讲究者,谓之学。师儒所谓学有载之文者,亦谓之书。是道也,是学也,是治也,则一而已矣⑧。

[注释]①一代之治,即一代之学:一代王朝的治国方法就是这一朝代的学术。 ②更正朔:即更改历法,封建时代每当改朝换代,就变更历法。 ③宰:官名。周朝的宰掌管王家内外事务,后为官吏的通称。 ④太史:官名。周时为史官及历官之长,汉朝起主要掌天文、历法、修史等事,历代稍有变更。明清时将天文、占候之事归钦天监执掌,而以翰林院专管修史,因此又称翰林为太史。 ⑤师儒:古代指教官或学官,也指儒者、经师。 ⑥大宗:古代宗

法制度以嫡长子为大宗,别子为小宗。 ⑦冢宰:官名。周朝以冢宰为百官之长,掌率百官辅佐天子治国,相当于后代的宰相。 ⑧"是道也"四句:龚自珍认为,道、学、治三者是统一的,也就是"一代之治,即一代之学"。一:统一,一致。

乃若师儒有能兼通前代之法意,亦相诫语焉,则兼综之能也,博闻之资也。上不必陈于其王,中不必采于其冢宰、其太史大夫,下不必信于其民。陈于王,采于宰,信于民,则必以诵①本朝之法,读本朝之书为率②。

[注释]①诵:述说。 ②率:标准。

师儒之替①也,源一而流百焉,其书又百其流焉,其言又百其书焉。各守所闻,各欲措之当世之君民,则政教之末失也。虽然,亦皆出于其本朝之先王。是故司徒之官之后为儒②,史官之后为道家老子氏③,清庙之官之后为墨翟氏④,行人之官之后为纵横鬼谷子氏⑤,礼官之后为名家邓析子氏、公孙龙氏⑥,理官之后为法家申氏、韩氏⑦。

[注释]①替:衰废。 ②司徒之官之后为儒:班固《汉书·艺文志》:"儒家者流,盖出于司徒之官。"司徒之官指唐虞时代主管教化的官,儒指儒家学派。 ③史官之后为道家老子氏:《汉书·艺文志》:"道家者流,盖出于史官。"老子是道家学派的创始人,曾任周朝守藏室之史,后为柱下史,通晓古今之变,孔子曾问礼于老子。氏:对别人的尊称。 ④清庙之官之后为墨翟氏:《汉书·艺文志》:"墨家者流,盖出于清庙之守。"清庙之官即主管祭祀的官,墨翟即墨子,墨家学派的创始人。 ⑤行人之官之后为纵横鬼谷子氏:《汉书·艺文志》:"纵横家者流,盖出于行人之官。"行人之官即主管外交的官。

纵横:指战国时期的纵横家,是从事政治外交活动的谋士,以审时度势、游说动人为主。鬼谷子:战国时人,相传隐于鬼谷,因以为姓号,据说是纵横家张仪、苏秦的老师。 ⑥礼官之后为名家邓析子氏、公孙龙氏:《汉书·艺文志》"名家者流,盖出于礼官。"礼官即主管礼制的官,名家为战国时期的一个学派,以辩论"名"、"实"关系为主要内容。邓析子:法家与名家的先驱,精于法,曾教民诉讼,不满子产所铸刑书,而作《竹刑》一书,后为郑国采用。公孙龙:战国时名家代表人物,哲学上着重分析概念的规定性和差别性,对古代逻辑思维的发展有一定贡献,名辩论题有"离坚白"、"白马非马"等。 ⑦理官之后为法家申氏、韩氏:《汉书·艺文志》:"法家者流,盖出于理官。"理官即法官。申氏:即申不害,战国时法家,韩昭侯起用他为相,任职15年,倡导法治,推行改革,使韩国一度"国治兵强"。申不害是法家中重"术"的代表人物,就是公开任免、监督、考核臣下的方法,也是君主牢牢掌握刑罚权的方法。韩氏:即韩非,先秦法家思想的集大成者,他的法治思想为秦朝建立统一的中央集权的专制主义国家奠定了理论基础。

  世之盛也,登于其朝①,而习其揖让②,闻其钟鼓③,行于其野,经于其庠序④,而肄其豆笾⑤,契其文字⑥。处则为占毕弦诵⑦,而出则为条教⑧号令;在野则熟其祖宗之遗事,在朝则效忠于其子孙。夫是以齐民不敢与师儒齿⑨,而国家甚赖有士。及其衰也,在朝者自昧其祖宗之遗法,而在庠序者犹得据所肄习以为言,抱残守阙,纂一家之言,犹足以保一邦、善一国。孔子曰:"郁郁乎文哉,吾从周。"⑩又曰:"吾不复梦见周公。"⑪至于夏礼商礼,取识遗忘而已。以孔子之为儒而不高语前哲王,恐蔑本朝以干戾⑫也。

  [注释]①登于其朝:指到朝廷做官。 ②揖让:古代君主、宾客相见的礼节。 ③钟鼓:钟声和鼓声,指音乐。 ④庠(xiáng)序:古代地方所设的

学校,与天子的辟雍、诸侯的泮(pàn)宫等大学相对而言,此处泛指学校。⑤肄(yì)其豆笾:学习祭祀礼节。肄:学习,练习。豆笾:礼器,供祭祀和宴会之用,豆为木制,笾为竹制。 ⑥契其文字:指著书立说。契(qiè):古同"锲",用刀子刻。 ⑦占毕:犹言看书,读书。弦诵:弦歌诵读。古代学校里读诗,有用琴瑟等弦乐器配合歌唱的,有只口诵而不用乐器的,后即用"弦诵"称学校教学。 ⑧条教:法规,教令。 ⑨齐民:平民,普通百姓。齿:相比。 ⑩郁郁乎文哉,吾从周:语出《论语·八佾》,意思是周朝的礼仪制度多么美好呀,我遵从周朝。 ⑪吾不复梦见周公:语出《论语·述而》,我很久没有再梦见周公了。周公制礼作乐,为周朝礼制的奠基者,此处可见孔子对周公的崇敬之情。 ⑫干戾(lì):谓触犯法令而获罪。

至于周及前汉,皆取前代之德功艺术,立一官以世之,或为立师,自《易》、《书》大训杂家言,下及造车、为陶、医、卜、星、祝、仓、庾之属,使各食其姓之业,业修其旧。此虽盛天子之用心,然一代之大训不在此也。

后之为师儒不然。重于其君,君所以使民者则不知也;重于其民,民所以事君者则不知也。生不荷耰锄①,长不习吏事,故书雅记②,十窥三四,昭代③功德,瞠目未睹,上不与君处,下不与民处。由是士则别有士之渊薮④者,儒则别有儒之林囿者,昧王霸⑤之殊统,文质⑥之异尚。其惑也,则且援古以刺今,嚣然有声气矣。是故道德不一,风教不同,王治不下究,民隐不上达,国有养士之赀⑦,士无报国之日,殆夫,殆夫!终必有受其患者,而非士之谓夫?

[注释]①荷(hè)耰(yōu)锄:指从事农业劳动。荷:背负肩担。耰锄:耰和锄,均为农具名,用于击碎土块,平整土地,锄草等。 ②雅记:历代载籍正

史。　③昭代:政治清明的时代,是古人对自己所处朝代的敬称。　④渊薮:鱼和兽类聚居的地方,比喻人或物聚集的地方。　⑤王霸:指王道与霸道,是两种对立的治国主张。王道:古时以仁义统治天下的政策,是儒家的政治主张。霸道:指以武力、刑法、权势等统治天下的政策。　⑥文质:指质家与文家。质家:指尚实求实的学派或政治主张。文家:指崇尚文礼的政治主张。⑦赀(zī):同"资",资财。

乙丙之际著议第七

夏之既夷①,豫假②夫商所以兴,夏不假六百年矣乎?商之既夷,豫假夫周所以兴,商不假八百年矣乎?无八百年不夷之天下,天下有万亿年不夷之道。然而十年而夷,五十年而夷,则以拘③一祖之法,惮千夫之议④,听其自陊⑤,以俟踵兴者之改图尔⑥。

[注释]①夷:灭亡。　②豫:预先。假:借。　③拘:拘守。④惮(dàn):害怕,畏惧。千夫:很多的人。　⑤陊(duò):古同"堕",堕落,破败。　⑥俟(sì):等待。踵(zhǒng)兴:相继兴起。改图:改变计划。

一祖之法无不敝①,千夫之议无不靡②,与其赠来者以劲改革,孰若自改革?抑思③我祖所以兴,岂非革前代之败耶?前代所以兴,又非革前代之败耶?何莽然④其不一姓也?天何必不乐一姓耶?鬼何必不享⑤一姓耶?奋之,奋之!将败则豫师⑥来姓,又将败则豫师来姓。《易》曰:"穷则变,变则通,通则久。"⑦非为黄帝以来六七姓⑧括言之也,为一姓劝豫也。

[注释]①敝(bì):破旧。　②靡:偃息,指被压制或自生自灭。　③抑

思：试想。抑，发语词。 ④莽(mǎng)然：草木茂盛的样子,形容朝代更迭频繁。 ⑤享：鬼神享用人的祭品。 ⑥豫师：预先效法。 ⑦《易》：即《周易》,我国古代现存最早的一部哲学专著,儒家五经经典之一,运用象征性的符号,通过占筮形式,蕴含着极为丰富深邃的哲理。"穷则变"三句出自《易传·系辞下》。 ⑧黄帝以来六七姓：指黄帝以后的颛(zhuān)顼(xū)、帝喾(kù)、唐尧、虞舜和夏、商、周。

乙丙之际著议第九

吾闻深于《春秋》者①,其论史也,曰：书契以降②,世有三等③,三等之世,皆观其才；才之差,治世为一等,乱世为一等,衰世别为一等。衰世者,文类治世④,名类治世,声音笑貌类治世。黑白杂而五色可废也,似治世之太素⑤；宫羽淆而五声可铄也,似治世之希声⑥；道路荒而畔岸隳也⑦,似治世之荡荡便便⑧；人心混混而无口过也,似治世之不议⑨。左无才相,右无才史,阃⑩无才将,庠序⑪无才士,陇⑫无才民,廛⑬无才工,衢⑭无才商,抑⑮巷无才偷,市无才驵⑯,薮泽⑰无才盗,则非但鲜⑱君子也,抑小人甚鲜。

[注释]①深于《春秋》者：《春秋》我国第一部编年体史书,记述鲁国历史,相传是孔子所作,叙事极简略,但暗含褒贬的微言大义,被称为春秋笔法。深于《春秋》者指对《春秋》有精深研究的人,此处指西汉董仲舒和东汉何休根据《公羊传》来研究《春秋》的微言大义。 ②书契(qì)以降：指有文字记载以来。书契,文字。契,刻,古代文字多用刀刻,故称书契。 ③世有三等：公羊家解释《春秋》有三世说,以"所见、所闻、所传闻"为三世,东汉何休根据治乱状况,以"衰乱、升平、太平"解释三世。龚自珍按照人才优劣的差等,将三世分为"治世、乱世、衰世",是其对公羊三世说的发挥。 ④文：文采,文辞。

类:类似。 ⑤"黑白"两句:在衰世黑白混杂五色可以废除,表面好像是治世的朴实无华。五色:指青、黄、赤、白、黑,古代以这五种颜色为正色。 ⑥"宫羽"两句:在衰世宫音与羽音混乱,五声可以消灭,表面好像治世的大音无声。宫羽:指古代音乐中宫、商、角(jué)、徵(zhǐ)、羽五音。淆(xiáo):混乱,错杂。铄(shuò):熔化,消灭。希声:无声。《老子》"大音希声",最大的声音听起来反而无声。 ⑦畔岸:边际,指河岸。隳(huī):毁灭,崩溃。 ⑧"道路"两句:在衰世法律制度和道德准则都遭到破坏,统治阶级为所欲为,表面好像治世的政治坦荡平易一样。便(pián)便:平平,平易的样子。《尚书·洪范》:"无偏无党,王道荡荡;无党无偏,王道平平。" ⑨不议:对政治无所非议。《论语·季氏》:"天下有道,则庶人不议。" ⑩阃(kǔn):指城郭的门限,阃外指边疆,军中。 ⑪庠(xiáng)序:古代学校。 ⑫垄:垄亩,泛指田间。 ⑬廛(chán):邑中一户的宅居为廛,泛指市廛,市肆。 ⑭衢(qú):大路。 ⑮抑(yì):转接连词,甚至于。 ⑯驵(zǎng):马匹交易的经纪人,泛指经纪人。 ⑰薮(sǒu)泽:水草茂密丛生的沼泽湖泊,泛指盗贼出没的地方。 ⑱鲜(xiǎn):稀少。

当彼其世也,而才士与才民出,则百不才督之缚之,以至于戮①之。戮之非刀、非锯、非水火;文亦戮之,名亦戮之,声音笑貌亦戮之。戮之权不告于君,不告于大夫,不宣于司市②,君大夫亦不任受。其法亦不及要领,徒戮其心③,戮其能忧心、能愤心、能思虑心、能作为心、能有廉耻心、能无渣滓心。又非一日而戮之,乃以渐④,或三岁而戮之,十年而戮之,百年而戮之。才者自度将见戮⑤,则蚤夜号以求治⑥,求治而不得,悖悍⑦者则蚤夜号以求乱。夫悖且悍,且睊然眴然以思世之一便己⑧,才不可问矣,向之伦骀有辞矣⑨。然而起视其世,乱亦竟不远矣。

[注释]①戮(lù):杀害,残害。 ②司市:主管城市政教刑法的最高长

官,古代杀人之权由司市具体执行。 ③"其法"二句:他们杀戮的办法不是腰斩砍头,而只是残害人的精神。要:同"腰",古代重罪腰斩。领:即颈,古代轻罪要砍头。 ④渐:渐进,慢慢来。 ⑤度(duó):思量,估计。见:被。 ⑥蚤:通"早"。号(háo):大声呼喊。 ⑦悖(bèi):叛逆。悍(hàn):强悍。 ⑧睊(juàn)然:侧目怒视的样子。眮(tóng)然:张目怒视的样子。便己:有利于自己。 ⑨向:从前,旧时,此处为"刚才"之意。伦:辈,那些人。玷:既愚蠢无知又自以为是。

是故智者受三千年史氏之书,则能以良史之忧忧天下,忧不才而庸,如其忧才而悖;忧不才而众怜,如其忧才而众畏。履霜之屦①,寒于坚冰;未雨之鸟,戚②于飘摇;痹痨③之疾,殆于痈疽④;将萎之华,惨于槁木⑤。三代⑥神圣,不忍薄谲士⑦勇夫,而厚豢驽羸⑧,探世变也,圣之至也。

[注释]①履(lǚ)霜之屦(jué):踏霜的草鞋。履,踩。屦,草鞋。 ②戚:忧愁。 ③痹:风湿病。痨(láo):结核病的俗称。 ④殆(dài)于痈(yōng)疽(jū):比红肿溃烂的大疮更危险。殆:危险。痈疽:生在肌肉上的大疮,先红肿后溃烂,样子很可怕,但一般无生命危险。 ⑤惨于槁(gǎo)木:比枯木还要憔悴。惨:憔悴。槁木:枯木。 ⑥三代:指夏、商、周。 ⑦薄:鄙薄。谲(jué)士:诡诈的知识分子。 ⑧豢(huàn):豢养。驽(nú):无能的人。羸(léi):懦弱的人。

乙丙之际塾议第十六

有匹妇之忧,有城市之忧,有人主之忧。匹妇之忧,货重于食①,城市之忧,食货均,人主之忧,食重于货。夫货,未或绌也,未或毁也。以家计,患其少,以域中计,尚患其多。何哉？孝者以奉亲，悌者以事长，睦者以恤族，任者以急朋友，侠者以无名，放者以无节，虽千万不钧，其在天地间则钧。埋之土中，取之土中，投之水火，取之水火，不出天地之间。人主者，会天地之间之大势，居高四呼。博货之原，则山川效之；啬货之流，则官司钥之；重货之权，则名与器视之；货在宫中，鬼神守之；货在朝野，吏民便之。其敝也，贝专车不得一匹麻，有金一斛不籴掬粟②；又其敝也，丐夫手珠玉，道殣③抱黄金。知黄金珠玉之必无救也，是故博食之原，啬食之流，重食之权，总四海而忧之，不急一城之急，一市之急，矧④乃急匹妇之急矣。

[注释]①货重于食：工商业重于农业。食货是中国古代经济概念，食即农业，货即工商业，"食货"连称即指代整个社会经济。　②斛（hú）：古代量器名。古代以十斗为一斛，南宋末年改为五斗。籴（dí）：买进粮食。掬（jū）：用两手捧。　③道殣（jǐn）：饿死的人。　④矧（shěn）：况且。

食民者，土也；食于土者，民也。凡民以有易无，使市官平之，皆以稻、麦、百谷、竹、木、漆、陶、铁、筐筥①、桑柘②、葛苎③、蔬韭、木实、药草、牛、驴、马、猪、羊、鸡、鱼、蒲苇、盐酒、笔楮④使相当；其名田者赋于官亦用是。百家之城，有银百两；十家之市，有钱十缗⑤；三家五家之堡，终身毋□畜泉货⑥可也。畜泉货，取其稍省负荷百物者之力，便怀衽⑦而已，不挈⑧万事之柄。行此三十年，富民所吝惜，非货焉，贫民所歆羡⑨怨叹，非货焉，桀黠⑩心计者，退而役南亩⑪，而天下复奚⑫扰扰贫与富之名为？请定后王式：曰泉式，其质青铜，其轮周二寸半，其重八铢⑬。银之色理有常,其枚无常,其价赢缩有常,其品二等。

[注释]①筐筥(jǔ):筐与筥的并称,方形为筐,圆形为筥,亦泛指竹器。②桑柘(zhè):桑木与柘木。 ③苎(zhù):苎麻,多年生草本植物,茎皮可制纤维。 ④笔楮(chǔ):犹笔纸。 ⑤缗(mín):古代穿铜钱用的绳子。 ⑥泉货:钱币,货币。 ⑦怀袵(rèn):怀藏。 ⑧挈(qiè):带,领。 ⑨歆羡:爱慕,羡慕。 ⑩桀(jié)黠(xiá):凶悍狡黠。 ⑪南亩:谓农田。南坡向阳,利于农作物生长,古人田土多向南开辟,故称。 ⑫奚(xī):文言疑问代词,相当于"胡"、"何"。 ⑬铢(zhū):古代重量单位,24铢等于旧制1两。

乙丙之际塾议第十七

三代之立言也,各有世。世其言,守其法。察天文,刻章蔀①,储历,编年月,书日,史氏之世言也;规天矩地,匡貌言②,防狂僭③,通蒙蔽,顺阴阳,布时令,陈肃圣哲谋,教人主法天,公卿、师保④、大臣之世言也;言凶,言祥,言天道,或谂⑤,或否,群史之世言也。群史之法,颇隶太史氏⑥,不见述于孔氏⑦。孔氏上承《尧典》⑧,下因鲁史,修《春秋》,大书日食三十又六事,储万世之历,不言凶灾。日食为凶灾,孰言之?《小雅》⑨之诗人言之,七十子⑩后学者言之,汉之群臣博士言之。诗人之指,有瞽献曲⑪之义,本群史之支流。又诗者,讽刺诙怪,连犿杂揉⑫,旁寄高吟,未可为典正。七十子以后学者,言君后象日月,适见于天,日月为食,汉臣之所昉⑬也。

[注释]①章蔀:我国古历法用语,汉初所传的6种古代历法以19年为1章,4章为1蔀,20蔀为1纪,3纪为1元。冬至与月朔同日为章首,冬至在年初为蔀首。 ②貌言:虚伪不实的言论。 ③狂僭(jiàn):狂妄僭越。 ④

师保：师与保的合称，都是辅导、协助皇帝的官。　⑤谂(xiǎn)：以查问来验证。　⑥太史氏：泛指史官。　⑦孔氏：即孔子。　⑧尧典：《尚书》篇目之一，记载了唐尧的功德、言行，是研究上古帝王唐尧的重要资料。　⑨《小雅》：《诗经》的一部分，共有74篇。　⑩七十子：孔子弟子的通称。据《史记·孔子世家》记载："孔子以诗书礼乐教弟子，盖三千焉；身通六艺者七十有二人。"后人取整数，以"七十子"通称孔子弟子。　⑪瞽(gǔ)献曲：乐师进献民间乐曲。瞽，盲人，此处指乐官。儒家主张乐治，天子通过闻曲审音来考察政治得失。　⑫连犿(fān)：随和貌。杂揉(róu)：混杂糅合。　⑬昉(fǎng)：起始。

　　汉臣采雅记①古仪官书，造《周礼》，又颇增益《左氏传》，皆有伐鼓②救天之文。众儒哗咎③时君，时君或自责，诏求直言，免三公，三公自免。大都君臣借天象傅古义，以交相儆④也。厥⑤意虽美，不得阑入⑥孔氏家法。曰：古之公卿、师保、大臣、太史氏，不欲借天象儆人君欤？曰：立言各有绪，立教各有统，立官各有方，毋相借矣。大臣者，探本真以奉君，过言有诛，矧⑦旁饰卫言？故慎毋借言矣。

　　[注释]①雅记：历代载籍正史。　②伐鼓：击鼓。　③哗咎：纷纷指责。　④儆(jǐng)：使人警醒，不犯过错。　⑤厥：其，他的。　⑥阑(lán)入：搀杂进去。　⑦矧(shěn)：况且。

　　夫恒旸①而旱，恒雨而潦②，恒燠恒寒而疵疠③，妨田功，妖人民，古无步之之术④，虽有占谂⑤涂傅之言，取虚象，无准的，无程期，箕子⑥推本狂僣，孔子直书水旱，目为凶灾宜矣。人主不学无艺能，虽借言以愚其君无所用；人主好学多艺能,必有能自察天文,步历⑦造仪者矣。将诘⑧其臣曰:诚可步也,非凶灾;诚凶灾也,不可以步。借言者何以对?将大坐⑨诬与谤。于是又有恒旸而旱,恒雨而潦,恒燠恒寒而疵疠,当儆人君,人君反不忌,虽箕子所寒心,孔子所危言⑩,反坐诬与谤。言可以不中法乎哉!言可以不中法乎哉!其慎毋借言。后之择言者何守?载笔治历,守《春秋》;言咎征,守箕子。

[注释]①旸(yáng):天晴。 ②潦(lào):同"涝"。雨水过多,淹没田地庄稼。 ③燠(yù):暖,热。疵(cī)疠(lì):疾病,灾害。 ④步之之术:推步之术。古称推算历法为"推步",即推算日月五星的度数,昏旦节气的差异。意谓日月转运于天,犹如人的行步,可以推算而知。 ⑤占谂(xiǎn):占验。 ⑥箕子:商代贵族,纣王叔父,官至太师。劝谏纣王不听,披发佯狂为奴而被囚禁,周武王灭商后释放。相传《尚书·洪范》是箕子为武王而作。 ⑦步历:推算历数。 ⑧诘(jié):追问。 ⑨坐:获罪。 ⑩危言:正直的话。

或曰:《易》曰:"天垂象,见吉凶,圣人则之。"①《说文》②示字,谓日月星为下垂之象形也。是日月星有吉凶,非《洪范》之旸雨寒风。应之曰:日月星之见吉凶,殆为日抱珥③,月晕成环玦④,星移徙,彗孛⑤,日五色,日月无精光,日月不交而食谓之薄之类。群史所识,有其占谂之书,今也亡之,古也有之,《系辞》⑥所称,亦若是而已矣,而岂谓日月食之可推步⑦者哉?自记。

[注释]①"《易》曰"三句:出自《周易·系辞上》,大意是:上天显示出各种天象,表示吉凶,圣人就要效法它们。则:效法。 ②《说文》:《说文解字》的简称,东汉许慎所撰的古文字学著作,是我国第一部系统分析字形和考究字源的著作,对后世影响很大。 ③抱珥(ěr):太阳两旁半环形的光圈。

④环玦：有缺口的玉环。　⑤彗孛(bó)：彗星和孛星。孛，古人指光芒四射的一种彗星，旧谓彗孛出现是灾祸或战争的预兆。　⑥《系辞》：指《易大专》即十翼中的《系辞上传》、《系辞下传》，总称《系辞传》，为阐说《周易》经文的专论。　⑦推步：古称推算历法为"推步"。

乙丙之际著议第十八

君不敢①于臣，父不敢于子。死于市者，朋友哭之。达官畏鬼，士以水火、盗贼、风雨、歌笑、涕泪、女色饰文章。有闻如雷，曰不祥之大者。以鸟兽治大官，大官以鸟兽治有司。鬼以水火、风雨、盗贼贼②士，鸟兽以水火、风雨、盗贼予人国。或以为祥，祥告于堂。不祥讳于床，鬼发其藏。祥而不祥，衰世讳之。不祥之祥，圣者以飨③帝。

[注释]①敢：谦辞，不敢冒昧请求。　②贼：伤害。　③飨(xiǎng)：祭祀。

乙丙之际著议第十九

博矣夫！大圣人之知物也。自珍壬申①春出都，近畿小旱，车夫以棰②柄击道旁土，幞③幞然落，形如箕，讶之。明年入都，又旱。与山东一老父谈，言：吾土粗不受水，受亦即竭，安得南边松泥耶！又三年，发旧邸抄④读之，乾隆初，有言东南之土肌理横，故宜水，西北之土肌理直，故不宜水。朱批曰：所奏情形是。于是积数年之疑豁然矣。

[注释]①壬申：嘉庆十七年，即公元 1812 年。　②棰(chuí)：短木棍。③幞：音"fú"。　④邸抄：专门传知朝政与政治情报的新闻文抄。

田夫、野老、驺卒①之所习熟,今学士大夫谢之,以为不屑知,自珍获知之,而以为创闻。岂知先进言焉而毕瞭,圣天子处九重之上,闻焉而毕识,叩焉而毕宣,则岂非睿知天纵,而又宏加之以圣学者耶?元虞集②、明徐孺东、洪[汪]应蛟、董应举、左光斗、朱长孺③之伦,皆言西北水利,其言甚美。意者西北地大,土理类东南者必有多处,数公其皆亲履而辨之欤?智者定议,能当巨疑,斯亦甚可疑之一也。著诸简以问之。

[注释]①驺(zōu)卒:掌管车马的差役,亦泛指一般仆役。 ②虞集:元代学者。字伯生,号道园,人称邵庵先生。曾建议在京畿以东沿海地区筑堤围田,招募富民开垦。 ③徐孺东:即徐贞明,明代水利家,字孺东,江西贵溪人。进士出身,官至尚宝司少卿,曾数次上书,建议兴修水利,发展稻田。亲历京东各州县勘察地势土壤,察看水岭分合,曾招募民工在永平等地垦田三万九千余亩,为宦官外戚所阻,停工。后辞官归里,著有《潞水客谈》。汪应蛟(?—1628):"洪应蛟"为"汪应蛟"之误。王应蛟,明朝大臣,字潜夫,号登原,南直隶徽州府婺源人。万历二年(1574)进士,累迁至南京兵部尚书,加太子少保。平生极为重视畿辅水利,在天津垦田五千亩,拟于保定兴修水利灌田,未获批准。董应举:字崇相,闽县(今福建福州)人,万历二十六年(1598)进士,官至工部右侍郎兼户部侍郎。曾经理天津至山海屯务,有屯田兴利之功。左光斗:字遗直,又字共之,号浮丘,安徽枞阳人,明代水利专家。任御史时,曾上书建议在北方兴办屯田水利,推广种稻以及治理屯田水利的具体办法。后亲自实施,督促官吏在今北京、天津之间,教民种植桑麻,对改良北方农作物和改变干旱地区的面貌,颇有贡献。朱长孺(1606—1683):即朱鹤龄,字长孺,号愚庵,江苏吴江人,明清之际学者,明朝诸生。入清后隐居著述,与顾炎武相友善。著有《禹贡长笺》,述古今水利源流,考证水道,多有创获。

乙丙之际塾议第二十

圣清田赋薄东南,民乐其田。请籍田数:苏、松、太仓一道,名田①一千七百万亩有奇;常、镇一道,名田一千二百万亩有奇;杭、嘉、湖一道,名田一千六百万亩有奇。大凡起江滨,尽浙以西,东际海,千里无旷土。辟草莱②,垦土地,似是功臣,而孟轲氏以为民贼③。汉臣治水,必遗地让水;乃后世言:乌有弃上腴出租税之土,以德鱼鼋④者乎?

[注释]①名田:由地主、自耕农向政府申报土地数量,登入簿籍,作为征收田税依据的土地,称"名田"。 ②草莱:野草,杂草,泛指未开垦的荒地。 ③孟轲氏以为民贼:《孟子·离娄上》说:"故善战者服上刑,连诸侯者次之,辟草莱、任土地者次之。"孟子反对为聚敛财富而迫使百姓开垦荒地,因此主张对其处以刑罚。 ④鱼鼋(yuán):鼋是外形像龟的爬行动物,鱼鼋泛指鳞介水族。

今之言水利者,譬盗贼大至,而始议塞窦阖门也。兴水利莫如杀水势,杀水势莫如复水道。今问水之故道,皆已为田。问田之为官为私?则历任州县升科,以达于户部矣。问徙此田如何?则非具疏请不可。大吏惮①其入告,州县恶其少漕,细民益盘踞而不肯见夺。夫可以悍然夺之、徙之,不听则诛之,而民无乱者,必私田也。今田主争于官曰:我之入赋,自高曾而然。赋且上上。夺而徙之,两不便。湖州七十二溇②之亡,松江长泖、斜泖③之亡,咎坐此等。

[注释]①惮(dàn):怕,畏惧。 ②湖州:清代湖州府隶属杭嘉湖道,地处在太湖南岸。七十二溇(lóu):即娄江,古为太湖"三江"(娄江、淞江、东江)之一,西起苏州娄门,下接浏河,两岸支流港浦众多,水网发达。 ③长泖(mǎo)、斜泖:即今上海松江西的泖河。历史上松郡三泖,一是据水流位置而

称上泖、中泖、下泖;二是据大小、形状而把上、中、下三泖依次称为长泖、大泖、圆泖。泖河虽随地段、形状不同而名称不同,但实为一水。

且夫沙可涨也,亦可落也,水变化为泥涂,泥涂变化亦为水,官不徙之,水或徙之。自今江之壖①,海之陬②,太湖之滨,汐潮之所鼓,茭葑③之所烂,凫雁④之所息,设有一耦之民,图眉睫之利,不顾冲要,宜勿见勿闻,有诇报及议升科⑤者,罪之。乘无事之年,删无益之漕,徙无漕之众。

[**注释**]①壖(ruán):古同"堧",城下宫庙外及水边等处的空地或田地。②陬(zōu):隅,角落。 ③茭(jiāo)葑(fēng):菰根,亦泛指水草。 ④凫(fú)雁:野鸭与大雁。 ⑤诇(xiòng)报:刺探报告。升科:清代对新垦田地按税法规定征收钱粮,新开垦的田地,一般水田可免征六年,旱田可免税十年,期满按税制规定征收钱粮,称"升科"。

乙丙之际塾议第二十五

闻之聪古子,聪古子闻之思古子,思古子闻之谛古子①:居廊庙而不讲揖让②,不如卧穹庐③;衣文绣而不闻德音④,不如服橐鞬⑤;居民上,正颜色,而患不尊严,不如闭宫庭;有清庐闲馆而不进元儒,不如辟牧薮;荣人之生而不录人之死,不如合客兵;劳人祖父而不问其子孙,不如募客作。载籍⑥,情之府也;宫庙,文之府也;学士大夫,情与文之所钟也。入人国,其士大夫多,则朝廷之文必备矣;其士大夫之家久,则朝廷之情必深矣。豪杰入山泽,责人主之文也;劳人怨士之憔悴,觖人主之情也⑦。故士气申则朝廷益尊,士业世则祖宗益高,士诗书则民听益美。其言如是,是善觇国⑧哉!

[注释]①聪古子、思古子、谛古子:为作者虚构的人物,事实上并不存在。 ②廊庙:犹言庙堂,亦指朝廷。揖让:作揖和谦让,是古代宾主相见的礼节,亦指礼乐文德。 ③穹庐:北方游牧民族住的圆顶毡帐。 ④文绣:有彩色花纹的丝织品或衣服。德音:好名声,好品德。 ⑤櫜(gāo)鞬(jiān):藏箭和弓的器具。 ⑥载籍:书籍,典籍。 ⑦觖(jué):不满意。人主:旧时专指一国之主,即帝王。 ⑧觇(chān)国:观察国情。

壬癸之际胎观①第一

天地,人所造②,众人自造,非圣人所造。圣人也者,与众人对立③,与众人为无尽。众人之宰④,非道非极⑤,自名曰我。我光造日月,我力造山川,我变造毛羽肖翘⑥,我理造文字言语,我气造天地,我天地又造人,我分别造伦纪⑦。

[注释]①壬癸之际:壬午年与癸未年之间,即道光二年(1822)至道光三年(1823)。胎观:孕育在心里的初步看法。 ②造:创造,引申为认知。③对立:相对而存在。 ④宰:主宰者。 ⑤非道非极:并非天道与太极。 ⑥肖翘:飞空的虫类。 ⑦伦纪:人伦纲纪。

众人也者,骈化而群生①,无独始者。有倮人②已,有毛人,有羽人,有角人,有肖翘人。毛人、羽人、角人、肖翘人也者,人自所造,非圣造,非天地造。其匹③也,杂不部居④。倮人之不与毛、角者匹。其后政,非始政。后政也者,先小而后大。五人主为政,十人主为政,十十人主为政,百十人主为政,人总至,至于万,为其大政。有众人已,有日月;有日月已,有旦昼。日月旦昼,人所造,众人自造,非圣人所造。乃造名字,名字之始,各以其人之声。声为天而天名立,声为地而地名立,声为人而人名立。

[**注释**]①骈(pián)化而群生:两人配偶而生育出众人。骈:两马并列,这里指成双。　②倮(luǒ)人:指原始的裸体人。倮,同"裸"。　③匹:配偶。　④杂不部居:配偶杂乱无序。

　　人之初,天下通,人上通,旦上天,夕上天,天与人,旦有语,夕有语。万人之大政,欲有语于人,则有传语之民,传语之人,后名为官。或以龙纪官①,隶天之龙为首,不咸之水龙次焉,咸水之龙次焉,隶畜之龙次焉。或以云纪官②,隶上天之云为首,隶天之云次焉,隶名山大川之云又次焉。或以鸟纪官③,隶天之鸟为首,隶畜之鸟次焉。龙、鸟、云,天所部,非人所部。

[**注释**]①以龙纪官:以龙的名号来称他的官属。　②或以云纪官:或者以云的名号称他的官属。　③或以鸟纪官:或者以鸟的名号称他的官属。

　　后政不道①,使一人绝天不通民,使一人绝民不通天,天不降之②,上天不降之,上天所天,又不降之。诸龙去,诸鸟不至,诸云不见,则不能以绝。比其久也,乃有大圣人出,天敬降之,龙乃以部至,鸟以部至,云以部至,民昂首见者,天之藉③也。众人以为天,大政之主④必敬天,名日月星为神,名山川为祇⑤,名天之人亦曰神。天神,人也;地祇,人也;人鬼,人也。非人形,则非人也。

[注释]①后政不道:后来政事败坏。 ②天不降之:指天不降下龙、鸟、云。 ③藉:凭依,寄托。 ④大政之主:"万人大政"的统治者,即帝王、君主一类。 ⑤祇(qí):地神。

民之初,寿①无纪,官不能纪远,寿不能如初,传纪②之极言寿,卑③矣。曰三万岁。曰八万千岁。

[注释]①寿:年岁,历史,这里指史籍。 ②传纪:传下来的历史记载。 ③卑:指短暂。

壬癸之际胎观第二

既有世已,于是乎有世法。民我性不齐,是智愚、强弱、美丑之始。民我性能记,立强记之法,是书之始。中方左行,东方左行,南方左行,东南方左行,东北方右行,西南方左行,西北方右行,北方右行,皆曰文①。文之孳②曰字,字有三名,曰声,曰形,曰义。民我性能测,立测之法,是数之始。数始于一,极于九。凡地之上,天之下,空尽实之,必立九以求实,谓之算。算之大者,曰测日月星;曰测地。日月星地既可测,则立之分限,以纪人之居世者,名之曰岁。曰春夏秋冬,是历之始。民我性能分辨,立分辨之法有四:名之曰东西南北。以高为北,庳③为南;南方日所出,北方日所入,以为东;北方日所出,南方日所入,以为西,是方位之始。

[注释]①文:线条交错的图形,此处指规定、仪式。 ②孳(zī):滋生,繁殖。 ③庳(bēi):低下,矮。

民我性善病,盖有虫焉,以宅我身,则我身病,是病之始。于是别草木之性以杀虫,是医之始。倮人食毛羽人,不知所始。食毛羽人,亦病之始。民我性能类,故以书书其所生。又书所生之生,是之谓姓,是谱牒世系①之始。一人生二子,则有长幼,则宗之始。有宗牒已,恐其乱,故部男女,是禁男女之始。佃②有公、侯、伯,有土之君始。民我性不齐,夫以倮人食毛羽人,及男女不相部,名之为恶矣;其不然者,名为善矣,是名善恶之始。

[注释]①谱牒:记载某一宗族主要成员世系及其事迹的档案。世系:亦称"世次"、"世统",指一姓世代相承的系统,也是家族世代相传的系统。 ②佃(tián):耕种土地。

壬癸之际胎观第三

有天下,有大国。宝应出,福德聚,主天下。宝应不出,福德不聚,主大国。有天下者,都中。有大国者,都西北。大国之君,有古纪,有近纪,亦以福德为差。夫始变古者,颛顼①也。有帝统,有王统,有霸统。帝统之盛,颛顼、伊耆、姚②;王统之盛,姒、子、姬③;霸统之盛,共工、嬴、刘、博尔吉吉特氏④。非帝王之法,地万里,位百叶⑤,统犹为霸。帝有法,王有法,霸有法,皆异天,皆不相师,不相訾⑥,不相消息。王统以儒墨进天下之言;霸统以法家进天下之言;霸之末失,以杂家进天下之言。以霸法劝帝王家,则诛。以帝王法劝霸家,则诛。能知王霸之异天者曰大人。进退王霸之统者曰大人。大人之聪明神武而不杀,总其文辞者曰圣人。

[注释]①颛顼:传说中炎黄联盟重要首领之一,号高阳氏,在帝丘(今河南濮阳西南)活动,曾在部落战争中击败共工氏。他重视人事治理,发展农业生产,曾命南正重、火正黎"绝地天通",实行人神分职,标志着原始宗教向神权的过渡。 ②伊耆(qí):炎帝神农氏姓伊耆,名轨。姚:指舜。舜生于姚墟(今河南濮阳),以地为姓。 ③姒(sì):指禹。相传禹之母吞薏苡而生禹,因而姓姒(苡、姒同姓)。子:殷商帝王家族的姓氏。姬:为黄帝之姓,周朝帝王的国姓。 ④共工:神话传说中的人物。传说共工与颛顼争为帝(或说与祝融大战),失败后怒触不周山,结果天柱折。嬴:少昊氏之姓,秦朝帝王的国姓。博尔济吉特氏:即孛儿只斤,蒙古皇族姓氏。 ⑤百叶:百世,百代。 ⑥訾(zǐ):毁谤,非议。

圣人者,不王不霸,而又异天;天异以制作,以制作自为统。自霸天下之民,以及凡民,姓必黄炎;惟太皞、黄炎、共工为有胤孙①,非古之凡民皆有胤孙。古之世,语言出于一,以古语古,犹越人越言,楚人楚言也。后之世,语言出于二,以后语古,犹楚人以越言名,越人以楚言名也。虽有大人生于霸世,号令弗与共,福禄弗与偕②,观其语言,弗可用;号令与共,福禄与偕,观其语言,卒弗可用;于是退而立大人之语言,明各家之统,慕圣人之文,固犹将生越而楚言也。

[注释]①太皞:传说中的太皞,号伏羲氏,比炎帝晚些,其时已进入父系社会,主要活动在今河南淮阳附近。传说因为有"龙马负图出于河"的祥瑞,所以以龙命官,称为"龙师"。胤孙:子孙。 ②偕:一同,一起。

壬癸之际胎观第四

心无力者,谓之庸人。报大仇,医大病,解大难,谋大事,学大道,皆以心之力。司命之鬼,或哲或惛①,人鬼之所不平,卒平于哲人之心。哲人之心,孤而足恃,故取物之不平者恃之。或以妒正性命,丑忌姣②,曲忌直,父亦妒子,妻亦妒夫;或以攻正性命,细攻大,貌攻物,窳③攻成,侧攻中。细攻大,将以求大名,侧攻中,将以求中名,谓之舍天下之乐,求天下之不乐。君子有心刑,大刑容,中刑绝,细刑校。

[注释]①惛(hūn):迷乱,糊涂。 ②姣(jiāo):美好。 ③窳(yǔ):(事物)恶劣,粗劣。

道莫高于能容,事莫惨于见容,大倨①故色卑,大傲故辞卑,大忍故所责于人卑。伤生之事,异形而同神者二:一曰好胜,二曰好色。何以同?其原同也。五伦之事,天人互孳②,人天迭为始,知不死之说者,亦不耻欲寿命。欲寿命有三术,惜神一,生物二,离怨憎三。大兵大札③,起于肉食。大亡大哀,起于莞簟④。大薄蚀,大崩竭,起于胶固⑤。

[注释]①倨(jù):傲慢。 ②孳(zī):滋生,繁殖。 ③兵:战争。札:指因遭瘟疫而死亡。 ④莞(wǎn)簟(diàn):指蒲席与竹席,是生儿育女的吉兆。 ⑤胶固:拘执,固陋。

壬癸之际胎观第五

万物之数括于三:初异中,中异终,终不异初。一匏三变,一枣三变①,一枣核亦三变。和人用万物之数,或用其有,或用其空,或用其有名,或用其无名,或用其收,或用其弃。大人收者一而弃者九也,不以收易弃也。享,弃之积也。忌人者谤以所反,夺所恃也;媚人者誉以所反,绝所虑也。静女之动,其动失度。哀乐爱憎相承,人之反也;寒暑昼夜相承,天之反也。万物一而立,再而反,三而如初。天用顺教,圣人用逆教。逆犹往也,顺犹来也。生民,顺也。报本始,逆也。冬夏,顺也。冬不益之冰,为之裘②,夏不益之火,为之葛③,逆也。乱,顺也;治乱,逆也。庖牺氏④之《易》,逆数也;礼逆而情肃,乐逆而声灵。是故教王者上勤天,教子上勤父,教臣上勤国君。

[注释]①一匏三变,一枣三变:以匏和枣作比喻,指出世界上万物以及每一种事物的内部都在变化。　②裘:皮衣,古人的皮衣是毛皮在外。　③葛:一种植物,纤维可以织布。　④庖牺氏:即伏羲。传说他始画八卦,以通神明之德,以类万物之情。

壬癸之际胎观第六

有域外之言①,有域中之言②,域外之言有例,域中之言有例。有以天为极,以命为的;有不以天为极,不以命为的。域外之言,善不善报于而身,历万生死而身弥③存;域中之言,死可以休矣,善不善报于而胤孙④。是故夫有尺土之氓⑤,则立宗为先,及其有天下,师彼农夫,谓将以传福禄于后昆⑥。呜呼!既报之后身,又禄之身后,不亦劝⑦乎?既报之于后身,又芟刈⑧其身后,不亦伤乎?是故大人毋辨、毋惑、毋眩瞀⑨,而惟为善之是坚。大人之所难言者三：大忧不正言，大患不正言，大恨不正言。忧无故比，患无故例，仇无故诛，恨无故门，言无故家。

[注释]①域外之言：即外来佛教的观点。域外，疆域之外，国外。　②域中之言：即本国儒家的观点。　③弥(mí)：久、远。　④胤孙：子孙。　⑤氓(méng)：民，特指从外地迁来的民。　⑥后昆：后代子孙。　⑦劝：鼓励。⑧芟(shān)刈(yì)：割草，引申为杀戮。　⑨眩瞀(mào)：眼睛昏花，视物不明。

壬癸之际胎观第七

圣者语而不论，智者论而不辨。大人曰：天下方安小伪。小伪不可安，不如以大伪明于天下。言伪①忠，禁伪教，德伪情，道伪圣，礼伪自然。域中之言，名实②其大端，兵为其几。有名，天下兵集之有辞矣；无实，天下兵集之无患矣。有名无实，是再受兵；有实无名，是再却兵。无名伪有名，耻；无实伪有实，败。名实中，不败，战亦不胜。有名伪无名，霸。败果何丧？败者不能言；霸果何获？胜者不能言。非不能言，本无以言。故曰：万物不自立。有说十之一，无说十之九；无说十之一，始有说卒无说十之九。

[注释]①伪：伪装；假装。　②名实：中国古代哲学的一对基本范畴，亦为古代名辩思想史上的重要论题。名，名称、概念、名词；实，事物、实在、实质。

善非固有，恶非固有，仁义、廉耻、诈贼、很忌非固有。或诚耻之，万人耻其名矣；或诚争之，万人争其委矣；或诚嗜之,万人嗜其貌矣,或诚守之,万人守其蹊①矣。女子十五,避男子于圊窬②,恶③也;女子七岁,避男子于路,非恶也。恶之,谓之有说;非恶而恶之,谓之卒无说。万物名相对者,势相待,分相职,意相注,神相耗,影相藏;势不相待,分不相职,意不相注,神不相耗,影不相藏,将相对之名不成,万事皆不立。万事不自立,相倚④而已矣;相倚也,故有势。万理不自立,相譬而已矣;相譬也,故有辨。相倚相譬也,故有烦惑狂乱,有烦惑狂乱也,故有圣智。大人之听众人也,耳击之也,曰:皆然;目击之也,曰:无所否。何谓无所否?众人之名亦与名,众人之守亦与守,众人之争亦与争。

[注释]①蹊(xī):小路。 ②圊(qīng)窬(yú):圊,厕所;窬,门旁的小门洞。 ③恶(nù):惭愧。 ④相倚(yǐ):互相倚靠帮助。

麟凤能游肖翘①之族,而与蠛蠓②辨,或觏③为细也,或觏为巨也,或觏为神怪也;同则是,异则是;同同则是,异异则是;是则是,非则是;乖则是,合则是。浑而大圜④,其精如不完,其貌如不全,不名一,不守一,不争一。众人之情恒完,貌恒全,名一,守一,争一,曰:尽之矣!有所蔽,故有所乐;多所蔽,故多所乐。弗惊也,弗疑也,弗慕也,何乐之有?诗曰:"昊天孔昭,我生靡乐。"⑤盛德有福者,忧患避弗及,智慧废弗用,名之曰顽;顽以完其初,死必上跻矣。盛德无福者,忧患入之,智慧出之,名之曰劳;劳以不完其初,死必旁落矣。

[注释]①肖翘:细小能飞的生物。 ②蠛(miè)蠓(měng):小于蚊蚋的

一种飞虫,俗称"蠓虫"。 ③覥(dí):观察,察看。 ④圜(yuán):同"圆"。⑤昊(hào)天孔昭,我生靡(mǐ)乐:出自《诗经·大雅·抑》。意为苍天在上最明白,我这一生没愉快。昊天:苍天,上帝。昊:广大无边。孔昭:十分显著彰明。靡:无,没有。

神矣夫!父母物之民,智慧之所出,忧患之所入,入亦无算数,出亦无算数,入亦无比例,出亦无比例。虽则用智,惨然而哀;虽则用慧,惨然而哀;或则抱忧而食患,不忍用智慧焉而哀;或则介忧而胄患,不忍用智慧焉而哀。其生也,名曰哀民,字曰难测。其死也,名曰最上,字曰无上。智慧之积,无上者之体;哀惨之积,无上者之用①。体常静,用常动。神矣夫!父母物之民。

[注释]①体、用:体用是中国哲学的一对范畴,指本体和作用。一般而言,"体"是第一性的、最根本的、内在的、本质的;"用"是第二性的,是"体"的外在表现、表象。

壬癸之际胎观第八①

万物不自名②,名之而如其自名。是故名之于其合离,谓之生死;名之于其生死,谓之人鬼;名之于其聚散,谓之物变;名之于其虚实,谓之形神;名之于其久暂,谓之客主;名之于其客主,谓之魂魄;名之于其淳浊、灵蠢、寿否、乐否,谓之升降;名之于其升降,谓之劝戒;名之于其劝戒取舍,谓之语言文字。有天,有上天,文王、箕子、周公、仲尼③,其未生也,在上天。其死也,在上天。其生也,教凡民必称天,天故为群言极。

[注释]①本篇阐述名与实的关系,指出客观事物先于概念而存在,名要符实。 ②自名:即符合自身规律的概念。 ③仲尼:指孔子,孔子名丘,字仲尼。

壬癸之际胎观第九

群言①之名我也无算②数,非圣人所名;圣何名?名之以不名。群言之名物也无算数,非圣人所名;圣何名?名之曰我。域中之极言曰神,乃曰立元神③,乃曰元神返而已矣,元神得养而已矣,去非元神而已矣。域外之言曰:返之去之,不如因④之,不如从而尊之;因之无所祛⑤而已矣,尊之无所加而已矣;因之有差,尊之有差,名之有差;名之以不名,亦有差;域中之所名,无能以差。蠢也者,灵所藉力者也;暂也者,常所藉力者也;逆旅也者,主人所藉力者也。生亦多矣,大人恃者此生;身亦多矣,大人恃者此身。恃焉尔,欲其留也;留焉尔,欲其有为也;有为焉尔,不欲以更多也。是之谓大人之志。

[注释]①群言:谓各家著述。 ②无算:无从计算,不可胜数。 ③元神:指真性灵明。 ④因:凭借。 ⑤祛(qū):除去,驱逐。

古史钩沈论一

龚自珍曰:史氏之书有之曰:霸天下①之孙,中叶之主②,其力③弱,其志文④,其聪明下,其财少,未尝不周求⑤礼义廉耻之士,厚其貌,妪其言⑥,则或求之而应,则或求之而不应,则必视祖之号令以差。史氏之书又有之:昔者霸天下之氏,称祖之庙⑦,其力强,其志武,其聪明上,其财多,未尝不仇天下之士,去人之廉,以快号令,去人之耻,以嵩高⑧其身;一人为刚,万夫为柔,以大便其有力强武。而胤孙⑨乃不可长,乃诽,乃怨,乃责问,其臣乃辱。

[注释]①霸天下:指一个王朝的开国之君。 ②中叶之主:王朝中期的君主。 ③力:政治威力。 ④志:志向,倾向于。文:文治。 ⑤周求:到处寻求。 ⑥妪其言:说话像老妇人一样恳切。 ⑦称祖之庙:一代王朝的开国君主。 ⑧嵩高:抬高。 ⑨胤(yìn)孙:子孙。

荣之亢①,辱之始也;辨之亢,诽之始也;使之便,任法之便,责问之始也。气者,耻之外也;耻者,气之内也。温而文,王者之言也;惕而让②,王者之行也;言文而行让,王者之所以养人气也。籀其府焉③,徘徊其钟簴④焉,大都积百年之力,以震荡摧锄天下之廉耻;既殄⑤、既狝⑥、既夷⑦,顾乃席⑧虎视之余荫,一旦责有气于臣,不亦暮乎!

[注释]①亢:极度,非常。 ②惕而让:恭谨而谦让。 ③籀(zhòu):阅读。府:贮藏典章书籍的府库。 ④钟簴(jù):钟磬乐器。簴,古代悬挂钟磬架子的立柱。 ⑤殄(tiǎn):灭绝。 ⑥狝(xiǎn):古代指秋天打猎,此处为猎尽。 ⑦夷:铲平。 ⑧席:凭借,倚仗。

古史钩沉论二

龚自珍曰:周之世官①大者史。史之外无有语言焉;史之外无有文字焉;史之外无人伦品目焉。史存而周存,史亡而周亡。殷纣时,其史尹挚②抱籍以归于周;周之初,始为是官者,佚③是也。周公、召公、太公,既劳周室,改质家跻④于文家,置太史。史于百官,莫不有联事⑤,三宅⑥之事,佚贰之,谓之四圣⑦。盖微夫上圣叡美,其孰任治是官也?是故儒者言六经,经之名,周之东有之。

[注释]①世官:古代某官世代由一族一姓执掌,称为世官。 ②尹挚:即商纣王时内史向挚,见纣王昏乱,载其图法出亡至周。 ③佚:即史佚,周初史官,周成王桐叶封弟,即封唐叔之事由史佚促成。 ④跻(jī):登,上升。 ⑤联事:联合处理事务。 ⑥三宅:出自《尚书·立政》,是周代常伯、常任、准人三官的合称。 ⑦四圣:说法不一,一指颛顼、帝喾、帝尧、帝舜;一指尧、舜、禹、汤;一指伏羲、轩辕(黄帝)、帝喾、禹。

夫六经者,周史之宗子也。《易》也者,卜筮之史也;《书》也者,记言之史也;《春秋》也者,记动之史也;《风》①也者,史所采于民,而编之竹帛,付之司乐者也。《雅》、《颂》也者,史所采于士大夫也。《礼》也者,一代之律令,史职藏之故府,而时以诏王者也。小学②也者,外史达之四方,瞽史③谕之宾客之所为也。今夫宗伯④虽掌礼,礼不可以口舌存,儒者得之史,非得之宗伯;乐虽司乐掌之,乐不可以口耳存,儒者得之史,非得之司乐。故曰:五经者,周史之大宗也。

[注释]①《风》:即《诗经·国风》。 ②小学:西周时为教育王子及贵族子弟而设置的学府,招收8—15岁的子弟,教授洒扫应对等礼节与六书九数。后专指传统的语言文字学,包括文字、音韵、训诂。 ③瞽史:瞽为掌管音乐的官吏,多以盲者为之;史为太史,负责记录国君的言行及国家的重要事件。 ④宗伯:周代为六卿之一,掌邦国祭祀典礼。

孔子殁①,七十子②不见用,衰世著书之徒,蜂出泉流,汉氏校录,撮为诸子,诸子也者,周史之小宗也。故夫道家者流,言称辛甲、老聃③;墨家者流,言称尹佚④;辛甲、尹佚官皆史,聃实为柱下史。若道家,若农家,若杂家,若阴阳家,若兵,若术数,若方技,其言皆称神农、黄帝。神农、黄帝之书,又周史所职藏,所谓三皇、五帝之书者是也。

[注释]①殁(mò):死。 ②七十子:指孔子弟子。 ③辛甲:西周初史官,原为商臣,因多次劝谏纣王不听,遂离商至周。文王亲自迎接,任为太史,亦称辛尹,他曾命令百官各为箴辞,劝诫国王。老聃:春秋末期著名思想家,道家学派的创始人,史称老子,曾为周朝柱下史。 ④尹佚:即史官史佚,曾著《史佚》一书,《汉书·艺文志》著录二篇,因太史出于清庙之守,生活俭朴,与墨家尚俭相符,故列于墨家之首。

老于祸福,熟于成败,絜①万事之盈虚,窥至人之无竞,名曰任照之史,宜为道家祖。综于天时,明于大政,考夏时之等,以定民天,名曰任天之史,宜为农家祖。左执绳墨,右执规矩,笃信谦守,以待弹射,不使王枋②弛,不使诸侯骄上,名曰任约剂之史,宜为法家祖。博观群言,既迹其所终始,又迹其所出入,不蒙一物之讥,不受诸侯蹈瓵③,使王政不清,庶物奸生,名曰任名之史,宜为名家祖。胪引群术,爱古聚道,谦让不敢删定,整齐以待能者,名曰任文之史,宜为杂家祖。窥于道之大原,识于吉凶之端,明王事之贵因,一呼一吸,因事纳谏,比物假事,不辞矫诬之刑,史之任讳恶者,于材最为下也,宜为阴阳家祖。近文章,妙语言,割荣以任简,养怒以积辨,名曰任喻之史,宜为纵横家祖。抱大禹之训,矫周文之偏,守而不战,俭而不夺人,名曰任本之史,宜为墨家祖。五庙以观怪,地天以观通,六合之际,无所不储,谓之任教之史,宜为小说家祖。刘向④云:道家及术数家出于史,不云余家出于史。此知五纬、二十八宿⑤异度,而不知其皆系于天也;知江河异味,而不知皆丽于地也。故曰:诸子也者,周史之支孽⑥小宗也。

[注释]①絜(xié):度量,比较。 ②枋:通"柄",权柄。 ③蹈觝(dǐ):践踏排斥。 ④刘向:西汉著名经学家,目录学家,字子政,楚元王四世孙,宣帝时为谏议大夫。著有《洪范五行传》、《列仙传》、《说苑》等书。 ⑤五纬:指我国古代实际观测到的金、木、水、火、土五大行星的合称。古人以恒星为经,行星为纬。二十八宿:古人把用作观测日月五星运行坐标的二十八组恒星(或称星座),称为二十八宿,还把二十八宿分为东、南、西、北四宫,每宫七宿。 ⑥支孽(niè):旁生的树枝,亦谓事物由主体分出的部分。

夏之亡也,孔子曰:"文献杞①不足征。"伤夏史之亡也。殷之亡,曰:"文献宋②不足征。"伤殷史之亡也。周之东也,孔子曰:"天子失官。"伤周之史亡也。灭人之国,必先去其史;隳人之枋,败人之纲纪,必先去其史;绝人之材,湮塞人之教,必先去其史;夷人之祖宗,必先去其史。

[注释]①杞:古国名。周武王克商后所封,始封之君东楼公相传为夏禹之后。 ②宋:西周封国。始封之君为商纣王之庶兄微子启,建都商丘(今河南商丘南)。

周之东,其史官大罪四,小罪四,其大功三,小功三。

帝魁①以前，书莫备焉，郯之君知之，楚之左史②知之，周史不能存之，故传者不雅驯③，而雅驯者不传，谓之大罪一。正考父④得商之名颂十二于周，百年之间亡其七，太师⑤亡其声弦焉，太史又亡其简编焉，谓之大罪二。周之《雅颂》，义逸而荒，人逸而名亡，瞽所献，燕享所歌，大抵断章，作者之初指不在，瞀儒⑥序《诗》，以断章为初指，以讽谏为本义，以歌者为作者，史不能宣而明，谓之大罪三。有黄帝历，有颛顼历，有夏历，有商历，有周历，有鲁历，有列国历，七者，周天子不能同，列国赴告⑦，各步其功，告朔⑧怠终，乃乱而弗从；周享国久，八百余祀，历敝不改，是以失礼，是失官之大者，谓之大罪四。

[注释]①帝魁：上古之帝，一说是神农，一说是黄帝的子孙。　②左史：周代史官分左史和右史，一说左史记行动，右史记语言。　③雅驯：指文辞优美，典雅不俗。　④正考父：西周末东周初宋国人，孔子七世祖。曾从周太师得《商颂》十二篇，加以考校，后散佚七篇。　⑤太师：古代乐官之长，西周置太师、小师，为春官之属。　⑥瞀（mào）儒：愚昧无知的儒生。　⑦告：即古书的"祮"，商代祭祀名，为祷告祈求于先公先王的祭祀。　⑧朔：农历每月初一。

古之王者存三统①，国有大疑，匪一祖是师，于夏于商，是参是谋；今《连山》、《归藏》②亡矣，三《易》弗具，孔子卒得坤乾③于宋，亦弗得于周，史之小罪一。列国小学不明，声音混茫，各操其方，微④孔子之雅言，古韵其亡乎！史之小罪二。夫史籀⑤作大篆，非废仓颉⑥也；周史不肯存古文，文少而字乃多矣，象形指事，十存三四，形声相孳,千万并起,古今困之;孔壁⑦既彰,蝌斗煌煌⑧,匪籀而仓,盖宪章者文、武,而匪宪章宣王,史之小罪三。列国展禽、观射父⑨之徒,能言先王命祀,而周史儋乃附苌弘⑩为神怪之言,不能修明,巫觋⑪祝宗,不能共鬼神,燕昭、秦皇,淫祀渐兴,儋、弘阶之,妖孽是征,史之小罪四。

[注释]①存三统:即西汉董仲舒三统说,认为夏、商、周三代是依黑统、白统、赤统的次序周而复始的循环,以后历代王朝的更迭也是循环往复,而新朝的出现代表着天命的变化,为顺应天命而有改正朔、易服色的举措。 ②《连山》、《归藏》:古代占卜术书,相传夏《易》为《连山》,商《易》为《归藏》,与《周易》合称"三易"。 ③坤乾:相传殷商的《易》书,如《归藏》之属,其64卦以坤卦居首,乾卦次之,故称坤乾。 ④微:如果没有,如果不是。 ⑤史籀:西周宣王太史、书法家。师法仓颉古文而成大篆,曾作《史籀篇》15篇,字即为籀文,亦即大篆。 ⑥仓颉:一作"苍颉",亦称"史皇",旧传为黄帝的史官,汉字的创造者。 ⑦孔壁:孔子旧宅夹墙,史载汉武帝时,鲁恭王刘余为扩建宫室拆毁孔子旧宅,在夹墙中发现古文经传,为汉代古文经学提供了依据。 ⑧蝌蚪:指蝌蚪文,又称蝌蚪书、蝌蚪篆,为书体的一种,因头粗尾细形似蝌蚪而得名,是先秦时期的古文字。煌煌(huáng):形容明亮的样子。 ⑨展禽:春秋时鲁国人,食邑柳下,人称柳下惠。任鲁大夫,为官任劳任怨,以贤能著称。观射父:春秋楚昭王时大夫,时人誉为楚国之宝,熟谙祀典,主张施行德政,反对劳民伤财的淫祀。 ⑩苌弘:春秋时周敬王的大夫,以明于天文、音乐著称。孔子至周,曾向他学习弹琴。 ⑪觋(xí):指男巫。

帝魁以降,百篇权舆①,孔子削之,十倍是储,虽颇阙不具,资粮有余,史之大功一。孔子与左邱明②乘以如周,获百二十国之书,夫而后《春秋》作也,史之大功二。冠昏之杀③,丧祭之等,大夫士之曲仪④,咸以为数;夫舍数而言义,吾未之信也,故十七篇⑤之完,亦危而完者也,史之大功三。

[注释]①百篇:指《尚书》,相传为孔子删定,共百篇。后经过秦火,《尚书》散佚,篇数减少。权舆:草木萌芽的状态,引申为初始,开始。　②左邱明:即左丘明,春秋时期鲁国史学家,相传曾与孔丘同到周朝,观书于周太史,归鲁后任鲁太史。　③冠昏:指冠礼与婚礼,《礼记》各有专篇记述,亦指其篇名。杀:衰退,消减。　④曲仪:指《曲礼》,《礼记》篇名,先秦儒家关于周代的若干礼制的记述。曲亦有"细小"之意,曲礼记述的许多具体礼制极为细致周到。　⑤十七篇:指《仪礼》17篇,战国初至中叶成书。

周之时有推步之方,有占谂之学,其步疏,其占密,天官有书,先臣是传,唐都、甘公,爰及谈迁①,是迹是宣②,史之小功一。史秩下大夫,商高③大夫,官必史也;自高以来,畴人④守之,九章九数,幸而完,史之小功二。吾韪彼奠世系者,能奠能守,有《历谱牒》⑤,有《世本》⑥,竹帛咸旧,是故仲尼之徒,亦著《帝系姓》⑦,后千余岁,江介之都,夸族之甚,史之小功三。夫功罪之际,存亡之会也,绝续之交也。天生孔子不后周,不先周也,存亡续绝,俾枢纽也。史有其官而亡其人,有其籍而亡其统,史统替夷,孔统修也,史无孔,虽美何待?孔无史,虽圣曷庸?由斯以谭,罪大亦可掩,功大亦可蒙也。

[注释]①唐都:西汉方士,精于星象、方术,汉武帝元封年间参加制定《太初历》,负责天部。太史公司马谈曾受学天官于唐都。甘公:即甘德,战国齐人,擅天文星占。谈迁:指司马谈、司马迁。司马谈为汉武帝时太史令,著《论六家之要指》总结先秦各派学说,一生有志于著述历史,但未成书而死,其子司马迁继承其志,写成《史记》一书。　②迹:隐藏。宣:宣明。　③商高:

周初数学家,相传为勾股定理和古代测量理论的创始人。周公曾与其讨论天文历算,见《周髀算经》一书。 ④畴人:精通历法的人,历算家。 ⑤《历谱牒》:历代谱牒,司马迁在遍阅周谱牒的基础上,作《三代世表》,以载古代帝王家族的世系。 ⑥《世本》:西周到战国的史官编写,书内记述了从黄帝到春秋时期的帝王、诸侯、卿大夫的姓、名、世系及都邑、制作、谥法等,本为15篇。⑦《帝系姓》:据《史记·五帝本纪》记载为孔子所传,但儒生疑非圣人之言,不肯传习。

孔虽殁,七十子虽不见用,王者之迹虽息,周历不为不多,数不为不赜,府藏不为不富,沈敏辨异之士,不为不生,绪言绪行之迹,不为不俟,庄周①隐于楚,墨翟②傲于宋,孟轲③端于齐、梁,公孙龙④哗于齐、赵之间,荀况⑤废于道路,屈原淫于波涛,可谓有人矣!然而圣智不同材,典型不同国,择言不同师,择行不同志,择名不同急,择悲不同感;天咨材,材咨志,志咨器,器咨情,情咨名,名咨祖。夫周,自我史佚、辛甲、史籀、史聃、史伯而后,无闻人焉,鲁自史克⑥、史邱明而后,无闻人焉,此失其材也。

[注释]①庄周:即庄子,先秦道家学派的重要代表人物。 ②墨翟:即墨子,墨家学派创始人。 ③孟轲:即孟子,战国时期儒家代表人物。 ④公孙龙:战国时名家的代表人物,着重分析概念的规定性和差别性,对古代逻辑思维的发展有一定贡献,名辨论题有"离坚白"、"白马非马"等,著有《公孙龙子》。 ⑤荀况:即荀子,战国时期儒家代表人物。 ⑥史克:鲁国的史官,《毛诗》小序认为他是《鲁颂·駉》一诗的作者。

七十子之徒,不之周而之列国,此失其志也。不以孔子之所凭借者凭借,此失其器也。三尺童子,瞽儒小生,称为儒者流则喜,称为群流则愠①,此失其情也。号为治经则道尊,号为学史则道诎,此失其名也。知孔氏之圣,而不知周公、史佚之圣,此失其祖也。梦梦我思之,如有一介故老,攘臂河洛②,悯周之将亡也,与典籍之将失守也,搜三十王之右史,拾不传之名氏,补诗书之隙罅③,逸于后之剔钟彝④以求之者。以超辰⑤之法,标不显之年月,定岁名之所在,逸于后之布七历以求之者。

[注释]①愠(yùn):怒,怨恨。 ②河洛:谓黄河与洛水交汇处及附近之地。 ③隙罅(xià):缝隙。 ④钟彝:指青铜礼器。彝:古代盛酒的器具,亦泛指古代宗庙常用的祭器。 ⑤超辰:古人把黄道附近一周天分为12等分,由西向东命名为星纪、玄枵等12次。岁星(即木星)由西向东12年绕天一周,每年行经一个星次,12年周而复始。事实上岁星并非12年绕天一周,而是11.8622年绕天一周,渐积至86年,便多走过一个星次,这叫做"超辰"。

为礼家之儒,为小节之师,为考订之大宗,逸于后之弥缝同异以求之者。明象形,说指事,不比形声,不谭孳生①,雅本音,明本义,逸于后之据引申假借以求之者。本立政,作周官,述周法,正封建②之里数,逸于后之杂真伪以求之者。诵《诗》三百,篇纲于义,义纲于人,人纲于纪年,明著竹帛③,逸于后之据断章升谏以求之者。

[注释]①谭:同"谈"。孳(zī)生:指汉语由原来的意义生出一种相近的意义,即一般所说的"引申"。 ②封建:商周时期君主把土地分给同姓的诸侯和功臣,让他们在土地上建国。 ③竹帛:指竹简和绢帛,古人在上面写字,因此竹帛指古代典籍。

呜呼！周道不可得而见矣，阶①孔子之道求周道，得其宪章文、武②者何事，梦周公者③何心，吾从周④者何学，逸于后之谭性命以求之者。辞七逸而不居，负六失而不恤，自珍于大道不敢承，抑万一幸而生其世，则愿为其人欤！愿为其人欤！

[**注释**]①阶：登梯。　②宪章文、武：效法周文王和周武王。　③梦周公者：《论语·述而》"子曰：'甚矣吾衰也！久矣吾不复梦见周公'"，意思是，孔子说："我衰老得很厉害，很久没有再梦见周公了。"　④吾从周：语出《论语·八佾》："子曰：'周监于二代，郁郁乎文哉，吾从周。'"是孔子对周礼的赞美。

古史钩沈论三

龚自珍曰：予大惧后世益不见《易》、《书》、《诗》、《春秋》。李锐、陈奂、江藩①，友朋之贤者也，皆语自珍曰：曷②不写定《易》、《书》、《诗》、《春秋》？方读百家，好杂家之言，未暇也。内阁先正姚先生③语自珍曰：曷不写定《易》、《书》、《诗》、《春秋》？又有事天地东西南北之学，未暇也。呜呼！姬周之衰，七十子之三四传，或口称《易》、《书》、《诗》、《春秋》，不皆著竹帛，故《易》、《书》、《诗》、《春秋》之文多异。汉定天下，立群师，置群弟子，利禄之门，争以异文起其家，故《易》、《书》、《诗》、《春秋》之文多异。然而文、武之文，非史籀之挚④也。史籀之挚，孔子之雅言，又非汉廷之竹帛也。汉之徒隶写官⑤，译形借声，皆起而与圣者并有权。然而竹帛废，契木起，斠紬⑥者不作，凡契令工匠胥史⑦学徒，又皆起而与圣者并有权，圣人所雅言⑧益微。

[注释]①李锐：清代数学家，天文学家，字尚之，号四香，江苏元和（今苏州）人。精于中国古算、历法，撰《开元说》三卷，提出了与笛卡儿符号法则相当的高次方程根与系数关系的法则，又协助阮元编纂《畴人传》。其天算著作收入《李氏算学遗书》。陈奂：字倬云，号硕甫，晚号南园老人，江苏长洲（今苏州）人，清代经学家。受业于段玉裁，研治《毛诗》、《说文》，撰有《诗毛氏传疏》。江藩：清代经学家，字子屏，号郑堂，晚号节甫。甘泉（今江苏扬州）人，受业于余萧客、江声，监生，曾受聘为丽山书院山长。其博览群经，治经专宗汉儒，门户之见特深，所著《国朝汉学师承记》、《国朝宋学渊源记》标榜汉学，独树一帜，对学界影响很大。 ②曷：怎么，为什么。 ③先正：先哲，先贤。泛称前代的贤人。姚先生：即姚学塽，字镜堂，浙江归安（今吴兴）人。嘉庆进士，官中书，耻与和珅执弟子礼，辞官归乡，和珅死后始赴任。历任兵部主事、职方郎中，为学主躬行践履，龚自珍负才傲物，独心折姚学塽。 ④史籀：西周宣王太史，师法仓颉古文而成"大篆"，曾作《史籀篇》15篇。孳（zī）：滋生，繁殖。 ⑤徒隶：刑徒奴隶，服贱役的人。写官：古时负责抄写书籍的官吏。⑥斠（jiào）紬（chōu）：校理。 ⑦胥史：胥吏。 ⑧雅言：雅正之言，即正言，官话，是春秋战国时期中夏区域的共同语。《论语·述而篇》："子所雅言，《诗》、《书》，执礼，皆雅言也。"

悲夫，悲夫！将欲更定姬周之末之文章，不有考文①之圣，其孰当之？将欲更汉氏也，群师互有短长，非深于义训，勇于割闻者，不能也。无已，则我所欲纠虔②，姑在夫引书变为徒书之际乎？以与汉写官争；姑在夫竹帛变契木之际乎？以与后世之契令工匠胥史争；所据者皆贱，所革者功不大，小贤勉而能为之，庶几其遂为之，勇改三百字。鬼不相予，乃又吴言③曰：是不足为！今夫《易》、《书》、《诗》、《春秋》之文，十五用假借焉，其本字盖罕矣。

我将尽求其本字,然而所肄者孤,汉师之泛见雅记者阙;孤则不乐从,阙则不具,以不乐从之心,采不具之储,聚而察之,能灼然知孰为正字、孰为假借,固不能以富矣。诸师籍令完具,其于七十子之所请益,仓颉④、史籀之故,孔子之所雅言,又不知果在否焉。则足以慰好学胪古⑤者之志,终无以慰吾择于一之志。

[注释]①考文:考核文字。 ②纠虔:纠举督正。 ③吴(huà)言:大声喧哗。 ④仓颉:传说为黄帝的史官,文字的创造者。 ⑤胪古:考古。

且吾之始猖狂也,憾姬周之末多歧,憾汉博士①师弟子之多歧;今也不然,憾汉写官之弗广,憾契木之初之不广,憾兵燹之不祐②,憾俗士之疏而弗嗜古,无以俟予;予所憾,日益下,恧③如何,恧如何?龚自珍岁为此言,且十稔④,卒不能写定《易》、《书》、《诗》、《春秋》。生同世,又同志,写定者:王引之、顾广圻、李锐、江藩、陈奂、刘逢禄、庄绥甲⑤。

[注释]①博士:官名。源于战国,秦设置博士,掌通古今。汉时为太常属官,武帝初年设置五经博士,以其中威重者一人为祭酒,总领纲纪。 ②兵燹(xiǎn):指因战乱而遭受焚烧破坏的灾祸。祐:旧称神灵保佑。 ③恧(nù):自愧,惭愧。 ④稔(rěn):古代谷一熟为一年,故称年为稔。 ⑤王引之:王念孙之子,字伯申,号曼卿,江苏高邮人,清代著名训诂学家、考证学家,嘉庆四年进士,官至工部尚书。精通文字、音韵、训诂之学,撰《经义述闻》,考释群经古义;撰《经传释词》,诠解文言虚字。顾广圻:清代校勘学家,字千里,号涧蘋,思适居士,江苏元和(今苏州)人。不喜为官,平生不事科举之业,尽通经学、小学之义,精于校雠之学,参与《十三经》、《全唐文》的校勘。刘逢禄:字申受,江苏武进人,少从外祖庄存与、舅父庄述祖学习,治《公羊春秋》,成为

清代今文经学常州学派的集大成者。庄绶甲:字卿珊,诸生,江苏武进人。少从叔父庄述祖受业,尽通其祖父庄存与《公羊》、《春秋》、《毛诗》、《周官》之学,而于《尚书》尤精。

古史钩沈论四

王者,正朔①用三代,乐备六代,礼备四代,书体载籍备百代,夫是以宾宾②。宾也者,三代共尊之而不遗也。夫五行不再当令,一姓不再产圣。兴王圣智矣,其开国同姓魁杰寿耇者③,易尽也。宾也者,异姓之圣智魁杰寿耇也。其言曰:臣之籍,外臣也;燕私④之游不从,宫库之藏不问,世及⑤之恩不预,同姓之狱不鞠⑥,北面⑦事人主,而不任叱咄⑧奔走,捍难御侮,而不死私仇。是故进中礼,退中道,长子孙中儒,学中史。王者于是芳香其情以下之。玲珑其诰令以求之,虚位以位之。《书》曰:"今予其敷心,优贤扬历。"⑨《诗》曰:"毋金玉尔音,而有遐心。"⑩用此道也,商法盟先异姓,周法盟先同姓;质家尊贤先异姓,文家亲亲先同姓。

[注释]①正朔:古人称一年之始为"正";一月之始为"朔"。古代历法意义重大,新朝代建立时,都要重定历法,以示改朝换代。 ②宾宾:君主像对待宾客一样对待臣子,臣子是君主的宾客。 ③寿耇(gǒu):老年人。 ④燕私:古代祭祀后的同族亲属私宴。 ⑤世及:即世袭。帝王诸侯传位,父传子为世,兄传弟为及。 ⑥鞠(jū):查问,查询。 ⑦北面:古代君见臣,尊长见卑幼,面南而坐,故以南面称尊位,北面指卑位;北面指称臣下,南面指称君王。 ⑧叱(chì)咄(duō):大声呼喊,大声斥责。 ⑨"今予其敷心"两句:语出《尚书·盘庚》,今文《尚书》作"今予其敷心,优贤扬历",而古文《尚书》马郑

本为"今予其敷心腹肾肠"。　⑩毋金玉尔音,而有遐心:出自《诗经·小雅·白驹》。

　　古者开国之年,异姓未附,据乱而作,故外臣之未可以共天位①也,在人主则不暇,在宾则当避疑忌。是故箕子②朝授武王书,而夕投袂③于东海之外;易世而升平矣,又易世而太平矣,宾且进而与人主之骨肉齿。然而祖宗之兵谋,有不尽欲宾知者矣;燕私之禄,有不尽欲与宾共者矣;宿卫之武勇,有不欲受宾之节制者矣;一姓之家法,有不欲受宾之论议者矣。四者,三代之异姓所深自审也。是故周祚④四百,其大政之名氏,姜、嬴、任、芈、姒、子⑤之材不与焉;征伐之事,受顾命⑥之事,共和摄王政⑦之事,皆姬姓也。其异姓之闻人,则史材也。且夫史聃⑧之训曰:"知足不辱,知止不殆。"⑨知所以自位,则不辱矣;知所以不论议,则不殆矣;不辱不殆,则不憔悴悲忧矣。

　　[注释]①天位:古人以天为至高的尊称,天位喻指天子、帝王之位。②箕子:商代贵族,与微子、比干,并称"殷末三仁"。周武王灭商后,相传箕子作《尚书·洪范》,向周武王陈述"天地之大法",提出帝王治国必须遵守的九种根本大法,即"洪范九畴"。　③投袂(mèi):挥袖,甩袖表示立即行动。④祚(zuò):皇位。　⑤姜、嬴、任、芈、姒、子:姜:为齐、申、吕、许等国国姓;嬴:为秦、徐国姓;任(rén):黄帝少子禹阳,受封于任,以国为氏;芈(mǐ):为楚国国姓;姒:为夏人后裔越国国姓;子:商王以子为姓,殷人后裔宋国也以子为姓。　⑥顾命:谓临终遗命,多用以称帝王遗诏。　⑦共和摄王政:即周召共和,公元前841年,国人暴动攻入王宫,周厉王逃跑,政权由大臣周公和召公共同执掌,称为共和摄政。　⑧史聃(dān):即老子。老子姓李名耳,字聃,做过周朝管理藏书的史官,故称。　⑨知足不辱,知止不殆:出自《老子》

第44章。

孔子曰:"非天子不议礼,不制度,不考文,吾从周。"①从周,宾法也。又曰:"出则事公卿。"事公卿,宾分也。孟轲②论卿,贵戚之卿,异异姓之卿;夫异姓之卿,固宾籍也,故谏而不行则去。史之材,识其大掌故,主其记载,不吝其情,上不欺其所委贽③,下不鄙夷其贵游④,不自卑所闻,不自易所守,不自反所学,以荣其国家,以华其祖宗,以教训其王公大人,下亦以崇高其身,真宾之所处矣。何也?古之世有抱祭器而降者矣,有抱乐器而降者矣,有抱国之图籍而降者矣。无籍其道以降者,道不可以籍也。下至百工之艺,医卜之法,其姓氏也古,其官守也古,皆不能以其艺降。夫非王者卑其我法,又非王者不屑籍古之道也,又非王者敢灭前古之人民,独不敢灭其礼乐与道艺也。道诚异,不可降;礼乐诚神灵,不可灭也。

[注释]①"孔子曰"四句:出自《礼记·中庸》,意思是,不是天子就不要讨论礼仪,制定法律规章,考订前代文献,我遵从周朝的礼制。　②孟轲:指孟子。　③委贽:放下礼物。古代卑幼往见尊长,不敢行宾主授受之礼,把礼物放在地上,然后退出。　④贵游:无官职的王公贵族。

礼乐三而迁,文质再而复,百工之官,不待易世而修明,微夫储而抱之者乎,则弊何以救?废何以修?穷何以革?《易》曰:"穷则变,变则通,通则久。"恃前古之礼乐道艺在也。故夫宾也者,生乎本朝,仕乎本朝,上天有不专为其本朝而生是人者在也。是故人主不敢骄。夫嬴、刘之主,骄于三代者何也?宾籍阙也。汉之宾籍阙,不于其季①,于其初。汉初,伏生②老,窦公耄③,申公胥靡④,故汉初已无有宾。若夫子与姬之交⑤也,姒与子之交⑥也,其学或有续绝矣,其得姓受氏者或有续绝矣,官或有续绝矣,礼或有续绝矣,则以三代之季,或能宾宾而尊显之,或不能宾宾而穷、而晦、而行遁。职此之由,杞不能征夏,宋不能征殷,孔子于杞宋思献。

[注释]①季:一个时期或一个朝代的末了。 ②伏生:一作伏胜,曾为秦博士。秦时焚书于壁中藏《尚书》,汉初在齐鲁之间教授,文帝时求能治《尚书》者,以年90余岁,老不能行,于是派晁错往受。西汉今文《尚书》学者,皆出其门。 ③窦公:东汉桓谭《新论》载,汉文帝时,征请战国魏文侯的乐师窦公入宫,窦公时年180岁,双目皆盲。他天天坚持练琴,以琴声虞性,颐养天年。 ④申公:亦称申培公,西汉今文诗学"鲁诗"的开创者。汉武帝初年,其弟子赵绾任御史大夫,建议设置明堂,又奏请以安车蒲轮迎申公。任为太中大夫,时年80有余,旋以病免。胥(xū)靡(mí):空无所有。 ⑤子与姬之交:指商与周交替之际,商王以子为姓,周朝王室以姬为姓。 ⑥姒与子之交:夏与商交替之际,姒为夏朝国姓;子为商王国姓。

周初,武王举逸民①;其衰也,有柳下惠、少连②。禽也渊雅博物,少连躬至行,孔子皆谓之降志之民。孔子述六经,则本之史。史也,献也,逸民也,皆于周为宾也,异名而同实者也。若夫其姓宾也,其籍外臣也,其进非世及也,其地非闺闼③燕私也;而仆妾色以求容,而俳优④狗马行以求禄,小者丧其仪,次者丧其学,大者丧其祖,徒乐厕于仆妾、俳优、狗马之伦,孤根之君子,必无取焉。

[注释]①举:举荐,古代选官主要途径。逸民:古代称避世隐居而不做

官的人,也指亡国后不在新朝代做官的人。　②柳下惠:即春秋时鲁国人展禽,食邑柳下,人称柳下惠。任鲁大夫,为官任劳任怨,以贤能著称。少连:与柳下惠同时的古代节行超逸之士。《论语·微子》:"柳下惠、少连降志辱身矣,言中伦,行中虑,其斯而已矣。"　③闺闼(tà):妇女所居内室的门户。④俳(pái)优:古代专为供奉宫廷演出的民间艺人,其艺术表演包括歌、舞、乐、优四项,以诙谐嘲弄为特色。

明　良　论　一

　　三代以上,大臣、百有司无求富之事,无耻言富之事。贫贱,天所以限农亩小人;富贵者,天所以待王公大人君子。王公大人之富也,未尝温饱之私感恩于人主,人主以大臣不富为最可嘉可法之事,尤晚季然也。《洪范》五福①,二曰富;《周礼》八枋②,一曰富。臣之于君也,急公爱上,出自天性,不忍论施报。人主之遇其臣也,厚以礼,绳以道,亦岂以区区之禄为报?然而禹、箕子、周公然者,王者为天下国家崇气象,养体统,道则然也。孟子曰:"无恒产而有恒心,惟士为能。"虽然,此士大夫所以自律则然,非君上所以律士大夫之言也。得财则勤于服役,失财则怫然愠③,此诚厮仆之所为,不可以概我士大夫。然而卒无以大异乎此者,殆势然也。士大夫岂尽不古若哉?廉耻岂中绝于士大夫之心哉?然而古之纤人④俗吏少于今者,诚贵有以谋之至亟矣!

　　[注释]①《洪范》五福:《洪范》为《尚书》篇名,五福指"一曰寿、二曰富、三曰康宁、四曰攸好德、五曰考终命"。　②《周礼》八枋(bǐng):《周礼·春官·内史》:"掌王之八枋之法,以诏王治,一曰爵,二曰禄,三曰废,四曰置,五

曰杀,六曰生,七曰予,八曰夺。"枋通"柄",权柄。　③怫(fú)然:忿怒的样子。愠(yùn):发怒,怨恨。　④纤人:犹小人,与君子相对。

　　三代、炎汉①勿远论,论唐、宋盛时,其大臣魁儒②,大率豪伟而疏闳③,其讲官学士,左经右史,鲜有志温饱、察鸡豚之行;其庸下者,亦复优游书画之林,文采酬酢④,饮食风雅。今士大夫,无论希风古哲,志所不属,虽下劣如矜翰墨,召觞咏⑤,我知其必不暇为也。今上都通显之聚,未尝道政事谈文艺也;外吏之宴游,未尝各陈设施谈利弊也;其言曰:地之腴瘠若何?家具之赢不足若何?车马敝而责券至,朋然以为忧,居平以贫故,失卿大夫体,甚者流为市井之行。崇文门以西,彰义门以东,一日不再食者甚众,安知其无一命再命之家也?远方之士,未尝到京师,担笈数千里而至,乐瞻士大夫之气象丰采,以归语田里。今若此,殆非所以饰四方之观听也!

　　[注释]①炎汉:指汉朝,汉自称以火德而王,所以称炎汉。　②魁儒:大儒,大学问家。　③疏闳(hóng):开朗恢宏。　④酬酢(zuò):宾主互相敬酒,泛指交际应酬。酬:向客人敬酒。酢:向主人敬酒。　⑤觞(shāng)咏:谓饮酒赋诗。

　　谓外吏富乎?积逋①者又十且八九也。夫士辞乡里,以科名通籍②于朝,人情皆愿娱乐其亲,赡其室家;廪告无粟,厩告无刍,索屋租者且至相逐,家人嗷嗷然③呼。当是时,犹有如贾谊所言"国忘家,公忘私"者,则非特立独行④以忠诚之士不能。能以概责之六曹、三院、百有司否也⑤?

内外大小之臣,具思全躯保室家,不复有所作为,以负圣天子之知遇,抑岂无心,或者贫累之也。《鲁论》⑥曰:"季氏富于周公。"知周公未尝不富矣。微⑦周然,汉、唐、宋之制俸,皆数倍于近世,史表具在,可按而稽⑧。天子富有四海,天子之下,莫崇于诸侯,内而大学士、六卿,外而总督、巡抚,皆古之莫大诸侯。虽有巨万之赀,岂过制焉?其非俭于制,而又黩货⑨焉,诛之甚有词矣!

[注释]①积逋(bū):指累欠、积欠的赋税。 ②通籍:原为记名于门籍,可以进出宫门,意指朝中已经有了名籍,借指进士及第或出仕做官。 ③噭(jiào)噭然:哀鸣的声音。 ④特立独行:志行高洁,而不随波逐流。特:独特。立:立身。 ⑤六曹:清代中央吏、户、礼、兵、刑、工六部,都察院吏、户、礼、兵、刑、工六科,地方州县衙门吏、户、礼、兵、刑、工六房,皆有"六曹"总名。三院:清代称国史院、秘书院、弘文院为三院。 ⑥《鲁论》:汉代今文本《论语》之一,相传系鲁人所传,故名。共20篇,篇次和今本《论语》同,是现行《论语》的来源之一。 ⑦微:无,非。 ⑧稽:考察,核实。 ⑨黩(dú)货:贪污纳贿。

今久资尚书、侍郎,或无千金之产,则下可知也。诚使内而部院大臣、百执事,外而督、抚、司、道、守、令,皆不必自顾其身与家,则虽有庸下小人,当饱食之暇,亦必以其余智筹及国之法度、民之疾苦。泰然而无忧,则心必不能以无所寄,亦势然也。而况以素读书、素识大体之士人乎?夫绳古贤者,动曰是真能忘其身家以图其君。由今观之,或亦其身家可忘而忘之尔。内外官吏皆忘其身家以相为谋,则君民上下之交,何事不成?何废不举?汉臣董仲舒①曰"被润泽而大丰美"者,此也。朝廷不愈高厚,宇宙不愈清明哉?

[注释]①董仲舒:西汉哲学家,经学家,景帝时为博士。武帝时建议"罢黜百家,独尊儒术",提出"天人合一"的封建神学理论、"三纲五常"的封建伦理观和性三品的人性论。著有《春秋繁露》。

明 良 论 二

士皆知有耻,则国家永无耻矣;士不知耻,为国之大耻。历览近代之士,自其敷奏①之日,始进之年,而耻已存者寡矣!官益久,则气愈偷②;望愈崇,则谄愈固;地益近,则媚亦益工③。至身为三公,为六卿④,非不崇高也,而其于古者大臣巍然岸然师傅自处之风⑤,匪但目未睹,耳未闻,梦寐亦未之及。臣节之盛,扫地尽矣。非由他,由于无以作朝廷之气⑥故也。

[注释]①敷(fū)奏:陈奏,向君上报告。此处指殿试的对策与朝考的奏疏。语出《尚书·舜典》:"敷奏以言,明试以功,车服以庸。" ②偷(tōu):薄。③"地益近"二句:职位离皇帝越近,谄媚之法越精巧。 ④三公:清同周制,以太师、太傅、太保为三公,为皇帝身边最高的辅弼之官。六卿:周朝称冢宰、司徒、宗伯、司马、司寇、司空为卿,分掌吏、民、礼、兵、刑、工庶政。清朝称吏、户、礼、兵、刑、工六部尚书为六卿,为朝廷最高的分职执政官。 ⑤岸然:形容仪态、风度严肃的样子,严正或高傲貌。师傅自处:三公地位之高,要起到帝王师傅的作用,而不失其威仪。 ⑥作朝廷之气:振作朝廷官员应有的精神和气节。

何以作之气?曰:以教之耻为先。《礼·中庸》篇曰:"敬大臣则不眩。"①郭隗②说燕王曰:"帝者与师处,王者与友处,伯者与臣处,亡者与役处。③凭几其杖,顾盼指使,则徒隶之人至。恣睢④奋击,哅籍叱咄⑤,则厮役之人至。"贾谊⑥谏汉文帝曰:"主上之遇大臣如遇犬马,彼将犬马自为也。如遇官徒,彼将官徒自为也。"⑦凡兹三训,炳若日星,皆圣哲之危言,古今之至诚也! 尝见明初逸史,明太祖⑧训臣之语曰:"汝曹辄称尧、舜主,主苟非圣,何敢谀为圣? 主已圣矣,臣愿已遂矣,当加之以吁咈⑨,自居皋、契⑩之义。朝见而尧舜之,夕见而尧舜之,为尧舜者,岂不亦厌于听闻乎?"又曰:"幸而朕非尧舜耳。朕为尧舜,乌有汝曹之皋、夔、稷⑪、契哉? 其不为共工、骧兜⑫,为尧、舜之所流放者几希!"此真英主之言也。坐而论道,谓之三公⑬。唐、宋盛时,大臣讲官,不辍赐坐、赐茶之举,从容乎便殿之下,因得讲论古道,儒硕兴起。及据季也,朝见长跪、夕见长跪之余,无此事矣。不知此制何为而辍,而殿陛之仪,渐相悬以相绝也?

[注释]①《礼·中庸》:即《礼记·中庸》。眩:执迷。 ②郭隗(wěi):战国时燕国谋士。燕昭王即位后欲招贤才自强,他向昭王建议,要礼贤下士招揽人才,可先从他做起。于是昭王为他建造华丽的住宅,以对老师的礼节款待他。果然使乐毅、邹衍等贤才闻风而入燕。 ③"帝者"四句:称帝者与老师共事,称王者与跟自己德才相当的朋友共事,成就霸业者与臣下共事,亡国者与仆役共事。意思是皇帝对待臣下的态度不同,导致的政治形势也不同。伯:通"霸"。 ④恣(zì)睢(suī):放纵放任,形容凶残横暴,任意做坏事。⑤哅(hǒu)籍:吼叫践踏。叱(chì)咄(duō):大声呼喊,大声斥责。 ⑥贾谊:西汉政论家、文学家。少有文名,文帝时召为博士,后迁太中大夫。曾多次上疏,建议削弱诸侯王势力,巩固中央集权,主张重农抑商,力主抗击匈奴,具有"民为邦本"思想。贾谊遭权贵排挤,屡贬为长沙王太傅和梁怀王太傅,忧郁

而死。　⑦"主上"四句:见贾谊《新书·阶级》,原句为"人主遇其大臣,如遇犬马,彼将犬马自为也;如遇官徒,彼将官徒自为也"。遇:对待。犬马自为:以犬马自视,不知廉耻。官徒:在官府服役的刑徒。　⑧明太祖:即明代开国皇帝朱元璋。　⑨吁(yù)怫(fú):表示不以为然之意。　⑩皋、契:皋即皋陶,舜帝执政时期的士师,即司法长官。契(xiè):商朝祖先,传说是舜的大臣,因帮助大禹治水有功而封于商。　⑪夔(kuí):相传为尧、舜时期的乐官。稷:即后稷,周朝始祖,善于种植各种粮食作物,曾在尧舜时代当农官,教民耕种。⑫共工、驩(huān)兜(dōu):古史传说人物,相传为尧的大臣,与三苗、鲧并称为四凶,被流放到幽州。　⑬坐而论道,谓之王公:指古代三公没有固定职守,只是陪着帝王议事。语出《周礼·冬官·考工记》:"坐而论道,谓之王公;作而行之,谓之士大夫。"

农工之人、肩荷背负之子则无耻,则辱其身而已;富而无耻者,辱其家而已;士无耻,则名之曰辱国;卿大夫无耻,名之曰辱社稷①。由庶人②贵而为士,由士贵而为小官,为大官,则由始辱其身家,以延及于辱社稷也,厥③灾下达上,象似火!大臣无耻,凡百士大夫法则④之,以及士庶人法则之,则是有三数辱社稷者,而令合天下之人,举辱国以辱其家,辱其身,混混沄沄⑤,而无所底,厥咎⑥上达下,象似水!上若下胥⑦水火之中也,则何以国?

[注释]①社稷:社:土神;稷:谷神,古代帝王和诸侯都祭祀土神和谷神。后来用社稷代称国家。　②庶人:周代对农业生产者的称谓,秦汉以后泛指无官爵的平民。　③厥(jué):其他的,那个的。　④法则:效法。　⑤混混沄(yún)沄:水流汹涌的样子。比喻连续不断。　⑥咎:过失,此处指灾害。　⑦胥(xū):全,都。

窃窥今政要之官,知车马、服饰、言词捷给①而已,外此非所知也。清暇之官,知作书法、赓诗②而已,外此非所问也。堂陛之言③,探喜怒以为之节,蒙色笑④,获燕闲之赏,则扬扬然以喜,出夸其门生、妻子。小不霁⑤,则头抢地而出⑥,别求夫可以受眷⑦之法,彼其心岂真敬畏哉?问以大臣应如是乎?则其可耻之言曰:我辈只能如是而已。至其居心又可得而言,务车马、捷给者,不甚读书,曰:我早晚直公所,已贤矣,已劳矣。作书、赋诗者,稍读书,莫知大义,以为苟安其位一日,则一日荣;疾病归田里,又以科名长其子孙,志愿毕矣。且愿其子孙世世以退缩为老成,国事我家何知焉?嗟乎哉!如是而封疆万万之一有缓急,则纷纷鸠燕逝⑧而已,伏栋下求俱压焉者鲜⑨矣。

[注释]①捷给:应对敏捷。 ②赓(gēng)诗:和诗。 ③堂陛(bì):厅堂和台阶,亦指宫内。 ④蒙色笑:受到皇帝笑脸相待。 ⑤不霁(jì):雨雪未晴,比喻皇帝脸色不好看。霁:雨雪停止,天气放晴。 ⑥头抢地而出:磕头谢罪退出。 ⑦眷:宠爱。 ⑧逝:消逝,此处指逃散。 ⑨鲜(xiǎn):少。

昨者,上谕至引卧薪尝胆事自况比①,其闻之而肃然动于中②欤?抑弗敢知!其竟憺然③无所动于中欤?抑更弗敢知!然尝遍览人臣之家,有缓急之举,主人忧之,至戚忧之,仆妾之不可去者忧之;至其家求寄食焉之寓公④,旅进而旅豢焉之仆从⑤,伺⑥主人喜怒之狎客⑦,试召而诘⑧之,则岂有为主人分一夕之愁苦者哉?故曰:厉⑨之以礼出乎上,报之以节出乎下。非礼无以劝节,非礼非节无以全耻。古名世才起,不易吾言矣。

[注释]①"上谕至引"句:嘉庆十八年(1813),林清领导的天理教徒攻打紫禁城,嘉庆帝大受刺激,曾发"罪己诏"以及一系列求治上谕,在上谕中甚至以勾践"卧薪尝胆"自比。 ②中:通"衷",内心。 ③憺(dàn)然:淡泊貌;恬静貌。 ④寓公:指客居在别国、外乡的官僚、贵族。 ⑤旅进而旅豢焉之仆从:经常随主人进出,为主人所豢养的奴仆。豢:喂养。 ⑥伺:察看。 ⑦狎客:经常陪伴主人嬉游宴饮的游手好闲之辈。 ⑧诘(jié):追问。 ⑨厉:劝勉。

明 良 论 三

敷奏而明试,吾闻之乎唐、虞①;书贤而计廉,吾闻之乎成周②。累日以为劳,计岁以为阶,前史谓之停年之格③,吾不知其始萌芽何帝之世,大都三代以后可知也。

[注释]①"敷奏而明试"两句:此处指尧舜时代选拔人才的方法,先由臣子向君主陈述政见,再由君主对臣子进行考察后进行任用。 ②"书贤而计廉"两句:把贤能的人记录下来上报,考察官吏是否廉洁公正,这是我听到的周朝考察官吏的方法。成周:周公辅助成王时,曾营建东都洛邑(即洛阳),称为成周。后用以代指周朝。 ③停年之格:北魏孝明帝时建立的一种选官制度,以做官年限和资格来评价官吏的功劳和等级,而不管才能如何。

今之士进身之日,或年二十至四十不等,依中计之,以三十为断。翰林①至荣之选也,然自庶吉士至尚书②,大抵须三十年或三十五年;至大学士又十年而弱。非翰林出身,例不得至大学士③。而凡满洲、汉人之仕宦者,大抵由其始宦之日,凡三十五年而至一品④,极速亦三十年。贤智者终不得越,而愚不肖者⑤亦得以驯而到⑥。此今日用人论资格之大略也。

[注释]①翰(hàn)林：明清时期凡进士选入翰林院供职者通称翰林，是名望较高的文官，一般担任编修国史、起草朝廷文件等重要工作。　②庶吉士：清制，翰林院设庶常馆，选优于文学书法的新科进士入馆学习，称庶吉士。由特派翰林官教习，通常三年后举行考试，成绩优良者分别授以翰林院编修、检讨等官，其余改任主事、知县。尚书：官名。清朝中央设吏、户、礼、兵、刑、工六部，部的长官称尚书，副长官称侍郎。　③例不得至大学士：清朝官制，汉人除少数例外，非翰林出身的不能任大学士，但满人则不受此限制。例：常例，通常。大学士：清初以内三院即内国史院、内秘书院、内弘文院为内阁，内阁主官为大学士。清代大学士为正一品，为文职最高官阶，享有最高荣誉。　④品：官的等级。清朝官制，官的品级从一品到九品，而一品最高，九品最低，各品级又有正、从(副)。　⑤愚不肖者：无才无德的人。　⑥驯而到：指依次达到。

夫自三十进身，以至于为宰辅①、为一品大臣，其齿发固已老矣，精神固已惫②矣，虽有耆③寿之德，老成之典型④，亦足以示新进；然而因阅历而审顾⑤，因审顾而退葸，因退葸而尸玩⑥，仕久而恋其籍，年高而顾其子孙，儽然⑦终日，不肯自请去。或有故而去矣，而英奇未尽之士，亦卒不得起而相代。此办事者所以日不足之根原也。

[注释]①宰辅：宰相。　②惫(bèi)：萎靡不振。　③耆(qí)：年老。④老成之典型：《诗经·大雅·荡》"虽无老成人，尚有典刑"，富有经验的大臣。"型"通"刑"。　⑤审顾：审慎顾虑。　⑥退葸(xǐ)：畏缩不前。尸玩：尸位素餐，玩忽职守。　⑦儽(léi)：颓丧。

城东谚曰："新官忙碌石骏子①，旧官快活石师子。"盖言夫资格未深之人，虽勤苦甚至，岂能冀甄拔②？而具形相向坐者数百年,莫如柱外石师子,论资当最高也。如是而欲勇往者知劝,玩恋者知惩,中材绝侥幸之心,智勇苏③束缚之怨,岂不难矣!至于建大猷④,白大事,则宜乎更绝无人也。其资浅者曰:我积俸以俟时,安静以守格,虽有迟疾,苟过中寿,亦冀终得尚书、侍郎,奈何资格未至,哓哓然⑤以自丧其官为?其资深者曰:我既积俸以俟之,安静以守之,久久而危致乎是,奈何忘其积累之苦,而哓哓然以自负其岁月为?其始也,犹稍稍感慨激昂,思自表见;一限以资格,此士大夫所以尽奄然⑥而无有生气者也。当今之弊,亦或出于此,此不可不为变通者也。

[注释]①石硋(ái)子:石呆子。硋:呆。 ②甄(zhēn)拔:考察并提拔。 ③苏:苏醒,此处为消除。 ④猷(yóu):计谋,谋划。 ⑤哓哓(xiāo):争辩不止的声音。 ⑥奄然:形容气息微弱。

明 良 论 四

庖丁之解牛①,伯牙之操琴②,羿之发羽③,僚之弄丸④,古之所谓神技也。戒庖丁之刀曰:多一割亦笞⑤汝,少一割亦笞汝;韧⑥伯牙之弦曰:汝今日必志于山,而勿水之思也;矫⑦羿之弓,捉僚之丸曰:东顾勿西逐,西顾勿东逐,则四子者皆病。

[注释]①庖丁之解牛:故事见《庄子·养生主》,传说庖丁是战国时期魏国善于宰牛的人,其用刀出神入化,19年宰牛数千头,而刀如新磨毫无损伤。庖丁:厨师。解:解剖,分割。 ②伯牙之操琴:伯牙即俞伯牙,春秋时期技艺高超的琴师,《吕氏春秋·本味篇》记载俞伯牙鼓琴,遇知音钟子期,领会琴曲

志在高山、流水的故事。　③羿：即后羿，夏朝有穷氏国国君，善于射箭，曾一度取代夏朝的统治，后为寒浞（zhuó）所灭。　④僚：即熊宜僚，春秋时楚国人。《庄子·徐无鬼》记载他很会耍弄弹丸，能将9颗弹丸接连抛到空中，让8颗凌空，1颗接在手上。　⑤笞（chī）：鞭打。　⑥韧（rèn）：此处指放松。　⑦挢：拨动。

人有疥癣①之疾，则终日抑搔之，其痏痏②，则日夜抚摩之，犹惧未艾③，手欲勿动不可得，而乃卧之以独木，缚之以长绳，俾④四肢不可以屈伸，则虽甚痒且甚痛，而亦冥心息虑⑤以置之耳。何也？无所措术故也。

[注释]①疥（jiè）癣（xuǎn）：皮肤病的一种。　②痏（wěi）：疮。　③艾：停止。　④俾（bǐ）：使。　⑤冥（míng）心息虑：心境宁静，停止考虑。

律令①者，吏胥②之所守也；政道③者，天子与百官之所图也。守律令而不敢变，吏胥之所以侍立而体卑也；行政道而惟吾意所欲为，天子百官之所以南面而权尊也。为天子者，训迪④其百官，使之共治吾天下，但责之以治天下之效，不必问其若之何而以为治，故唐、虞三代之天下无不治。治天下之书，莫尚于六经。六经所言，皆举其理、明其意，而一切琐屑牵制之术，无一字之存，可数端瞭⑤也。

[注释]①律令：法律条令。　②吏胥：地方官府中掌管簿书案牍的小吏。　③政道：治国的方针大计。　④训迪：教诲开导。　⑤瞭：明白，清晰。

约束之，羁縻①之，朝廷一二品之大臣，朝见而免冠②，夕见而免冠，议处、察议③之谕不绝于邸钞④。部臣工于综核,吏部之议群臣,都察院⑤之议吏部也,靡⑥月不有。府州县官,左顾则罚俸至,右顾则降级至,左右顾则革职至,大抵逆亿⑦于所未然,而又绝不斠画⑧其所已然。其不罚不议者,例之所得行者,虽亦自有体要,然行之无大损大益。盛世所以期诸臣之意,果尽于是乎?恐后之有识者,谓率天下之大臣群臣,而责之以吏胥之行也。一越乎是,则议处之,察议之,官司之命,且倒悬于吏胥之手。彼上下其手⑨,以处夫群臣之不合乎吏胥者,以为例如是,则虽天子之尊,不能与易,而群臣果相戒以勿为官司之所为矣。

[注释]①羁(jī)縻(mí):束缚。 ②免冠:脱去帽子,古时表示谢罪,后来表示敬意。 ③议处、察议:清制,官吏有过失,交吏部拟定处罚办法称议处,吏部官员有过失,则交都察院议处,情节轻的称察议,重的称议处。 ④邸钞:专门用于朝廷传知朝政的文书和政治情报的新闻文抄。 ⑤都察院:清代中央负责监察的官署,长官左都御史、左副都御史,雍正时六科给事中并入都察院,合称科道,为最高监察、弹劾及建议机关。科道官皆独立发言,无长官、属员之分。 ⑥靡:无。 ⑦逆亿:事先主观猜测。 ⑧斠(jiào)画:察究,纠正。斠,通"校"。 ⑨上下其手:比喻暗中勾结,随意玩弄手法,串通作弊。

夫聚大臣群臣而为吏,又使吏得以操切①大臣群臣,虽圣如仲尼②,才如管夷吾③,直如史鱼④,忠如诸葛亮,犹不能以一日善其所为,而况以本无性情、本无学术之侪辈⑤耶?伏见今督、抚、司、道⑥,虽无大贤之才,然奉公守法畏罪,亦云至矣,蔑⑦以加矣!使奉公守法畏罪而遽可为治,何以今之天下尚有几微⑧之未及于古也?天下无巨细,一束之于不可破之例⑨,则虽以总督之尊,而实不能以行一谋、专一事。夫乾纲⑩贵裁断,不贵端拱无为⑪,亦论之似者也。然圣天子亦总其大端而已矣。至于内外大臣之权,殆亦不可以不重。权不重则气不振,气不振则偷⑫,偷则敝。权不重则民不畏,不畏则狎⑬,狎则变。待其敝且变,而急思所以救之,恐异日之破坏条例,将有甚焉者矣。

[注释]①操切:操纵,控制。 ②仲尼:指孔子,字仲尼,被封建统治者尊为"圣人"、"至圣先师"。 ③管夷吾:即管仲,曾在齐国为相,使齐桓公成为春秋五霸之一,著有《管子》一书。 ④史鱼:春秋末年卫国史官,以正直敢谏著称,相传死前嘱咐家人不要"治丧正室",以此劝戒卫灵公召进贤人蘧(qú)伯玉,退去弥子瑕,后人称为尸谏。 ⑤侪(chái)辈:同辈,朋辈。 ⑥督、抚、司、道:清代地方大臣总督、巡抚、二司(布政使司、按察使司)与道员的连称。总督总揽一省或几省军政大权,巡抚为省级地方长官,职掌以民政为主,或兼理军民。每省设布政使司主管人事、财政,俗称藩司;设按察使司主管司法,俗称臬司。而省、府之间设置监察区,称为道,有分巡道、分守道、兵备道之别,长官称为道员。 ⑦蔑:无,没有。 ⑧几微:一些。 ⑨例:封建时代用作判案依据的判例、事例、成例,主要功能在于将皇帝的旨意、统治者的政策及时法律化。在清代,例往往过于繁杂,凌驾于律之上,从而束缚官员手脚,而胥吏却随意轻重,制造冤狱。 ⑩乾纲:旧指朝纲、君权。 ⑪端拱无为:拱手端坐,无所作为。 ⑫偷:苟且偷安。 ⑬狎(xiá):轻视,轻慢。

古之时,守令①皆得以专戮,不告大官,大官得以自除辟②吏,此其流弊,虽不可胜言,然而圣智在上,今日虽略仿古法而行之,未至擅威福也。仿古法以行之,正以救今日束缚之病。矫之而不过,且无病,奈之何不思更法,琐琐焉,屑屑焉,惟此之是行而不虞其陊③也?圣天子赫然有意千载一时之治,删弃文法④,捐除科条,裁损吏议,亲总其大纲大纪,以进退一世,而又命大臣以所当为,端群臣以所当从。内外臣工有大罪,则以乾断诛之,其小故则宥之,而勿苛细以绳⑤其身。将见堂廉⑥之地,所图者大,所议者远,所望者深,使天下后世,谓此盛世君臣之所有为,乃莫非盛德大业,而必非吏胥之私智所得而仰窥。则万万世屹立不败之谋,实定于此。

[注释]①守令:郡守县令。 ②除:免除旧职,授任新职。此处指委任、任命。辟(bì):征召,选拔。 ③虞(yú):忧虑。陊(duò):同"堕",堕落,衰败。 ④文法:法令,条文。 ⑤绳:束缚。 ⑥堂廉:殿堂的侧边,泛指殿堂,此处指议论朝政的地方。

外祖金坛段公①评曰:四论皆古方也,而中今病,岂必别制一新方哉?髦矣,犹见此才而死,吾不恨矣。甲戌②秋日。

四论,乃弱岁③后所作,文气亦何能清妥?弃置故篚④中久矣。检视,见外王父段先生加墨矜宠,泫然⑤存之。自记。

[注释]①段公:即段玉裁,龚自珍的外祖父。 ②甲戌:嘉庆十九年,即公元1814年。 ③弱岁:旧指男子弱冠之年,弱冠指男子20岁左右。 ④篚(lǐ):竹箱。 ⑤泫(xuàn)然:流泪貌。

六 经 正 名

龚自珍曰:孔子之未生,天下有六经①久矣。庄周《天运篇》曰:"孔子曰:某以六经奸七十君而不用。"记曰②:"孔子曰:入其国,其教可知也。有《易》、《书》、《诗》、《礼》、《乐》、《春秋》之教。"孔子所睹《易》、《书》、《诗》,后世知之矣,若夫孔子所见《礼》,即汉世出于淹中③之五十六篇;孔子所谓《春秋》,周室所藏百二十国宝书是也④。是故孔子曰:"述而不作。"⑤司马迁曰:"天下言六艺者,折衷于孔子。"六经、六艺之名,由来久远,不可以臆增益。善夫,汉刘向⑥之为《七略》也!班固⑦仍之,造《艺文志》,序六艺为九种,有经、有传、有记、有群书。

[注释]①六经:始见于《庄子·天运》,指儒家的六部经典,即《诗经》、《尚书》、《礼经》、《周易》、《春秋》、《乐经》。 ②记曰:指《礼记·经解》。 ③淹中:春秋鲁国地名,为古文《礼经》所出之处。 ④"孔子所谓《春秋》"两句:据《春秋纬》记载,"孔子受端门之命,制春秋之义,使子夏等十四人求周史记,得百二十国宝书"。 ⑤述而不作:语出《论语·述而》,一般认为六经是先王旧典,孔子整理六经是述旧而非创作,但对先王旧说有所折衷,从而集群圣之大成。而今文家认为孔子"述而不作"是谦词,实际上孔子整理六经时,将圣人治天下的微言大义融于其中。古文家认为六经是古史,孔子确实是述而不作,因此多从名物训诂去研究六经。 ⑥刘向:西汉目录学家,曾校阅、整理汉朝皇室藏书,著有《七略》。 ⑦班固:东汉史学家,著有《汉书》,其书的《艺文志》叙述了先秦学术思想的源流与演变,《六艺略》分为《易》、《书》、《诗》、《礼》、《乐》、《春秋》、《论语》、《孝经》及小学,共9小类。

传则附于经,记则附于经,群书颇关经,则附于经。何谓传?《书》之有大、小夏侯、欧阳传也①;《诗》之有齐、鲁、韩、毛传也②;《春秋》之有公羊、穀梁、左氏、邹、夹氏亦传也③。何谓记?大、小戴氏所录④,凡百三十有一篇是也。何谓群书?《易》之有《淮南道训》、《古五子》⑤十八篇,群书之关《易》者也。《书》之有《周书》⑥七十一篇,群书之关《书》者也。《春秋》之有《楚汉春秋》、《太史公书》⑦,群书之关《春秋》者也。然则《礼》之有《周官》、《司马法》⑧,群书之颇关《礼》经者也。汉二百祀,自六艺而传记,而群书,而诸子毕出,既大备。微夫刘子政⑨氏之目录,吾其如长夜乎?

[注释]①"《书》之有"句:西汉初年,伏生以《尚书》授济南张生及欧阳生。欧阳生的曾孙欧阳高为汉武帝时博士,于是有《尚书》欧阳之学。夏侯都尉从张生受《尚书》学,至其孙夏侯胜为西汉今文《尚书》"大夏侯学"的开创者,宣帝时立为博士。夏侯胜传从兄子夏侯建,宣帝时夏侯建为博士,官至太子少傅,是《尚书》"小夏侯学"的建立者。 ②"《诗》之有"句:西汉传授《诗经》的有四家:齐国辕固生所传为《齐诗》、鲁国申培公所传为《鲁诗》、燕国韩婴所传为《韩诗》、赵国毛亨、毛苌所传为《毛传》。西汉时齐、鲁、韩三家皆立为博士,而《毛诗》未得立于学官,至后来三家诗失传,而《毛传》则千年流传。 ③"《春秋》之有":据《汉书·艺文志》记载,汉代传授《春秋》的有《左氏传》、《公羊传》、《穀梁传》、《邹氏传》和《夹氏传》五传。后来《邹氏传》11卷、《夹氏传》11卷亡佚,只有《左氏传》、《公羊传》、《穀梁传》流传至今,被称为《春秋》三传。 ④大、小戴氏所录:即《大戴礼记》和《小戴礼记》。西汉戴德为西汉今文《礼经》"大戴学"创始者,所编《大戴礼记》原书85篇,今存39篇。西汉宣帝时,戴德之侄戴圣立为博士,参加石渠阁会议,曾删定《礼记》为49篇,世称《小戴礼记》,即今本《礼记》。 ⑤《淮南道训》:西汉淮南王刘安宾客所撰,已佚。从现存佚文看,此书解《易》具有一定《易》、《老》揉合倾向,非谨持儒家之说者。《古五子》:即《周易古五子传》,西汉人所撰,今存马国翰《玉函山房辑佚书》本,所谓"五子",实指自甲子至壬子的5个子,内容即为以纳甲、纳子、卦气等说占候阴阳之变。 ⑥《周书》:《尚书》部类名目之一,包括《牧誓》、《洪范》、《金滕》等19篇周代文献,集中记叙和反映了周人灭商、建立西周以及如何巩固其政权统治的重大历史事件,是研究西周初期的重要文献。⑦《楚汉春秋》:西汉陆贾撰,记载楚霸王项羽、汉高祖刘邦、惠帝、文帝时的史事。时间虽短,但史料丰富。司马迁著《史记》,记述楚汉之争的史事曾采用其中的材料。原书已亡佚。《太史公书》:《史记》的本名,司马迁自称太史公,

故名。东汉以后,始被称为《史记》。 ⑧《周官》:即《周礼》。此书在刘歆以前称《周官》,刘歆改为《周礼》,其后一般沿袭《周礼》之称,少有称《周官》者。《司马法》:我国古代一部重要兵书,战国时齐威王命大夫整理古司马兵法,并将司马穰苴的兵法附于其中而成《司马法》,《汉书·艺文志》记载为155篇,今本只存5篇。 ⑨微:无。刘子政:即刘向。

何居乎,世有七经、九经、十经、十二经、十三经、十四经之喋喋①也?或以传为经,《公羊》为一经,《谷梁》为一经,《左》氏为一经。审如是,是则《韩》亦一经,《齐》亦一经,《鲁》亦一经,《毛》亦一经,可乎?欧阳一经,两夏侯各一经,可乎?《易》三家②;《礼》分庆、戴③;《春秋》又有邹、夹;汉世总古今文为经,当十有八,何止十三?如其可也,则后世名一家说经之言甚众,经当以百数。或以记为经,大小《戴》二记毕称经。夫大小《戴》二记,古时篇篇单行,然则《礼》经外,当有百三十一经。或以群书为经。《周官》晚出,刘歆始立。刘向、班固灼知其出于晚周先秦之士之掇拾④旧章所为,附之于《礼》,等之于《明堂》、《阴阳》而已。后世称为经,是为述刘歆,非述孔氏。善夫刘子政氏之序六艺为九种也!有苦心焉,斟酌曲尽善焉。

[注释]①七经:西汉武帝时置"五经博士",以《诗》、《书》、《礼》、《易》、《春秋》为"五经"。至东汉因提倡"以孝治天下",又增《孝经》、《论语》为经典,合称"七经"。十三经:指儒家的十三种经典,包括《易经》、《书经》、《诗经》、《周礼》、《仪礼》、《礼记》、《春秋左传》、《春秋公羊传》、《春秋穀梁传》、《论语》、《孝经》、《尔雅》、《孟子》。喋(dié)喋:说话多,唠唠叨叨。 ②《易》三家:西汉时,施仇、孟喜与梁丘贺同学《易》于田何的再传弟子田王孙,汉宣帝时同立为博士,传习易学,形成今文《易》学"施氏学"、"孟氏学"与"梁丘学",对后世

影响很大。　③《礼》分庆、戴：汉宣帝时，戴德、戴圣、庆普三家所传习的《礼经》立于学官，属于今文经学。戴德所传为《大戴礼记》，戴圣所传为《小戴礼记》，庆普为《礼》学"庆氏学"的开创者。　④掇(duō)拾：拾掇，拾取。

　　序六艺矣，七十子①以来，尊《论语》而谭《孝经》，小学者，又经之户枢②也；不敢以《论语》夷③于记，夷于群书也；不以《孝经》还之记，还之群书也；又非传，于是以三种为经之贰④。虽为经之贰，而仍不敢悍然加以经之名。向与固⑤可谓博学明辨慎思之君子者哉！《诗》云："自古在昔，先民有作。"向与固岂非则古昔、崇退让之君子哉？后世又以《论语》、《孝经》为经。假使《论语》、《孝经》可名经，则向早名之；且曰序八经，不曰序六艺矣。仲尼未生，先有六经；仲尼既生，自明不作；仲尼曷尝率弟子使笔其言以自制一经哉？乱圣人之例，淆圣人之名实，以为尊圣，怪哉！非所闻，非所闻！

　　[注释]①七十子：孔子弟子的通称。　②户枢(shū)：门轴，亦谓门户。③夷：拉平，铲平。　④贰：变节，背叛。　⑤向与固：刘向与班固。

　　然且以为未快意，于是乎又以子为经。汉有传记博士，无诸子博士。且夫子也者，其术或醇或疵，其名反高于传记。传记也者，弟子传其师，记其师之言也；诸子也者，一师之自言也。传记，犹天子畿内①卿大夫也；诸子，犹公侯各君其国，各子其民，不专事天子者也。今出《孟子》于诸子，而夷之于二戴所记之间，名为尊之，反卑之矣。子舆氏②之灵，其弗享是矣。

[注释]①畿内：天子领地之内，后泛称京城地区。　②子舆氏：指孟子，孟子字子舆。

问：子政以《论语》、《孝经》为经之贰，《论语》、《孝经》，则若是班乎？答：否否。《孝经》者，曾子以后，支流苗裔之书，平易泛滥，无大疵，无闳意妙指①，如置之二戴所录中，与《坊记》、《缁衣》、《孔子闲居》、《曾子天圆》②比，非《中庸》、《祭义》、《礼运》③之伦也。本朝立博士，向与固因本朝所尊而尊之，非向、固尊之也。然则刘向、班固之序六艺为九种也，北斗可移，南山可隳④，此弗可动矣！后世以传为经，以记为经，以群书为经，以子为经，犹以为未快意，则以经之舆僮⑤为经，《尔雅》是也。《尔雅》者，释诗书之书，所释又诗书之肤末，乃使之与诗书抗，是尸祝⑥僮之鬼，配食昊天⑦上帝也。

[注释]①闳（hóng）意妙指：指宏大微妙的意旨。指：通"旨"，意义，目的。　②《坊记》：《礼记》中的一篇，主张用礼义刑法等方法从各个方面去防止人们逾越封建伦理纲常和礼制法度的行为。《缁衣》：《礼记》篇名。《诗经·郑风》有《缁衣》篇，旧说是颂扬郑武公好贤。本篇由"好贤如《缁衣》"一句而得名，内容主要涉及人的言行好恶和安邦治民的道理，文义和形式皆类似于《表记》和《坊记》。《孔子闲居》：《礼记》的一篇，记叙孔子燕退闲居与子夏论诗。《曾子天圆》：出于《大戴礼记》，是曾子讨论宇宙论问题。　③《中庸》：《礼记》篇名。宋儒把它同《大学》、《论语》、《孟子》并列为"四书"，列为儒家经典，阐述儒家哲学、伦理学范畴的"中庸"和"诚"，以"中庸"为最高的道德准则，把"诚"作为世界的本原。《祭义》：《礼记》篇名，记述儒家关于祭祀、斋戒、荐羞以及孝亲等方面的主张。《礼运》：《礼记》篇名。战国末至西汉初儒者托名孔子答问的著作，阐述了"礼"的产生、内容和功用。首论大同和小康之治，对儒家理想的"天下为公"的大同世界作了生动描述。　④南山：指终

南山。隳(huī):毁坏;崩毁。　⑤舆僚:古代分人为10等,其中舆为第6等,僚为第10等,合称泛指身份低贱的人,多指奴仆。《尔雅》:中国第一部训诂学著作,儒家十三经之一,由秦汉间学者递相增益而成,是考证词义和古代名物的重要工具书,后世经学家常用来解释儒家经典著作中的词语和经义。　⑥尸祝:官名。古代祭祀中执祭板对"尸"祝祷的祝官。尸,指代表死者接受祭飨的人。充当尸的人必须是孙辈,后来尸逐渐为神主、画像所取代。　⑦昊天:儒家文献中对天的泛称,意为广大而高远的天。

五经大义终始论

昔者仲尼有言:"吾道一以贯之。"①又曰:"文不在兹乎!"②文学言游③之徒,其语门人曰:"有始有卒者,其惟圣人乎!"④诚知圣人之文,贵乎知始与卒之间也。圣人之道,本天人之际,胪⑤幽明之序,始乎饮食,中乎制作,终乎闻性与天道。民事终,天事始,鬼神假,福禔⑥应,圣迹备,若庖犠⑦、尧、舜、禹、稷⑧、契⑨、皋陶⑩、公刘⑪、箕子、文王、周公是也。

[注释]①吾道一以贯之:语出《论语·里仁》。　②文不在兹乎:语出《论语·子罕》。　③言游:即孔子弟子子游,子游姓言,名偃,字子游。　④"有始有卒"二句:语出《论语·子张》。　⑤胪(lú):传语,陈述。　⑥福禔(zhī):幸福安宁。禔,古通"祇"。　⑦庖犠:即伏羲,传说中古帝王,因其教民畜牧,取牺牲以充庖厨,故名。据传伏羲画八卦,以类万物之情;尝百药而制九针,以拯夭柱。　⑧稷:传说中周族的始祖后稷,名弃,尧舜时代担任农官,教民耕稼,商代以来被奉祀为农神,周代为管理农业官员的称呼。　⑨契:传说中商的始祖,曾助大禹治水有功,被舜任为司徒,掌管教化。　⑩皋陶:传说古代舜当政时管理司法的官,为人正直,铁面无私。　⑪公刘:周族领袖,后稷曾孙。约公元前11世纪,率领周族迁居于豳地,改善农业,发展水

利,使周族部落开始兴旺起来。

谨求之《书》曰:"天聪明,自我民聪明。"言民之耳目,本乎天也。民之耳目,不能皆肖天。肖者,聪明之大者也,帝者之始也。聪明孰为大?能始饮食民者也。其在《序卦》①之文曰:"物稚不可不养也,屯蒙②而受以需,饮食之道也。"其在《雅诗》,歌神灵之德,曰:"民之质矣,日用饮食。"③是故饮食继天地。又求诸《礼》曰:"夫礼之初,始诸饮食。"④礼者,祭礼也。民饮食,则生其情矣,情则生其文矣。情始积,隆隆然!始盈也,莫莫然!求之空虚,望望然!始相与谋曰:使我有饮食者,父欤?母欤?父母非能生之也,殆其天欤?乃率其丑,取其仂⑤,以报于天,盖仰而欲天之降之也。再相与谋曰:父欤?母欤?曷为不与我共饮食欤?则弗之见矣!乃号其丑,取其仂,以报于渊泉,盖俯而欲父母之假之也。三相与谋曰:非天也,非父母也,孰使我以能饮食欤?则弗之见矣!于是号其丑,取其仂,以报圣之人,盖每食四望而欲其降之也。若其教之降首屈股下上手,与其下上手之数以差,由中古作。故曰:观百礼之聚,观人情之始也,故祭继饮食。

[注释]①序卦:《易传》篇名,"十翼"之一,内容为解说六十四卦的排列顺序。　②屯蒙:《易经》屯卦与蒙卦,屯为难,蒙有晦昧之义,合称以表示事物初生时的稚弱状态,亦表示艰难困顿的境地。　③民之质矣,日用饮食:出自《诗经·小雅·天保》。　④夫礼之初,始诸饮食:出自《礼记·礼运》,认为饮食活动中的行为规范是礼制的发端。　⑤仂(lè):余数,零数。

夫礼据乱而作，故有据乱之祭，有治升平之祭，有太平之祭。圣人曰：我主天，而众之祭始息。圣人曰：我不敢僭天，而众之祭不敢先一人。圣人自为谋曰：孰使予大川盈，大陆平，大物腯成①，而小物毛烹？于是乎食人鬼之始播种以配上天，食人鬼之始平道涂以配于下地，食人鬼之聪明仁圣者于宫。后王曰：社稷瞽宗②，以恩父为杀矣！故恩及王父③，王父以上统曰祖，其所居曰庙，其在《礼》曰："祝以孝告，嘏以慈告。"此礼之大成也。此言有异乎土鼓④之祭，其实升平也。其在《公刘》⑤之四章曰："跄跄济济⑥，俾筵俾几，既登乃依。乃造其曹，执豕于牢。酌之用匏⑦。"是时糇粮⑧完具，始立国而祭也。又曰："君之宗之。"惟祭乃立宗，非祭则宗不显明。是故公刘教民祭，而豳国之民，无不尊其宗者，后其支者，大宗无不收群宗者。

[注释]①腯(tú)成：苗壮成长。　②瞽宗：殷周贵族子弟学习礼乐的学校，大司乐由有道有德者担任。西周时成为辟雍的一部分，位于辟雍西面，又叫西雍或西学，为教习礼的学宫。　③王父：古称祖父。　④土鼓：古乐器名，鼓的一种。　⑤《公刘》：出自《诗经·大雅》，描述周族祖先公刘率领族人从邰迁居豳的史实。　⑥跄(qiāng)跄济济：形容人步趋有节、多而整齐的样子。　⑦匏(páo)：用匏瓜（葫芦）做成的酒杯。　⑧糇(hóu)粮：干粮，食粮。

谨求之《春秋》，必称元年。年者，禾也。无禾则不年，一年之事视乎禾。《洪范》称祀者何？禾熟而当祀；祀四时而遍，则一年矣。元年者，从食以为纪；元祀者，从祭以为纪。其在周公报成王曰："祀于新邑，咸秩无文。"①周所以始立国也。微子数商王辛②之罪曰："今殷民乃攘窃神祇之牺牷牷③,用以容,将食无灾。"上世方乱犹祀,矧④商阶升平之资乎？言辛所以灾也。度名山川,升崇冈,察百泉,度明以为向,度幽以为蔽；抟土而为陶,凿山而为磏⑤,以立城郭、仓廪、宫室,高者名曰堂,下者名曰室,以卫鬼神,屏男女；伐山之木以为之群材,其百器以寓句股,以求九数。其在于《诗》"既景乃冈",以测知北极之高下；又曰"夹其皇涧,溯其过涧",以顺水性,则司空⑥之始也。此其与百姓虑安者也。若其与百姓虑不安者,所以安安也；曰饮食之多寡,祭之数,少不后长,支不后宗,筋力者暴赢,于是乎折萑析木而挞之⑦,则司寇⑧之始也。而声问乎东西,而声问乎北南,饮食之多寡,祭之数,少后长欤？支后宗欤？筋力者毋暴赢欤？皆必赴司寇而理焉,理之而无不威,故曰鞭蛮夷,挞六合⑨也。

[注释]①祀于新邑,咸秩无文：出自《尚书·洛诰》。 ②商王辛：商朝的末代君主,名受,号帝辛,史称纣王。 ③神祇（qí）：天神与地神。牷（quán）：用作祭品的毛色纯、肢体全的牺牲。 ④矧（shěn）：况且,亦。 ⑤磏（lián）：有棱有角的石头。 ⑥司空：西周六卿之一,掌管工程建筑等事,后世工部尚书别称司空。 ⑦萑（huán）：古同"萑",芦荻,形状像芦苇,茎可编苇席。挞（tà）：拍打。 ⑧司寇：周朝始置,掌刑名、纠察等事。 ⑨六合：指东西南北四方和上下,泛指宇宙或天下。

谨求之《书》,皋陶①为士,其职也,后王谓之兵。兵也者,刑之细也；士也者,理也。有虞氏之兵也。其在《洪范》,八政有司寇,后王有司马,司马,司寇之细也。圣者曰：吾视听天地,过高山大川,朝天下之众,察其耳目心思辨佞之雄长,而户征其辞,使我不得独为神圣,必自此语言始矣。爰是命士也,命师也,命儒也。圣者至高严,曷为习揖让之容,虚宾师之馆,北面清酒,推天之福禄与偕,使吾世世雄子孙,必变化恭敬温文,以大宠之?岂惧其武勇之足以夺吾祭哉?诚欲以一天下之语言也。儒者出而语民曰:非恃珪璧②也,其积者斋栗③也,而人莫不欢心以助吾祭矣;不然,边鄙之祭,夫岂无私玉?儒者又出而语民曰:非恃干戈也,其积者和也,而人莫不出私力以捍其圉④;不然,南亩之勇夫,夫岂无私兵?

[注释]①皋陶:舜帝执政时期的士师,即司法长官。 ②珪(guī)璧:古代祭祀朝聘等所用的玉器。 ③斋栗:敬谨恐惧貌。 ④圉(yǔ):养马的地方。

谨求之《礼》,古者明天子之在位也,必遍知天下良士之数;既知其数,又知其名;既知其名,又知其所在。盖士之任师儒者,令闻之枢也;令闻,飨帝之具也。其在《记》曰:"三代之王也,必先其令闻。"夫名士去国而王名微,王名微而王道薄,故曰:"杀胎破卵,则凤皇不翔。掩麛取犊,则麒麟不至。"①其在《记》曰:"土敝则草木不长,水烦则鱼鳖不大。"②良士,国之金玉异物也,草木厌之,而况金玉乎?鱼鳖槁之,而况蛟龙乎?诚苦之也。名士之有文章,望国气者,见其烂然而光于天,求之《雅》诗曰:"倬彼云汉,为章于天。""周王寿考,遐不作人。"③其推天人之际曰:"相彼鸟矣,犹求友声,矧伊人矣,不求友生。神之听之,终和且平。"④是野有相慕,用之朋友,而可荐于神明也。其衰也,贤人散于外,而公侯贵人之家,犹争宾客于酒食。其大衰也，豪杰出，阴聘天下之名士，而王运去矣。

[注释]①"杀胎破卵"四句：出自《后汉书·黄琼传》。麛(mí)：指幼鹿或泛指幼兽。　②"土敝则草木不长"两句：出自《礼记·乐记·乐言》。　③"倬彼云汉"四句：出自《诗经·大雅·棫朴》。倬(zhuō)：高大，显著。　④"相彼鸟矣"六句：出自《诗经·小雅·伐木》。

谨又求之《洪范》，八政：七曰宾，八曰师。宾师得而彝伦①序也。何以曰序也？古之宾师②，必有山川之容；有其容矣，又有其润；有其润矣，又有其材。王者之与宾师处，闻牛马之音，犹听金玉也；亲尘土之臭，犹茹椒兰③也。其在《记》曰："君子曰德，德成而教尊，教尊而官正，官正而国治矣。"④其在《诗》曰："有冯有翼，有孝有德。"⑤夫食货具则有冯⑥矣，官师备则有翼矣，祭祀受福则有孝矣，宾师亲则有德矣，诚约彝伦之极，完神人之庆也。圣者曰：吾非多制以好劳也，多文以为辩也。无政之曰阙，政不中之曰不序，阙且不序，中国必有不安者矣。夫如是，是枕嵩、华而身衽⑦旷土之原也。观其制作曰：成矣！

[注释]①彝伦：常理；常道。　②宾师：古指不居官职而受到君主尊重的人。　③茹：吃。椒兰：椒与兰都是芳香之物，有刺激气味。　④"君子曰德"四句：出自《礼记·文王世子》。　⑤"有冯有翼"两句：出自《诗经·大雅·卷阿》。　⑥食货：古代用以称国家财政经济。冯(píng)：通"凭"，凭借，依靠。　⑦衽(rèn)：以……为席，睡在……上。

求之《春秋》，则是存三统、内夷狄、讥二名①之世欤？三统已存，四夷已进，讥仅二名，大瑞将致，则和乐可兴，而太平之祭作也。是故有禘②，推五行得感生之天主天帝,而以人鬼配之;有宗祀,祠天帝于宫而以父配之;练而斋,斋而盥,盥而祭。其在《易》:"观盥而不荐,有孚颙若。"③禘之盛也。其在《诗》:"瑟彼玉瓒,黄流在中。"④宗祀之盛也。文祖明堂以嬗之名,郊宗石室以建之主,兼礼备乐以存之统,升珪瘗⑤璧以崇之文,九州四海以象之宫,重特祀也。有封祀,求之《诗》:"于皇时周,陟其高山,堕山乔岳。"⑥其在《礼》:"升中于天而凤皇降,龟龙假。"封禅之盛也。合此三者,在《春秋说》曰⑦:"以美阳芬香告于天。"犹告盛也。有宫中祠,昔在黄帝,集万灵于明庭,万灵者,配太一⑧者也。在《天官》曰太一,在《礼》亦曰太一,在《易》曰太极。昔在成王,袭祖考之勤劳,有周公以代制作,法宜得为太平世。

[注释]①存三统:即西汉董仲舒三统说,认为夏、商、周三代是依黑统、白统、赤统的次序周而复始的循环。内夷狄:《春秋公羊传》主张以"德"或以"礼"把夷狄统一融入华夏世界。二名:两个字的名字。《春秋公羊传》认为"二名非礼也"。　②禘(dì):古代帝王或诸侯在始祖庙里对祖先的一种盛大祭祀。　③观盥而不荐,有孚颙若:出自《周易·观卦·象辞》。观盥:犹言观仰盛礼。盥:古代祭祀宗庙时用香酒浇灌地面以降神之礼。孚:《周易》卦爻辞中的常用语,犹言诚信。　④瑟彼玉瓒,黄流在中:出自《诗经·大雅·旱麓》。玉瓒:亦称"圭瓒",古代一种玉制礼器,制作十分精美,裸祭用之。以玉圭作柄,黄金为勺,其流似龙口,用以酌鬯酒。　⑤瘗(yì):掩埋,埋葬。　⑥"于皇时周"三句:出自《诗经·周颂·般》。　⑦《春秋说》曰:此处王佩诤本点校有误,"以美阳芬香告于天"一句出自南宋洪咨夔所撰《春秋说》,故对标点进行修正。　⑧太一:古代哲学术语。"太"意为最高级者;"一"意为绝对唯一者,在道家著作中"太一"为"道"的别名。

谨求之《书》,有曰:"予冲子夙夜毖祀。"①毖祀,宫中祠之盛也。其在后王,服玉而延年,宵中而禋②,冯几③而候神,则勋过其物也。然亦罔有咎于天,使天下之老者,自视如壮者,使天下之壮者,自视如幼者。虽有积瘁④之士,沉思之民,春如三春,秋如三秋,昼如九夏,夕如九冬;故国暇而能修民,民暇而性命治。圣人之以能有名号者,有四象焉:曰暇、曰顺、曰雍、曰嘉。其在《诗》,将欲以美公刘之功,而总其意曰:"既顺乃宣,而无永叹。"⑤其在《礼》曰"明于顺,然后能守危也。"⑥又曰:"达于顺。"又曰:"顺之实。"《礼》之终,犹《诗》之始也。求之《书》曰:"高宗三年不言,言乃雍。"⑦其在《诗》曰"有来雍雍"⑧,言雍在下也;"雍雍在宫"⑨,言雍在上也。洒扫,嘉宫庭之道也;朝日,嘉旦昼之道也;夕月,嘉莫夜之道也;玉色而丝声,嘉后妃之道也;无梦也,有梦则太人以占,嘉寝寐之道也。其在《礼》曰:"以嘉魂魄,是为合莫。"⑩方祭而有嘉也。

[注释]①予冲子夙夜毖(bì)祀:出自《尚书·周书·洛诰》,毖祀:谨慎祭祀。 ②禋(yīn):古代烧柴升烟以祭天。 ③冯(píng)几:靠着矮桌。冯,通"凭",凭借,依靠。 ④积瘁(cuì):犹积劳。 ⑤既顺乃宣,而无永叹:出自《诗经·大雅·公刘》。顺:谓民心归顺。宣:舒畅。永叹:长久叹息。 ⑥"明于顺"两句:出自《礼记·礼运》。 ⑦"高宗三年不言"两句:出自《尚书·周书·无逸》。 ⑧有来雍雍:出自《诗经·周颂·雍》。雍雍:和悦。 ⑨雍雍在宫:出自《诗经·大雅·思齐》。 ⑩"以嘉魂魄"两句:出自《礼记·礼运》。

谨求之《诗》曰:"予怀明德,不大声以色,不长夏以革。"①遂终言之曰:"不识不知,顺帝之则。"谨又求之《礼》

曰:"圣人耐以天下为一家,中国为一人……必知其情。""何谓人情?喜、怒、哀、惧、爱、恶、欲。"②圣人治人情,必反攻其情,以己治之。圣者有情欤?曰微矣!至清以有神,至和以有精,至静以有形,至澹以应群灵,至冲虚以应兆人,故遂终言之曰:"心无为也,以守至正。"无为本太一而已矣。天下虽有积瘁之士,沉思之民,其心疾可得而已也。上帝万灵,可得而昼夜通也。是故有善可得而荐也,有命可得而受也,有作可得而合也。然则绝地天通,非欤?胡为其非也?声以色犹不欲而糅③神人,其为声色也大矣!先王恶其惊民也,非太一之谓也。夫如之何而可以极言圣人也?曰:盍游乎渊然不瞬之中,置乎肃然清静之上,端端乎遇圣人焉。谨求之《易》曰:"圣人以此洗心,退藏于密,吉凶与民同患;神以知来,知以藏往,其孰能与于此哉?古之聪明睿知,神武而不杀者夫!"④极之矣,极之矣。夫如是则谓之能天。天也者,福之所自出也。《书》有五福焉,《诗》称百福焉,称万福焉,皆能天之义也。

[注释]①"予怀明德"三句与"不识不知"两句:出自《诗经·大雅·皇矣》。 ②"故圣人耐以天下为一家"四句:出自《礼记·礼运》。 ③糅(róu):混杂。 ④"圣人以此洗心"八句:出自《周易·系辞上》。

第二辑

农 宗

龚子渊渊夜思，思所以掸简①经术，通古近，定民生，而未达其目也。曰：古者未有后王君公，始有之而人不骇者何？古者未有礼乐刑法，与礼乐刑法之差，始有之而人不疑惧者何？古者君若父若兄同亲者何？君若父若兄同尊者何？尊亲能长久者何？古之为有家，与其为天下，一以贯之者何？古之为天下，恒视为有家者何？生民之故，上哉远矣，天谷没，地谷茁，始贵智贵力，有能以尺土出谷者，以为尺土主；有能以倍尺若十尺、伯尺出谷者，以为倍尺、十尺、伯尺主；号次主曰伯。帝若皇，其初尽农也，则周之主伯欤？古之辅相大臣尽农也，则周之庸次比耦之亚旅②欤？土广而谷众，足以芘③其子，力能有文质祭享报本之事，力能致其下之称名，名之曰礼，曰乐，曰刑法。儒者失其情，不究其本，乃曰天下之大分，自上而下。吾则曰：先有下，而渐有上。下上以推之，而卒神其说于天，是故本其所自推也,夫何骇?本其所自名也,夫何疑何惧?儒者曰:天子有宗,卿大夫公侯有宗,惟庶人不足与有宗。吾则曰:礼莫初于宗,惟农为初有宗。

[注释]①掸(dǎn)简:探讨。　②庸次:更迭相代。比耦(ǒu):指耕田者。亚旅:官名。商代始置,西周沿置,职掌奉王命征伐和田猎。　③芘(bì):通"庇",荫庇,遮蔽。

上古不讳私,百亩之主,必子其子;其没也,百亩之亚旅,必臣其子;余子必尊其兄,兄必养其余子。父不私子则不慈,子不业父则不孝,余子不尊长子则不悌①,长子不赡余子则不义。长子与余子不别,则百亩分;数分则不长久,不能以百亩长久,则不智。农之始,仁孝悌义之极,礼之备,智之所自出,宗之为也。百亩之农,有男子二,甲为大宗,乙为小宗,小宗者,帝王之上藩,实农之余夫也。有小宗之余夫,有群宗之余夫。小宗有男子二,甲为小宗,乙为群宗。群宗者,帝王之群藩也。余夫之长子为余夫。大宗有子三、四人,若五人,丙、丁为群宗,戊闲民。小宗余夫有子三人,丙闲民。群宗余夫有子二人,乙闲民。闲民使为佃。闲民之为佃,帝王宗室群臣也。古者无文,用掸稽②而可知也。

[注释]①悌(tì):敬爱哥哥,引申为顺从长上。　②掸(dǎn)稽:探索考证。

请定后王法,百亩之田,不能以独治,役佃五;余夫二十五亩,亦不能以独治,役佃一。大凡大宗一,小宗若群宗四，为田二百亩，则养天下无田者九人。然而天子有田十万亩，则天下无田亦不饥为盗者，四千有五百人。大县田四十万，则农为天子养民万八千人，十一之赋尚不与，非以德君也；以德而族，非以德族也；以食有力者，佃非仰食吾宗也，以为天下出谷。然而有天下之主，受是宗之福矣。百亩之宗，以十一为宅，以十一出租税奉上。宅不十一，则不足以容鱼菽之祭①，不足以容舂揄②；税不十一，则不足以为天子养官属及选举之士。以十一食族之佃，佃不食十一，则无以戚期功③。以十一奉上，谊亦薄矣。以十一戚期功，恩亦杀矣。圣者立法，以中下齐民，不以上齐民。

[注释]①鱼菽(shū)之祭：以鱼和豆类作祭品，借指礼仪不周。菽：指豆类。　②舂(chōng)揄(yú)：指舂米。捣米于臼曰舂，自臼取出曰揄。　③期(jī)功：古代服丧一年者的丧服。期，服丧一年。功，按关系亲疏分大功和小功，大功服丧九月，小功服丧五月。

大宗有十口，实食三十亩，桑苎①、木棉、竹漆、果蓏②十亩，枲三十亩，以三十亩之枲治家具，家具始于缚帚，缚筹③以为帚，冶泥以为釜，厥价陶三之，机杼④四之，灯五之，祭豆七之，米斗直葛布匹，绢三之，木棉之布视绢，皆不得以澹泉货。百家之城，有货百两，十家之市，有泉十绳，裁取流通而已；则衣食之权重，则泉货之权不重；则天下之本不浊，本清而法峻，诛种艺食妖辣地膏⑤者，枭其头于陇，没其三族为奴。宗为余夫请田，则关大吏。佃同姓不足，取诸异姓，为变法，关群吏。丰凶、肥硗⑥、寡庶易不易,法不尽同,关群吏。国有大事以宗徙,徙政关大吏。余夫家五口,宅五亩,实食十亩,以二亩半税,以二亩半食佃,以二亩半治蔬苎,以二亩半枲,自实食之外,宅、税、圃、枲、佃五者,毋或一废。

[注释]①桑苎(zhù):一种草本植物,可做绳子或织布。 ②果蓏(luǒ):瓜果的总称。 ③箨(tuò):竹笋上一片一片的皮。 ④机杼(zhù):织布机的梭子,代指织布机。 ⑤妖辣地膏:指鸦片。 ⑥肥硗(qiāo):土地肥沃与瘠薄。

凡农之仕为品官大夫者,则有禄田,大官之家,父有少疾瘵①、寒暑、湿干,不以使其子,山川鬼神则使之;子有少疾瘵、寒暑、湿干,不以诉其父,崇有家也。田一品者四世,二、三品三世,四品二世,五品一世,皆勿税,勿予俸;六品以下予之俸。婢妾之养不备,则不世;祠祭弗如式,不世;不辨菽粟,亦不世;食妖、服妖②,不世;同姓讼,亦不世;督有家也。家受田、归田于天子,皆关大吏。稽其世数,关群吏。本百亩者进而仕,谓之贵政之农;本仕者退而守百亩,谓之释政之农;本不百亩者进而仕,谓之亢宗之农;本仕者退而不百亩,谓之复宗之农。仕世绝,本大宗者复为大宗,本小宗者复为小宗,本群宗者复为群宗,本闲民复为闲民,贵不夺宗祭,不以朝政乱田政。自大宗以至于闲民,四等也。四等之农,与其进捍③而国也,姑将退保于宗;与其进保而宗也,姑将退修于宅。是故筹一农身,身不七尺,人伦五品、本末原流具矣!筹一农家,家不十步,古今帝王,为天下大纲,细目备矣!木无二本,川无二原,贵贱无二人,人无二治,治无二法,请使农之有一田、一宅,如天子之有万国天下。姑试之一州,州蓬跣④之子,言必称祖宗,学必世谱谍。宗能收族,族能敬宗,农宗与是州长久,泰厉⑤空虚,野无夭札⑥,鬼知恋公上,亦百幅之主也。

[注释]①疾瘯(cù):患皮肤病,指患小病。 ②食妖:吸食鸦片。服妖:穿着奇装异服。 ③捍:保卫。 ④蓬跣(xiǎn):即蓬头跣足,形容人衣冠不整,十分困苦狼狈。跣:光着脚,不穿鞋袜。 ⑤泰厉:古代帝王七祀之一,所祀之主为帝王无后之鬼。 ⑥夭札:遭疫疠而短命早死。

江铁君①曰:商之衰,农不知宗,故公刘立之。周之衰,农不知宗,故管夷吾②立之。周之盛也,周公、康叔③以宗封。其衰也,周平王以宗徙,翼顷父、嘉父、戎蛮子,皆以宗降。汉之实陵邑④,以六国巨宗徙,国以农徙也。农之主伯徙,则亚旅尽徙。若无宗法,上安能旅徙而族封?有司之令梗塞,国安恃此散无友纪之百姓哉?神尧亦弗得平章矣。

[注释]①江铁君:即江沅,字子兰,一字铁君,江苏元和人,小学家江声之孙,出入段玉裁门下数十年,著有《说文释例》。后摒弃文字、音韵学而讲禅学,成为龚自珍学佛的第一导师。 ②管夷吾:即管仲,齐桓公时任为卿,进行改革使齐国强盛。 ③康叔:周文王第九子,周武王同母弟,因获封畿内康国,故称康叔。周成王时发生三监之乱,康叔参与平定叛乱,因功改封殷商故都朝歌(今河南淇县),建立卫国,成为卫国第一任国君。 ④陵邑:汉代为守护帝王陵园而设置的邑地,为了加强中央集权,汉高祖将关东地区的贵族豪强迁徙至此,并修建长陵县邑,供迁徙者居住。实:充实。

陈硕甫①曰:《礼运》曰:"天子有田以处其子孙。"不曰有天下国家。《周礼》"九两系邦国之民"。一曰:宗以族得民。民之宗如何?《左传》:"师服曰:士有隶子弟,庶人工商,各有分亲,皆有等衰。"是其注也。近世回部②、蒙古有旗分,有族分,或以族降,或以族徙,或以族开垦,其叛者亦以族,盖世酋无析产之俗,故世世富足,令群支仰赖以活,而苗裔能言其先派,有至数十世之多者,此文之旁证也。又柳子厚③《封建论》,亦先有下而渐有上之义。亦此文旁证。

[注释]①陈硕甫:即陈奂,清代《毛诗》专家。 ②回部:清代对天山南路维吾尔族聚居地区的总称,亦称回疆,清中叶以后词义扩大,把凡是信仰伊斯兰教的民族均称为回民,故名。 ③柳子厚:即柳宗元。

自记曰:宗法立,专隆大宗,以士庶而为强干弱枝之谋,仁欤?应之曰:子之言,知《鸤鸠》①诗人均平之小义,而不知《大易》长子主器之为福也。先王正天下之大分,分定而心安,义即仁也,无贵贱一也。

[注释]①《鸤鸠》:出自《诗经·曹风》。

平　均　篇

龚子曰:有天下者,莫高于平之之尚也,其邃初乎!降是,安天下而已;又降是,与天下安而已;又降是,食天下而已。最上之世,君民聚醵①然。三代之极其犹水。君取盂②焉,臣取勺焉,民取卮③焉。降是,则勺者下侵矣,卮者上侵矣。又降，则君取一石，民亦欲得一石，故或涸而踣④。石而浮，则不平甚；涸而踣，则又不平甚。有天下者曰：吾欲为邃初，则取其浮者而挹⑤之乎？不足者而注之乎？则槮然⑥喙之矣。大略计之，浮不足之数相去愈远，则亡愈速，去稍近，治亦稍速。千万载治乱兴亡之数，直以是券矣。

[注释]①醵（jù）：指众人凑钱买酒而饮。　②盂（yú）：古代盛水或饭的器皿。　③卮（zhī）：古代盛酒的器皿。　④踣（bó）：跌倒。　⑤挹（yì）：舀，把液体盛出来。　⑥槮（shēn）然：众多的样子。

人心者，世俗之本也；世俗者，王运之本也。人心亡，则世俗坏；世俗坏，则王运中易。王者欲自为计，盍为人心世俗计矣。有如贫相轧，富相耀；贫者阽①，富者安；贫者日愈倾，富者日愈壅。或以羡慕，或以愤怨，或以骄汰，或以啬吝，浇漓②诡异之俗，百出不可止，至极不祥之气，郁于天地之间，郁之久乃必发为兵燧③，为疫疠④，生民噍类⑤，靡有孑遗，人畜悲痛，鬼神思变置。其始，不过贫富不相齐之为之尔。小不相齐，渐至大不相齐；大不相齐，即至丧天下。呜呼！此贵乎操其本源，与随其时而剂调之。

[注释]①阽（diàn）：临近边缘，一般指险境而言。　②浇漓：指风俗浮薄。　③兵燧（suì）：犹烽燧，古代边防报警燃举的烟火，借指战乱。　④疫（yì）疠：瘟疫。　⑤噍（jiào）类：指活着的或活下来的人。

上有五气，下有五行，民有五丑，物有五才①，消焉息焉,淳②焉决焉,王心而已矣。是故古者天子之礼:岁终,太师③执律而告声;月终,太史候望④而告气。东无渚⑤水,西无渚财,南无渚粟,北无渚土,南无渚民,北无渚风,王心则平,听平乐,百僚受福。其《诗》有之曰:"秉心塞渊,䮾牝三千。"⑥王心诚深平,畜产且腾跃众多,而况于人乎?又有之曰:"皇之池,其马喷沙,皇人威仪。"⑦其次章曰:"皇之泽,其马喷玉,皇人受谷。"言物产蕃庶,故人得肆威仪,茹内众善,有善名也。

[注释]①五气:天地五气指太易、太初、太始、太素、太极。五丑:指士、农、商(行商)、工、贾(坐商)。五才:五种德性,指勇、智、仁、信、忠。 ②渟(tíng):水积聚而不流动。 ③太师:春秋时乐官之称。 ④候望:观察占候星象。 ⑤渚(zhǔ):小洲,水中的小块陆地。 ⑥"秉心塞渊"两句:出自《诗经·鄘风·定之方中》。䮾(lái)牝(pìn):古代马七尺为䮾,牝:指鸟兽的雌性。䮾牝泛指马。 ⑦"皇人威仪"诗句:出自《穆天子传》卷五。

太史告曰:东有渚水,西有渚财,南有渚粟,北有渚土,南有渚民,北有渚风,王心则不平,听倾乐,乘欹①车,握偏衡,百僚受戒,相天下之积重轻者而变易之。其《诗》有之曰:"相其阴阳,观其流泉。"又曰:"度其夕阳。"言营度也。故积财粟之气滞,滞多雾,民声苦,苦伤惠;积民之气淫,淫多雨,民声嚣,嚣伤礼义;积土之气坉②,坉多日,民声浊,浊伤智;积水积风,皆以其国瘝昏③;官所掌也。且夫继丧亡者,福禄之主;继福禄者,危迫之主。语百姓曰:尔惧兵燹④乎?则将起其高曾于九京⑤而问之。惧荒饥乎?则有农夫在。上之继福禄之盛者难矣哉!龚子曰:可以虑矣!可以虑,可以更,不可以骤。

[注释]①攲(qī):倾斜,歪向一边。 ②圮:同"耗",粗疏。 ③瘥(chài)昏:昏忽、迷乱之病,借指政治黑暗,时世混乱。 ④兵燹(xiǎn):指因战乱而遭受焚烧破坏的灾祸。 ⑤九京:即九原,春秋时晋大夫的墓地。犹言九泉,地下。

且夫唐、虞之君,分一官,事一事,如是其谆也,民固未知贸迁①,未能相有无,然君已惧矣。曰:后世有道吾民于富者,道吾民于贫者,莫如我自富贫之,犹可以收也。其《诗》曰:"不识不知,顺帝之则。"②夫尧固甚虑民之识知,莫如使民不识知,则顺我也。水土平矣,男女生矣,三千年以还,何底之有?彼富贵至不急之物,贱贫者犹且筋力以成之,岁月以靡之,舍是则贱贫且无所托命。

[注释]①贸迁:贩卖迁徙。 ②不识不知,顺帝之则:出自《诗经·大雅·皇矣》。

然而五家之堡必有肆,十家之村必有贾,三十家之城必有商;若服妖之肆,若食妖之肆,若玩好妖之肆,若男子咿唔求爵禄之肆,若盗圣贤市仁义之肆,若女子鬻①容之肆;肆有魁,贾有枭,商有贤桀,其心皆欲并十家、五家之财而有之,其智力虽不逮,其号既然矣。然而有天下者更之,则非号令也。有四挹②四注:挹之天,挹之地,注之民;挹之民,注之天,注之地;挹之天,注之地;挹之地,注之天。其《诗》曰:"挹彼注兹,可以餴饎";"岂弟君子,民之父母。"③有三畏:畏旬、畏月、畏岁。有四不畏:大言不畏,细言不畏,浮言不畏,挟言不畏。而乃试之以至难之法,齐之以至信之刑,统之以至澹之心。龚子曰:有天下者,不十年几于平矣。

[注释]①鬻(yù):卖。 ②挹(yì):舀,把液体盛出来。 ③"挹彼注兹"四句:出自《诗经·大雅·泂酌》歌颂统治者爱护人民,能得民心。饙(fēn):蒸。餴(chì):炊黍稷为饙。岂(kǎi)弟(tì):即"恺悌",本义为和乐平易,在此训为恩德深长广大。

越七年,乃作《农宗》篇,与此篇大指不同,并存之,不追改,使备一,聊自考也。乙未①冬自记。

[注释]①乙未:道光十五年,即1835年。

尊 史

史①之尊,非其职语言、司谤誉之谓②,尊其心也。心③何如而尊?善入。何者善入?天下山川形势,人心风气,土所宜,姓所贵,皆知之;国之祖宗之令,下逮④吏胥之所□守⑤,皆知之。其于言礼、言兵、言政、言狱、言掌故、言文体⑥、言人贤否,如其言家事,可谓入矣。又如何而尊?善出。何者善出?天下山川形势,人心风气,土所宜,姓所贵,国之祖宗之令,下逮吏胥之所守,皆有联事⑦焉,皆非所专官。其于言礼、言兵、言政、言狱、言掌故、言文体、言人贤否,如优人⑧在堂下,号咷⑨舞歌,哀乐万千,堂上观者,肃然踞坐,眙睐⑩而指点焉,可谓出矣。

[注释]①史:指史官。 ②职:执掌。语言:指文献典籍。司:掌管。谤

誉:诽谤和称誉,指对人事的褒贬。 ③心:指思想、精神。 ④逮:及,到。 ⑤所□守:原文如此,"□"表示有缺字。 ⑥礼:礼仪。兵:军事。政:政令。狱:讼事,指刑法。掌故:关于历史人物、典章制度的故事或传说。文体:文章。 ⑦联事:互相联系。 ⑧优人:古代以乐舞、戏谑为业的艺人。 ⑨号(háo)咷(táo):放声大哭,此处指放声歌唱。 ⑩盻(miàn)睐(lài):顾盼眷恋的样子,此处指欣赏。

不善入者,非实录,垣①外之耳,乌能治堂中之优也耶?则史之言,必有余呓②。不善出者,必无高情至论③,优人哀乐万千,手口沸羹④,彼岂复能自言其哀乐也耶?则史之言,必有余喘。是故欲为史,若为史之别子⑤也者,毋呓毋喘,自尊其心。心尊,则其官尊矣,心尊,则其言尊矣。官尊言尊,则其人亦尊矣。

[注释]①垣(yuán):墙。 ②余呓(yì):多余的梦话,即胡说八道。 ③高情:真诚的感情。至论:深刻的评论。 ④沸羹(gēng):滚汤。此处形容手舞足蹈,像滚汤似的热闹非常。 ⑤史之别子:史家的不同派别。

尊之之所归宿如何?曰:乃又有所大出入焉。何者大出入?曰:出乎史,入乎道,欲知大道,必先为史。此非我所闻,乃刘向、班固之所闻。向、固有征①乎?我征之曰:古有柱下史老聃②,卒为道家大宗③,我无征也欤哉?

[注释]①向:指刘向,曾校阅、整理皇家所藏汉以前的古籍,著有《七略》。还撰有《说苑》、《新序》。固:指班固,东汉史学家,著有《汉书》。征:检验,证据。 ②柱下史:官名。周代掌管藏书室之官,以其所掌及侍立常在殿柱之下而得名。老聃(dān):即老子,道家学派的创始人。 ③大宗:指创始者。

尊 史 三①

太史公②为书百三十篇成，褒汉氏盛德，赫然跻于周室；次及功臣贤大夫，靡不毕载。《自叙》云："藏之名山，传之其人，副在京师。"问：何以副在京师也？恩本朝也。恩本朝，则何以副在京师也？曰：求唐、虞者，必于平阳、蒲阪③，求周必于雍、岐，求成周必于河、洛，欲求汉者，亦必于关中，故副在京师。

[注释]①又题《太史公书副在京师说》。 ②太史公：西汉司马谈、司马迁父子先后任太史令，皆称太史公，或以为尊称，或以为官名。此处指司马迁，著有《史记》130篇。 ③平阳：相传为唐尧之都，后为平阳县，故址在今山西临汾。蒲阪：即蒲坂，在今山西永济，相传虞舜建都于此。

太史公之先，官京师数世矣。太史公生左冯翊①，而长京师，诵古文于京师，仕则䌷石室金匮②于京师，其两世取师友，唐都、黄子、田何、孔安国③之伦，尽京师耆④旧卿士。太史公家虽无剖符丹书⑤之荣，其于京师也，根深而原远。而忘京师，是不恩王父，不恩父，以不恩师友，是故副在京师。京师既上系君父，又必有磐石之宗，知古今之献，羽翼天室，世世无极，以所著书托焉。东西北南，望之嫒嫒⑥踞天半焉。

[注释]①左冯翊：政区名。武帝太初元年（前104）更内史为左冯翊，为三辅之一，治所在长安城内，下辖24县，约相当于今陕西关中东北部之地。②䌷（chōu）：细心阅读，理出头绪。石室金匮（guì）：石头造的房，金属制的

柜,汉代收藏重要文书档案的地方。镄:古同"柜",柜子。 ③唐都:西汉方士,精于星象方术,汉武帝元封年间参加制定《太初历》,负责天部,太史公司马谈曾受学天官于唐都。黄子:即黄生,西汉初黄老学者。曾在汉景帝面前与辕固生争论"汤武革命"的性质,力主"汤武革命"并非受命而是篡杀。田何:西汉今文易学的开创者,西汉易学家大都出自他的传授。但司马迁受易学于杨何,此作"田何",误。杨何:西汉《易》学传述人,字叔元,淄川人,受《易》于田何弟子王同,汉武帝元光中征为太中大夫。著《易传》,史学家司马迁及《京氏易》创立者京房,均受《易》于杨何。孔安国:西汉经学家,孔子十一世孙,曾向申公学《诗》,向伏生学《尚书》,并对司马迁有所传授。汉武帝时以治《尚书》为博士,官至谏议大夫、临淮太守。相传曾得孔壁所藏古文《尚书》,开古文《尚书》学派,但为今文经学家所怀疑。 ④耆(qí):旧称年高望重者。 ⑤剖符:古时帝王分封诸侯或功臣,把符节剖分为二,双方各执其一,以为凭证,称为剖符。丹书:古代帝王赏赐功臣使其世代享受某种特权的契券。 ⑥霭霭(ài):云盛的样子。

昔者仲尼①大圣,与左邱明、南宫敬叔②观宝书于周,先是正考叔③得名颂于周。老聃主周藏室,仲尼问《礼》④。名颂也,宝书也,礼也,其授受不可以尽知;要知古之人所以宠灵史氏,镇抚王室,以增天府之重,则可知也。曰:后之人必有如京师以观吾书者焉,则太史公之志也。若夫高骞⑤远引,抱道以逝,矢孤往于名山,含薄憝⑥于卿士,身隐矣,焉用文之?介之推⑦之所笑,师瞀⑧适河海者之所蹈,淮南宾客⑨,所以向山中而招王孙者也,则太史公之所不为。

(《自序》:少梁⑩更名夏易,《地理志》左冯翊夏易注:龙门在其北,故太史公是左冯翊人也。刘知几《史通》作易夏,误。自记。)

[注释]①仲尼:指孔子,孔子字仲尼。 ②左邱明:即左丘明,春秋时期鲁国史学家,著有《左传》。南宫敬叔:孔子弟子,曾与孔子到周观礼。 ③正考叔:即正考父,孔子七世祖,曾对《商颂》12篇加以考校,后散佚7篇。 ④老聃主周藏室,仲尼问《礼》:老聃即老子,做过周守藏室之史,孔子曾向他问过礼。周衰,老聃西出函谷关隐退,不知所终。 ⑤高骞(qiān):高举,高飞,比喻隐退。 ⑥憝(duì):怨恨。 ⑦介之推:又名介子推,晋国贤士,曾随公子重耳流亡国外19年,立有大功,重耳回国即位为晋文公,赏赐随从部属,他没有受赏也无怨言,和母亲一起隐居绵山。 ⑧师瞽:乐官,掌乐之官的通称,古以瞽者为乐官。史载周室衰微,师瞽抱其乐器而奔散,或适诸侯,或入于河海。 ⑨淮南宾客:西汉淮南王刘安的门客,刘安曾与之集体编写《淮南子》。 ⑩少梁:春秋时秦地,即今陕西韩城市南20里西少梁。

尊　　命

儒家之言,以天为宗①,以命为极,以事父事君为践履②。君有父之严,有天之威;有可知,有弗可知,而范围乎我之生。君之言,唐、虞谓之命,周亦谓之命;龙③所官,仲山甫④所职,君子顾其名,绅绎⑤其义焉。

[注释]①宗:尊崇,至高无上。 ②践履:实行,实践。 ③龙:相传舜时传达君命的大臣。 ④仲山甫:周宣王大臣。曾佐助宣王中兴之治,担负"出纳王命"、"赋政于外"的重任。 ⑤绅(chōu)绎(yì):寻绎义理,理其端绪。

夫天,寒、暑、风、雨、露、雷必信,则天不高矣;寒、暑、风、雨、露、雷必不信,则天又不高矣。传曰:"山川而能语,葬师食无所;肺腑而能语,医师色如土。"①后之儒者,视其君,曾不如葬者之尊山川,病者之尊其肺腑,其于君也,有等夷②之心,有吾欲云云之志。曰:吾欲吾君之通古今之故,实欲以自售其学;欲吾君之烛万物之隐,实欲以自通其情;欲君之赏罚予夺,不爽③于毫发,实欲以自偿其功。其于君也,欲昭昭爆爆④,如贸易者之执券而适于市,亵君嫚⑤君孰甚!

[注释]①"山川而能语"句:出自《山经》,意思是山川如果能说话,那么替人选葬地葬日的风水先生会无处吃饭,五脏六腑如果能说话,医师会惊得面如土色。葬师:以择葬地、葬日、定墓穴吉凶方位为业的人,即风水先生。肺腑:肺部,泛指人体的内脏。 ②等夷:平等。 ③爽:差失,违背。 ④昭昭爆爆:明显,公开。 ⑤嫚(màn):轻视,侮辱。

夏道尊命,孔子罕言天道,若臣岂未闻?意若曰:君之尊不至此极也。儒者平日多言安命矣,平日尊数过于尊理①远矣,何以出而视君,如理不如数?若臣曰:夏暑雨,冬祈寒,天府②怨,君不可以受怨。应之曰:寒暑有怨,天之所以多憾,天之所以大也。汝将使匹妇无憾而为君,大君将日日就国之人而弭③其怨,君其替哉!若臣又曰:子之术,赵高④之术也,以未兆为朕。应之曰:赵高匿其君以为尊君,吾之术,使君无日不与天下相见以尊君。

[注释]①数:定数,即命运,旧时迷信以为万事都是前世定好了的数。理:指条理、道理或规律。 ②天府:大自然的仓库,谓无所不包。 ③弭(mǐ):平息,消除。 ④赵高:原系赵国贵族,入秦宫后为宦者,任中车府令,掌符玺令事。秦二世胡亥即位后任郎中令,控制朝政大权,后杀李斯,任中丞相,秦末杀胡亥而立秦王子婴,不久被子婴灭族。

天命曰流行,君命曰出内,不得诋我以赵高。是故若飞若蛰①，闷闷默默，应其不可测，如鱼泳于川，惟大气之所盘旋，如木之听荣枯于四时，蠢蠢傀傀②，安其不可知。

[注释]①蛰(zhé)：原指动物冬眠，此处指藏起来不动。 ②傀傀：木偶。

尊 命 二

夫六经之称命罕矣，独《诗》屡称命，皆言妃匹①之际，帷房②之故者也。文王取有莘氏之女姒氏③，生九男，夫妇并圣。唯此神圣，克券灵命，命以莫不正。诗人庄言之，又夷易言之曰："有命自天，命此文王，于周于京，缵女维莘。"④南国之夫人，有不妒忌之德，使众妾以礼进御于君；众妾则微言之，又稍稍感慨而言之，曰："肃肃宵征，夙夜在公，实命不同。"曰："抱衾与裯，实命不犹。"⑤此命之无如何，而不失为正命者也，乃有无如何而不受命者矣，不受命而卒无如何者矣。诗人则刺之曰："乃如之人也，怀昏姻也，大无信也，不知命也。"⑥其言有嫉焉，有懑⑦焉，抑亦有欷歔⑧焉，抑亦似有憾于无如何之命而卒不敢悍然以怨焉！之三诗者，可以尽天下万世妃匹之际，帷房之故之若正若不正。

[注释]①妃匹：配偶，夫妻。 ②帷(wéi)房：内室，闺房。 ③姒氏：有莘氏之女，周文王正妃，仁而明道，旦夕勤劳，以进妇道，生子伯邑考、周武王姬发、周公旦、管叔鲜、蔡叔度等。有功于周室，与太姜、太妊合称"周室三母"。 ④"有命自天，命此文王，于周于京，缵(zuǎn)女维莘(shēn)"：出自《诗经·大雅·大明》。 ⑤"肃肃宵征"句与"抱衾(qīn)与裯(dāo)"句：出自

《诗经·召南·小星》。 ⑥"乃如之人也"句:出自《诗经·鄘风·蝃蝀》。 ⑦懑(mèn):烦闷,生气。 ⑧欷(xī)歔(xū):叹息声,抽咽声。

　　汉司马迁引而申之,于其序外戚也,言命者四,言之皆累歔。善乎迁之能读三百篇①,阐幽微,告万世也。三百篇之世暨②迁之世,天竺法③未东,命之正,命之无如何,又各有其本,因是已,缘是已,宿生是已,诗人、司马迁,惜乎其皆未闻之。未闻之而不能不立一说,使正者受,不正者亦受,无如何者亦受,强名之曰命。总人事之千变万化,而强诿④之曰命,虽不及天竺书,要之儒者之立言,觉世而牖民⑤,莫善于此,莫善于此!或问之曰:传曰:"发乎情,止乎礼义。"其言何若?应之曰:子庄言之,我姑诞言之;子质言之,我姑迂言之。夫我也,则发于情,止于命而已矣。

　　[注释]①三百篇:指《诗经》,因篇目共有305篇,因此《诗经》又称"诗三百"。 ②暨(jì):和,及,与。 ③天竺法:指佛教,天竺是古代对今印度和巴基斯坦等南亚国家的统称。 ④诿(wěi):推托,把责任推给别人。 ⑤觉世牖民:觉世:启发世人觉醒。牖,通"诱"。牖民:诱导人民。昌明教化,导民向善。

尊　　任

　　《周礼》:"以九两系邦国之民,八曰友以任得民。"又曰:"以六行教万民:孝、友、睦、姻、任、恤。"杜子春①曰:"任,任朋友之事者。"周爵五等,公、侯、伯、子、男。男,任也;子,以谷璧②养人;男,以蒲璧③安人。曾子曰:"士不可以不弘毅,任重而道远。"④任也者,侠之先声也。古亦谓之任侠⑤,侠起先秦间,任则三代有之。侠尚意气,恩怨太明,儒者或不肯为;任则周公与曾子之道也。世子衰,患难不相急,豪杰罹⑥患难,则正言庄色厚貌以益锄之;虽有骨肉之恩,夙所卵翼之子,飘然绝裾⑦,远引事外。虽然,豪杰则曰:吾罹患难,而呼号求援手于庸人,岂复为豪杰哉!其言则曰:应龙入眢井⑧,不瞑目以待鳅鳝⑨之饱龙肉,而睫泪以哀井上之居民,岂得为应龙也哉!万一卒不死,或者天神凭焉。

[注释]①杜子春:河南缑氏(今河南偃师)人,东汉经学家。曾从刘歆学习《周礼》,并传《周礼》,郑众、贾逵皆从其受业。所注《周礼》曾被郑玄采用,现已散佚。 ②谷璧:六瑞之一,古代子爵诸侯所执之玉。 ③蒲璧:古玉器名,为六瑞之一,男爵所执。 ④"士不可以"两句:语出《论语·泰伯》,此为曾子提出的"士"的品德。弘,即宽广;毅,即强忍,指大节不可夺。 ⑤任侠:旧时把抑强扶弱的行为叫做侠,任侠,即以抑强扶弱为己任。秦汉时任侠风气极盛,主要体现于重信义方面。 ⑥罹(lí):遭受苦难或不幸。 ⑦绝裾(jū):扯断衣襟,形容态度十分坚决。 ⑧应龙:古神名,黄帝功臣,应龙在黄帝与蚩尤的大战中,行云布雨,立下大功。应龙是一种有翼之龙。眢(yuān)井:干枯的井。 ⑨鳅(qiū)鳝(shàn):泥鳅和鳝鱼。

　　道家者之书有之曰:"活一大贤者,功视活凡夫九十万亿;活一圣人,功视活凡夫九万万亿。"①吾友阳城令桂林李公则曰:《礼》曰:"吊人弗能赒,弗问其所费;问疾弗能遗,弗问其所欲;见人弗能馆,弗问其所舍。"②吾补《礼》文之阙,则亦曰:见患难弗能救,弗咎其所以致患难。其言取风示末世,粹然忾然③。呜呼!应龙之謦也肆,侠者之气纵,道家之言诡,皆非周公、曾子法。李公儒者也,古之任者也,言如是,言之感慨尽如是,是亦足矣。吾又闻之,广西实天下之高山大川,气苍苍莽莽,不为中原软滑④所中;李公行毕如其言,山川然也。

[**注释**]①"活一大贤者"四句:出自汉晋时道书《太上洞渊神咒经》。②"吊人弗能赙(fù)"六句:出自《礼记·曲礼》,赙:拿钱财帮助别人办理丧事。 ③粹然:纯正貌。忾(kài)然:感慨貌,叹息貌。 ④软(ruǎn)滑:柔软滑润。

尊　隐

将与汝枕高林,藉①丰草,去沮洳②,即荦确③,第四时之荣木④,瞩九州之神皋⑤,而从我嬉其间,则可谓山中之傲民⑥也已矣。仁心为干,古义为根,九流⑦为华实,百氏为杝藩⑧,枝叶昌洋⑨,不可殚论⑩,而从我嬉其间,则可谓山中之悴民⑪也已矣。闻之古史氏⑫矣,君子所大者生也,所大乎其生者时也⑬。是故岁有三时:一曰发时⑭,二曰怒时⑮,三曰威时⑯;日有三时,一曰蚤时,二曰午时,三曰昏时。

[**注释**]①藉:垫着。 ②沮(jù)洳(rù):低洼潮湿的地方。 ③即:靠近,到。荦(luò)确:石头多而大的山。 ④第:依次观看。荣木:根深叶茂的树。 ⑤瞩(zhǔ):观察,游览。九州:古代中国划为九州,即冀、兖(yǎn)、青、徐、扬、荆、豫、梁、雍九州,代指整个中国。神皋(gāo):神明所在的地方,代指祖国的壮丽山河。 ⑥傲民:以自然为友、游山玩水、傲视世俗的人。 ⑦九流:先秦学术流派,指儒、道、法、名、墨、阴阳、纵横、杂、农家为九流。华实:花果。 ⑧百氏:指诸子百家等众多的学派。杝(yí)藩:藩篱。 ⑨昌洋:旺盛。

⑩殚(dān)论:说也说不完。殚:尽。 ⑪悴民:指那些博古通今、忧国伤时而又不得志于当世的人。 ⑫古史氏:古代史官。 ⑬大:重视,珍惜。生:生命。 ⑭发时:兴起时期,指阳气初生、草木萌发的春季。 ⑮怒时:旺盛时期,指阳气笃盛、草木郁勃的夏季。 ⑯威时:衰落时期,指阴气萧杀、草木凋落的秋季。威:威严,肃杀,引申为衰落。

夫日胎于溟涬①,浴于东海,徘徊于华林,轩辕于高闳②,照曜人之新沐濯③,沧沧凉凉,不炎其光,吸引清气,宜君宜王,丁④此也以有国,而君子适生之,入境而问之,天下法宗礼族归心,鬼归祀,大川归道,百宝万货,人功精英,不翼而飞,府于京师,山林冥冥,但有鄙夫、皂隶所家⑤,虎豹食之,曾不足悲。

[注释]①胎:孕育。溟(mǐng)涬(xìng):自然之气混混茫茫的样子。 ②轩(xuān)辕(yuán):车子,此处指驾车而行。高闳(hóng):高大的门。 ③濯(zhuó):洗。 ④丁:当。 ⑤鄙夫:贫贱的人。皂隶:指旧时衙门里的差役。

日之亭午①,乃炎炎其光,五色文明②,吸饮和气,宜君宜王,丁此也以有国,而君子适生之,入境而问之,天下法宗礼族修心,鬼修祀,大川修道,百宝万货,奔命涌塞,喘车牛如京师,山林冥冥,但有窒士③,天命不犹,与草木死。

[注释]①亭午:中午。 ②文明:文采鲜明。 ③窒士:指不得志的读书人。

日之将夕,悲风骤至,人思灯烛,惨惨目光,吸饮莫①

气,与梦为邻,未即于床,丁此也以有国,而君子适生之;不生王家,不生其元妃、嫔嫱②之家,不生所世世豢③之家,从山川来,止于郊。而问之曰:何哉?古先册书④,圣智心肝,人功精英,百工魁杰所成,如京师,京师弗受也,非但不受,又裂而磔⑤之。丑类窳呰⑥,诈伪不材,是辇⑦是任,是以为生资,则百宝咸怨,怨则反其野矣。贵人故家蒸尝之宗⑧,不乐守先人之所予重器⑨;不乐守先人之所予重器,则窭人子⑩篡之,则京师之气泄;京师之气泄,则府⑪于野矣。如是则京师贫;京师贫,则四山实矣。古先册书,圣智心肝,不留京师,蒸尝之宗之子孙,见闻媕婀⑫,则京师贱;贱,则山中之民,有自公侯者矣。如是则豪杰轻量京师;轻量京师,则山中之势重矣。如是则京师如鼠壤⑬;如鼠壤,则山中之壁垒坚矣。京师之日苦短,山中之日长矣。

[注释]①莫:同"暮"。 ②元妃:皇帝的嫡妻。嫔(pín)嫱(qiáng):皇宫中的女官。 ③世豢:世代受朝廷供养的人,指大臣。 ④册书:文献典籍。 ⑤磔(zhé):分裂肢解躯体为磔,引申为砸碎。 ⑥丑类:恶劣的人。窳(yǔ)呰(zǐ):无用的人。 ⑦辇(niǎn):秦汉以来专指皇帝乘坐的车,此处以乘辇泛指授予尊贵的爵位。 ⑧蒸尝之宗:主持秋冬祭祀的嫡系宗族。蒸,通"烝",冬祭为烝,秋祭为尝,泛指祭祀。 ⑨重器:宝器,指传世之鼎,藏于宗庙,刻有祖先功勋及赏赐,为权力的象征。 ⑩窭(jù)人子:贫陋的人。 ⑪府:聚集。 ⑫媕(yǎn)婀(ē):依违阿曲、没有主见的样子。 ⑬鼠壤:鼠做穴挖出的松土。比喻统治松散。

风恶,水泉恶,尘霾①恶,山中泊然而和,洌然而清②矣。人攘臂③失度,啾啾如蝇虻,则山中戒而相与修娴靡④矣。朝士寡助失亲,则山中之民,一啸百吟,一呻百问疾矣。朝士僝⑤焉偷息,简焉偷活,侧焉徨徨商去留,则山中之岁月定矣。多暴侯⑥者,过山中者,生钟簴之思矣⑦。童孙叫呼,过山中者,祝寿耇⑧之毋遽死矣。其祖宗曰:我无余荣焉,我以汝为殿矣。其山林之神曰:我无余怒焉。我以汝为殿矣。俄焉寂然,灯烛无光,不闻余言,但闻鼾声,夜之漫漫,鹖旦⑨不鸣,则山中之民,有大音声起,天地为之钟鼓,神人为之波涛矣。

[注释]①尘霾(mái):灰尘和烟雾。　②冽(liè)然而清:泉水清澈明净。③攘(rǎng)臂:卷起衣袖,伸出臂膊。　④娴(xián)靡(mǐ):文雅温顺。　⑤僝(chán):憔悴。　⑥多:称赞。暴侯:即暴昭、侯泰,二人先后任明朝建文帝的刑部尚书,燕王朱棣起兵夺取皇位,暴、侯二人因忠于建文帝而被杀。　⑦生钟簴(jù)之思矣:产生盼望新朝的念头。钟:古代乐器的一种。簴:古代悬挂钟磬架子中的立柱。钟簴是体现国家礼乐制度的重要乐器,是国家最高权力的象征。　⑧寿耇(gǒu):年老的人。　⑨鹖(hé)旦:寒号鸟,黎明前常常受不住早寒而号叫。

是故民之丑生,一纵一横。旦暮为纵,居处为横,百世为纵,一世为横,横收其实,纵收其名。之民也,鏖者欤?邱者欤?垤①者欤?避其实者欤?能大其生以察三时,以宠灵史氏,将不谓之横天地之隐欤?闻之史氏矣,曰:百媚夫,不如一猖夫②也;百酣民,不如一瘁民也;百瘁民,不如一之民也。则又问曰:之民也,有待者耶?无待者耶?应之曰:有待。孰待?待后史氏。孰为无待?应之曰:其声无声,其行无名,大忧无蹊辙③,大患无畔涯,大傲若折,大瘁若息,居之无形,光景煜爔④,捕之杳冥⑤,后史氏欲求之,七反而无所睹也。悲夫悲夫！夫是以又谓之纵之隐。

[注释]①垤(dié):小土堆。　②猖夫:狂妄放荡的人,指傲民。　③蹊辙:原指路径车辙,这里指痕迹、迹象。　④煜(yù)爚(yuè):光辉灿烂。　⑤杳冥:原意遥远宽广,这里指不可捉摸。

宥　　情

甲、乙、丙、丁、戊相与言①。甲曰,有士于此,其于哀乐也,沉沉然②,言之而不厌,是何若？乙曰:是媟嫚③之民也。许慎④曰:"情,人之阴气有欲者也。"圣人不然,清明而强毅,无畔援⑤,无歆羡⑥,以其旦阳之气⑦,上达于天。阴气有欲,岂美谈耶？丙请辨之,西方之志⑧曰:欲有三种,情欲为上。西方圣人,不以情为鄙夷,子言非是。丁曰:乙以情隶欲,无以处⑨夫哀乐之正而非欲者,且人之所以异于铁牛、土狗、木寓龙者安在？乙非是。丙以欲隶情,将使万物有欲,毕诡⑩于情,而情且为秽墟,为罪薮,丙又非是。是以不如析言之⑪也,西方之志,盖善乎其析言之矣。戊请辨之曰:西方之志又有之,纯想即飞,纯情即坠,⑫若是乎其概而诃⑬之也,不得言情,或贬或无贬,汝言皆非是。

[注释]①相与言:相互谈论。　②沉沉然:深沉的样子。　③媟(xiè)嫚(màn):轻薄而不庄重。　④许慎:东汉古文经学家、文字学家,字叔重,汝南召陵(今河南郾城)人,所著《说文解字》是中国最早一部解释汉字本形、本音、本义、探究字源的专著。　⑤畔援:专横,跋扈。　⑥歆羡:羡慕,爱慕。

⑦旦阳之气:清新的平旦之气,与有欲之阴气相对,指按照正统修养而成的所谓堂堂正气。理学家朱熹提倡"存天理,灭人欲",《朱子语类》云:"气须是随那道义,如云地配天,地须在天后,随而合之。"这在龚自珍看来已经失去自然纯真的本性。　⑧西方之志:指佛经。佛教认为欲有三种,一是饮食欲,二是睡眠欲,三是淫欲即情欲。　⑨无以处:没有地方安置,此处指没有类别归纳。　⑩诡(guǐ):欺诈。　⑪析言之:分别而言,指将情和欲分别而论。⑫"纯想"二句:思想纯真则可以到达佛国,若有纯一之情则要坠入下界。佛教凡情皆禁,无所谓好坏高下。佛教称眼、耳、鼻、舌、身、意为六根,六根有情识,又称六情,佛教有"非情成佛"之说。　⑬诃:斥责。

　　龚子闲居,阴气沉沉而来袭心,不知何病,以谂江沅①。江沅曰:我尝闲居,阴气沉沉而来袭心,不知何病。龚子则自求病于其心,心有脉,脉有见童年。见童年侍母侧,见母,见一灯荧然②,见一砚、一几,见一仆妪③,见一猫,见如是,见已,而吾病得矣。龚子又尝取钱枚④长短言一卷,使江沅读。沅曰:异哉!其心朗朗乎无滓,可以逸尘埃⑤而登青天,惜其声音浏然⑥,如击秋玉,予始魂魄近之而哀,远之而益哀,莫或沉之,若或坠之。龚子又内自鞠⑦也,状何如?曰:予童时逃塾就母时,一灯荧然,一砚、一几时,依一妪抱一猫时,一切境未起时,一切哀乐未中时,一切语言未造时,当彼之时,亦尝阴气沉沉而来袭心,如今闲居时。如是鞠已,则不知此方圣人⑧所诃欤?西方圣人所诃欤?甲、乙、丙、丁、戊五氏者,孰党⑨我欤?孰诟⑩我欤?姑自宥⑪也,以待夫覆鞠之者。作《宥情》。

　　[**注释**]①谂:知悉,告知。江沅:字子兰,一字铁君,龚自珍学佛第一导师。　②荧然:光微弱的样子。　③妪(yù):年老的妇女。　④钱枚:字枚

叔,一字实庭,号谢盦,仁和(今浙江杭州)人。嘉庆进士,官至吏部文选司主事。词以清丽著称,抒情婉转细腻,为清代中期词坛能手,纵酒成疾而卒。著有《心斋草堂集》、《微波词》。　⑤逸尘埃:超脱污浊的世俗。　⑥浏然:风速很快的声音。　⑦鞫(jū):审问。　⑧此方圣人:指儒家圣人。　⑨党:赞同。　⑩垢:斥责。　⑪宥(yòu):宽容,饶恕。

凉燠

或问:子之言何数凉而数燠①也? 告之曰:吾未始欲言也。吾言如治疾,燠疾至,凉之;凉疾至,燠之。亦有不言,则其无疾者也。无疾者贤乎? 曰:否! 有疾贤。疾浅贤乎? 疾深贤乎? 曰:疾深者贤。大人之言,有判有纯;大人之行,有襮②有里;行有堂,有门,有室,有阈③,有窔④。终身与至人居,行至人之行,见其门而已矣,及堂者寡矣。有门之窔,亦有窔之门,与居者始而昭昭,久而益闷,至人于人何吝哉? 自人之而已矣。惟至人能皆由人之窔,有勿由,随其门而门也,随其堂而堂也,非弗能由也。

[注释]①燠(yù):暖,热。　②襮(bó):外表。　③阈(yù):门坎。　④窔(yào):结构深邃的大屋。

至人有言曰:惟吾为能勿惊。人善惊者,弗明也,弗平也,弗定也。言乎至人之侧,显晦至,毕明焉;高下至,毕平焉;顺逆至,毕定焉。非人之情,则容有弗识之矣,所言天与人之间之情也,则尽识之矣,夫何惊之有? 言之则何疑之有? 古之至人,皆未始欲言也,至人之言人情不得已,故虽导原于至人之心,不杂以至人之言,不原于至心则无本,杂以至言则勿用,杂以至言则勿尊,若其至心,则弗欲言已。

大言若雨,百木一雨而异长;大言若规,百隅一规而异用。至言无吟叹,至行无反侧,大行无畔涯①。行有盗,貌有盗,声有盗。鲁君之宋,呼于垤泽之门,门者弗应。其应者曰:吾君之声也,此声也已②。夫甲氏之声,犹夫乙氏之声,夫乙氏之声,犹夫丙氏之声,一呼而不应,则非声,声之盗已。或问不盗,则声至寡,貌至拘,色至壹。曰:声戚自如,声喜自如,声喜戚半自如,至足矣,是壹而万也,何拘寡之有?古人之言之迹,可以信乎?曰:起于意者,心声之而已岐也;起于心者,吻达之而已讹也;起于吻者,笔追之而已遁也。矧③古人之言之迹,可信者其几?

[注释]①畔涯:边际。 ②"鲁君之宋"六句:出自《孟子·尽心上》,孟子曰:"鲁君之宋,呼于垤泽之门。守者曰:'此非吾君也,何其声之似我君也?'此无他,居相似也。"意思是,孟子说:"鲁国国君到宋国去,在宋国垤泽门下呼喊。守城人说:'这不是我的君主,为什么声音这么像我的君主呢?'这没有别的原因,他们所处的环境相似罢了。" ③矧(shěn):况且,亦。

龚子请言网摩氏:网摩氏树木,七年而不华,或忧之。智者曰:毋忧! 华参于天。胥摩氏亦树木,三日而中柱,其荄①也,一日而英,三日而华,七日而华参天,或忧其早成。至人曰:子以桃、李、柞、柘②之爱,爱吾木也,子第以网摩氏之木爱吾木,且犹不可。越十旬,胥摩氏犹屏营而忧木,自忧其不成,其成也,必弗可识已。龚子请言群神,群神朝于天,帝曰:"觞③之。"帝之司觞,执简记而簿之,三千秋而簿不成。帝问焉,曰:皆有舁④之舆者。帝曰:舁者亦簿之。七千秋而簿不成。帝又问焉,乃反于帝曰:舁之舆者,又皆有其舁之者。帝默然而息,不果觞。

[注释]①荄(gāi):草根。 ②柞(zuò):"栎"的通称。柘(zhè):落叶灌木或乔木,树叶可以喂蚕,皮可以染黄色。 ③觞(shāng):向别人敬酒或自饮。 ④舁(yú):抬。

论　　私

朝大夫有受朋友之请谒,翌晨,讦其友于朝,获直声者,矜其同官曰:某甲可谓大公无私也已。龚子闻之,退而与龚子之徒纵论私义。问曰:敢问私者何所始也?告之曰:天有闰月,以处赢缩之度,气盈朔虚,夏有凉风,冬有燠①日,天有私也;地有畸零华离②,为附庸闲田,地有私也;日月不照人床闼③之内,日月有私也。圣帝哲后,明诏大号,劬劳④于在原,咨嗟⑤于在庙,史臣书之。究其所为之实,亦不过曰:庇我子孙,保我国家而已,何以不爱他人之国家,而爱其国家?何以不庇他人之子孙,而庇其子孙?

[注释]①燠(yù):暖,热。 ②华离:指国与国之间疆界犬牙交错,此处喻狭小地盘。 ③闼(tà):门,小门。 ④劬(qú)劳:劳苦、苦累的意思,特指父母抚养儿女的劳累。 ⑤咨嗟:叹息,感叹。

且夫忠臣忧悲,孝子涕泪,寡妻守雌,捍①门户,保家世,圣哲之所哀,古今之所懿,史册之所纪,诗歌之所作。忠臣何以不忠他人之君,而忠其君?孝子何以不慈他人之亲,而慈其亲?寡妻贞妇何以不公此身于都市,乃私自贞私自葆也?且夫子哙②,天下之至公也,以八百年之燕,欲予子之③。汉哀帝④,天下之至公也,高皇帝之艰难,二百祀之增功累阼⑤,帝不爱之,欲以予董贤。由斯以谭,此二主者,其视文、武、成、康、周公,岂不圣哉?由斯以谭,孟子车氏,其言天下之私言也,乃曰:"人人亲其亲,长其长而天下平。"

[注释]①捍:捍卫,护卫。 ②子哙:燕国国王,齐宣王五年,他把燕国政权让给相国子之,国人不服,将军市被、太子平进攻子之,子之杀市被和太子平。燕国内乱,齐宣王趁机派匡章为将攻燕,取得胜利。 ③子之:战国时燕国大臣。任相国时,办事果断,善于监督考核臣属。燕王哙将君位让给他,所有三百石俸禄以上大官由他重新任命。后太子平和将军市被等起兵叛乱,被他打败杀死。不久,齐宣王乘机攻破燕国,子之被杀。 ④汉哀帝:即刘欣。公元前7年被立为帝,在位期间,外戚王氏专权,流民日甚。他宠幸近臣董贤,赏赐累巨万,甚至要让位于董贤。 ⑤阼(zuò):古同"祚",指君位。

且夫墨翟①,天下之至公无私也,兼爱无差等,孟子以为无父②。杨朱③,天下之至公无私也,拔一毛利天下不为,岂复有干以私者?岂复舍我而徇人之谒者?孟氏以为无君。且今之大公无私者,有杨、墨之贤耶?杨不为墨,墨不为杨,乃今以墨之理,济杨之行;乃宗子哙,肖汉哀;乃议武王、周公,斥孟轲;乃别辟一天地日月以自处。且夫狸交禽媾,不避人于白昼,无私也。若人则必有闺阃④之蔽,房帏之设,枕席之匿,赪颊⑤之拒矣。

[注释]①墨翟：即墨子,提倡"兼爱",主张不加区别地爱一切人,而不应有亲疏贵贱之别,反对儒家"爱有差等"说。 ②孟子以为无父：《孟子·滕文公下》："杨氏为我,是无君也；墨氏兼爱,是无父也；无父无君,是禽兽也。"孟子反对墨子的"兼爱"思想,认为不加区别地爱一切人是目无父亲。 ③杨朱：战国魏国人,又称杨子、阳子居或阳生,主张"贵生重己","全性葆真,不以物累形",重视个人生命,也反对侵害别人。孟轲称他"拔一毛而利天下不为也",极力抨击他的"为我"。 ④闺闼（tà）：妇女所居内室的门户。 ⑤赪（chēng）頩（pīng）：因羞怒而变色。

禽之相交,径直何私？孰疏孰亲,一视无差。尚不知父子,何有朋友？若人则必有孰薄孰厚之气谊,因有过从宴游,相援相引,款曲①燕私之事矣。今曰大公无私,则人耶,则禽耶？《七月》②之诗人曰："言私其豵③,献豜④于公。"先私而后公也。《大田》⑤之诗人曰："雨我公田,遂及我私。"《楚茨》⑥之诗人曰："备言燕私。"先公而后私也。《采蘩》⑦之诗人曰："被之僮僮,夙夜在公,被之祁祁,薄言还归。"公私并举之也。《羔羊》⑧之诗人曰："羔羊之皮,素丝五紽,退食自公,委蛇委蛇。"公私互举之也。《论语》记孔子之私觌⑨。乃如吾大夫言,则《鲁论》⑩以私觌诬孔氏。乃如吾大夫言,《羔羊》之大夫可以诛,《采蘩》之夫人可以废,《大田》、《楚茨》之诗人可以流,《七月》之诗人可以服上刑。

[注释]①款曲：殷勤酬应。 ②《七月》：《诗经·豳风》篇名,诗中描写西周农夫一年四季为贵族从事农业劳动的情况。 ③豵（zōng）：小猪,亦泛指小兽。 ④豜（jiān）：古代指三岁的猪,亦泛指大猪、大兽。 ⑤《大田》：出自《诗经·小雅》,西周时期的农事诗,描述当时农业生产从春耕、播种、除草、

灭虫到收获的情景。　⑥《楚茨》：出自《诗经·小雅》，周王秋冬祭祀祖先的乐歌。　⑦《采蘋》：此处误，此四句应引自《采蘩》，《采蘩》出自《诗经·国风·召南》。　⑧《羔羊》：出自《诗经·召南》，比喻卿大夫品德高洁。　⑨私觌(dí)：谓私以礼物拜会出使的国君。　⑩《鲁论》：汉代今文《论语》之一。

抱　　小

　　古之躬仁孝，内行①完备，宜以人师②祀者，未尝以圣贤自处也，自处学者。未尝以父兄师保③自处也，自处子弟。自处子弟，故终身治小学④。小学者，子弟之学；学之以侍父兄师保之侧，以待父兄师保之顾问者也。孔子曰：入则孝，出则弟⑤，有余力以学文。学文之事，求之也必劬⑥，获之也必创，证之也必广，说之也必涩。不敢病迂也，不敢病琐也。求之不劬则粗，获之不创则剿，证之不广则不信，说之不涩则不忠，病其迂与琐也则不成。其为人也，淳古之至，故朴拙之至；朴拙之至，故退让之至；退让之至，故思虑之至；思虑之至，故完密之至；完密之至，故无所苟之至；无所苟之至，故精微之至。小学之事，与仁、爱、孝、弟之行，一以贯之已矣。若夫天命之奥，大道之任，穷理尽性之谋，高明广大之用，不曰不可得闻，则曰俟⑦异日，否则曰：我姑整齐是，姑抱是，以俟来者。

　　[注释]①内行：平日家居的操行，指人在家中的行为。　②人师：指德行高尚、才识卓越、可以为人表率的人。　③师保：师与保的合称。古代教导辅助嗣王及贵族子弟的官员，有太师、少师、太傅、少傅、太保、少保等，统称师保。师保是进行知识教育和道德教育的老师。　④小学：指文字学、音韵学、训诂学。　⑤弟(tì)：通"悌"，敬爱兄长，顺从长上。　⑥劬(qú)：过分劳苦，

勤劳。　⑦俟(sì)：等待。

自珍谨求之本朝，则有金坛段公①七十丧亲，如孺子②哀，八十祭先，未尝不哭泣，八十时读书，未尝不危坐③，坐卧有尺寸，未尝失之，平生著书，以小学名。高邮王尚书④六十五丧亲，如孺子哀，平生著书，以小学名。是既然矣。自珍又求之古史，万石君⑤以孝谨称，其言曰："书马者四足与尾而五。"颜之推⑥仁孝好学，其言形声训诂，著在《家训》。是又然矣。而汉臣班固作《艺文志》，《尔雅》、《小尔雅》、《古今字》，隶《孝经》家⑦，固先我窥见此者，志则然。

[**注释**]①金坛段公：指段玉裁，龚自珍外祖父。　②孺子：小孩子。　③危坐：指端坐，亦指坐时敬谨端直。　④王尚书：即王引之，王念孙之子，清代著名训诂学家、考证学家。　⑤万石君：即石奋，西汉大臣，无文才学术，唯恭谨无比，其家以孝行闻名郡国。汉景帝时列为九卿，徙为诸侯相，身为二千石官，四子亦官至二千石，故号万石君。　⑥颜之推：北齐文学家、语言学家，曾任北齐中书舍人，北周御史上士，精于小学。隋开皇中曾与陆法言等共定《切韵》纲目，又著《颜氏家训》。　⑦班固：东汉历史学家，著有《汉书》，其中《艺文志》对先秦及汉代图书分类著录，将《尔雅》、《小尔雅》、《古今字》等小学著作归为《孝经》一类。《尔雅》：中国第一部训诂学著作，儒家十三经之一，由秦汉间学者递相增益而成，是考证词义和古代名物的重要工具书，后世经学家常用来解释儒家经典著作中的词语和经义。《小尔雅》：训诂著作，《小尔雅》是在《尔雅》基础上进行增补，保存了部分古训，有益于古代汉语词汇和语义的研究。《古今字》：训诂著作，据《汉书·艺文志》记载共一卷。

庐　之　推

今有一人缞经①，一人弦歌，一人和之，以如丧者之侧,无恤无忌,发于其心而无伪。虽无伪,丧者宁无恨此人耶?又有一人缞绖,一人助之号,一人教之丧礼,不尽发于其心而伪。虽伪,丧者宁无感此人耶?士之父母死,志其未成之志,竟其所有事之事。疾病、寒暖、饥饿,必以告,我孺子②也,人绐③我必以告,吾心中之亲,未尝一夕死者也。天下之人曰:不闻吾亲之声矣!不见吾亲之容矣!始死,人来唁④,或助之号,或教之丧礼,或称述德而慕思,或闻而震骇;比其祥,比其墓,曾不能以一瞬,而言者弗震骇,曰:是死久矣!天之行莫速于是;固然已矣,宜然已矣,人之变莫蹙⑤于是。是故人死吾亲也而哀,人久吾亲之死也而益哀。夫何为其哀也?哀莫推也。

[注释]①缞(cuī)绖(dié):丧服,亦指服丧。缞:古代丧服,用麻布制成,披在胸前。绖:古代用麻做的丧带。 ②孺子:小孩子。 ③绐(dài):通"诒",欺骗;欺诈。 ④唁(yàn):吊丧,对遭遇丧事的人表示慰问。 ⑤蹙(cù):紧迫。

庐之礼,必睦其邻。富贵也,多财以分之,必称死者之赐;贱贫也,薪负之,筋力同之,必称吾亲之力。岁时日月上饮食,多树之杂华,墓庐一动举,悉本其故于死者,不使三月无闻吾亲之名;则一方之民,群然奉吾亲之冢棺椁①,如方之小神。如方之小神,则言说于是,心志于是,耳目于是矣。士称述亲之赐,则必与邻之幼稚子言之;父老神吾亲者死,则幼稚续,且重先入之言,如是则必没吾躬,及吾子孙矣。是故士之父母死,春亦其春,夏亦其夏,秋冬亦其秋冬。士之德盛者,能知圣人。圣人者,合万国之欢心,以祀其先王,大命必于庙,其始升歌曰:"济济多士,秉文之德。"②而卒称无斁③于人,以如将万年焉,由此其推也。

[注释]①棺椁(guǒ):丧葬用具。我国古代棺木有两重,内曰棺,外曰椁。藏尸之器谓之棺,围棺之器谓之椁。 ②济济多士,秉文之德:出自《诗经·周颂·清庙》,意思是,威仪整齐的众多祭祀者,秉持着文王的德教。③斁(yì):厌倦,懈怠。

第 三 辑

保 甲 正 名

嘉庆十九年①冬,奉上谕行保甲法,大吏下其条目于所司,大略云:悬牌于门,书长若幼之姓名、年齿;有习邪教②者,准五家首之,无则五家连环具甘结③。地方官一岁两次编稽核之,申报上司。龚自珍曰:此《周礼》相保法也。相保,犹相受、相赒④、相宾也,非保甲法。保甲法孰为之? 宋臣王安石为之。其条目如何? 曰:新法每十家籍二丁,授以弓弩,教之战阵。呜呼! 《周礼》固无是矣。三代以上,兵民不分,弓弩战阵,有教之者,而非司徒⑤之事。司徒之官,则无此文。保自保,战自战,不得合为一。《传》曰:"家不藏甲。"卿大夫之家,尚不藏甲,编户齐民⑥,何有甲之名? 三代以降,兵民分。朝廷既养民以卫民矣,事势画一,民不宜更以武力自卫。民当尊君亲上,问鸡犬田器而已。宋臣吕祖谦⑦之笺《周礼》曰:"五家相保,则奇邪不混迹其中。"王守仁⑧之与父老约:曰孝弟廉和,曰谨门户,曰门牌不实不尽者罪家长。如此而已。

[注释]①嘉庆十九年:即公元1814年。 ②邪教:清代指白莲教及其支派。 ③甘结:旧时交官府以承担某种义务或责任的保证书,如不能履行诺言,甘愿接受处罚。 ④赒(zhōu):接济,救济。 ⑤司徒:官名。周设此官,掌土地、人民、教化等。 ⑥编户齐民:秦汉以来,建立严格的户籍制度,凡被编入户籍的民户,称作编户。在法律上,编户无论贫富,身份、地位一致,故又称齐民。 ⑦吕祖谦:字伯恭,世称东莱先生,曾任著作郎兼国史院编修官,与朱熹、张栻齐名,人称东南三贤,曾邀集鹅湖之会,开浙东学派。 ⑧王守仁:世称阳明先生,明代"心学"的集大成者,因镇压农民起义与平定"宸濠之乱"有功,封新建伯。

夫射虽六艺①之一,安得尽天下男子而知射?亦犹书、数居六艺之二,安得尽天下男子而知书、数乎哉?十家环堵②宴然,为地几何,何以为演武之地?十家各有生计琐屑,乡饮读法,近世尚以为烦扰不足行,安得讲武之暇?十家各授弓弩,尽东南竹箭,不能给弓弩之材。十家二丁,谓之兵乎?谓之民乎?谓之民,则十家有在官之庶人二,不农不贾以习战,必乱民也;谓之兵乎?则不如明增兵额。是故安石新法竟不行,使不幸真行,则明季以来闽、粤械斗之风,宋世早有之;不但闽、粤,且遍寰中③,寰中何能一日安?故曰:王安石之法,非古非今,古今亦无曾试之者。圣世所用,实是《周礼》,而用王安石之名,大不可也,宜改曰五家相保法。或问曰:王安石法,信如人口讥议者耶?答曰:何为其然?安石心三代之心,学三代之学,欲教训天下之人材,毕成三代之材者也。但其虑疏,其目疏,故集天下之口。

[注释]①六艺:《周礼》指礼、乐、射、御、书、数六科目,是周代培养士大夫的基础科目。　②环堵:长高各一丈的土墙为堵。环堵,房屋四围各一丈土墙,形容房屋矮小,后多用以形容贫民和寒士的生活。　③寰(huán)中:宇内,天下。

地丁正名

国朝有实则尧舜而名则汉武帝者一焉,地丁①是也。古者田曰赋,以田计也;关市曰税,以货计也;口赋亦曰赋,以人计矣。以田计者上古法,以货计者中古法,以人计者,董仲舒曰商鞅法,贡禹②则曰实汉法。我仁皇帝③永免滋生人口之赋,并入地赋,有赐鬻、赐缓、赐赈,而无赐复④。寰海之内,无一人不复者也,仁莫大焉!事莫简焉!《诗》曰:"思文后稷,克配彼天。粒我烝民,莫非尔极。"⑤我仁皇帝革二千年之苛政,此配天之实也。其实如此,其名未改,邸钞、搢绅⑥书,仍称地丁,是实后稷而名商鞅、汉武也,名当亟正者此也。

[注释]①地丁:赋税名。清代将丁银(人头税)摊入土地税(田赋),合并进行征收的税制。其输纳征解通谓之地丁,或称地丁钱粮、丁随地起等。②贡禹:西汉大臣,字少翁,琅邪(今山东诸城)人。因精通儒经,被征为博士,历任凉州刺史、河南令、御史大夫等职。为官清廉,敢直言时弊,元帝时多次上书,抨击朝廷奢侈,建议选贤任能,轻徭薄赋。　③仁皇帝:指康熙皇帝。④赐复:政府免除人民的租赋徭役负担。此制创于西汉,多在天灾人祸、国家喜庆、皇帝出巡时进行,免除的地区、时间、项目、数量均由皇帝诏书规定。⑤《诗》曰:出自《诗经·周颂·思文》。　⑥搢绅:将笏板插在腰带上。搢,插;绅,宽的束腰带。古代士大夫插笏垂绅,借指出仕做官或做官的人。

或问之曰:我朝取于民者,杀①前古远甚;乡愚无见闻,又不读史,则不知朝家百典千式万官亿条例所出,视前古丰杀污隆②何如也?告之曰:国家万年,毋敢议所以赢于人者,然而不禁议所以啬于出者,仆尝私忧焉,又私议焉,兹不宣也。

[注释]①杀:消减。　②污隆:升与降,常指世道的盛衰或政治的兴替。

西域置行省议

天下有大物,浑员曰海,四边见之曰四海。四海之国无算数,莫大于我大清。大清国,尧以来所谓中国也。其实居地之东,东南临海,西北不临海,书契所能言,无有言西北海状者。今西极徼①,至爱乌罕②而止;北极徼,至乌梁海③总管治而止。若干路,若水路,若大山小山,大川小川,若平地,皆非盛京、山东、闽、粤版图尽处即是海比。

[注释]①徼(jiào):边界。　②爱乌罕:即阿富汗。　③乌梁海:明作兀良哈,所部有三支:居住于唐努山者,称唐努乌梁海;居阿尔泰山者,称阿尔泰乌梁海;环阿尔泰诺尔而居者,称阿尔泰诺尔乌梁海。

西域者,释典①以为地中央,而古近谓之为西域矣。我大清肇祖以来,宅长白之山,天以东海界②大清最先。世祖入关,尽有唐、尧以来南海,东南西北,设行省者十有八,方计二万里,积二百万里。古之有天下者,号称有天下,尚不能以有一海。博闻之士,言廓恢③者摈勿信,于北则小隃④,望见之;于西北正西则大隃,望而不见。今圣朝既全有东、南二海,又控制蒙古喀尔喀部落,于北不可谓隃。高宗皇帝⑤又应天运而生,应天运而用武,则遂能以承祖宗之兵力,兼用东南北之众,开拓西边,远者距京师一万七千里,西藩属国尚不预,则是天遂将通西海乎?未可测矣。

[注释]①释典:佛教的经典。 ②畀(bì):给予。 ③廓(kuò)恢:广大。 ④隃(yáo):通"遥",遥远。 ⑤高宗皇帝:即乾隆帝。

然而用帑①数千万,不可谓费;然而积两朝西顾之焦劳,军书百尺,不可谓劳;八旗子弟,绿旗②疏贱,感遇而捐躯,不可谓折。然而微夫天章圣训之示不得已,浅见愚儒,下里鄙生,几几以耗中事边,疑上之智;翦人之国,灭人之嗣,赤地千里,疑上之仁。否否。有天下之道,则贵乎因之而已矣。假如鄙儒言,劳者不可复息,费者不可复收,灭者不可复续,绝者不可复苏,则亦莫如以因之以为功,况乎断非如鄙儒言。因功而加续之,所凭者益厚,所藉者益大,所加者益密,则岂非天之志与高宗之志所必欲遂者哉?欲因功而续加之,则莫如酌损益之道。何谓损益之道?曰:人则损中益西,财则损西益中,两言而已矣。

[注释]①帑(tǎng):古代指收藏钱财的府库或钱财。 ②绿旗:即绿营兵。

今中国生齿①日益繁,气象日益隘,黄河日益为患,大官非不忧,主上非不谙,而不外乎开捐例②、加赋、加盐价之议。譬如割臀以肥脑,自啖③自肉,无受代者。自乾隆末年以来,官吏士民,狼艰狈蹶④,不士、不农、不工、不商之人,十将五六;又或啖⑤烟草,习邪教,取诛戮,或冻馁以死;终不肯治一寸之丝、一粒之饭以益人。承乾隆六十载太平之盛,人心惯于泰侈⑥,风俗习于游荡,京师其尤甚者。自京师始,概乎四方,大抵富户变贫户,贫户变饿者,四民之首,奔走下贱,各省大局,岌岌乎皆不可以支月日,奚暇问年岁?

[注释]①生齿:古代婴儿长出乳齿后始可登于户籍,泛指人口。 ②捐例:清朝捐钱授官的章程。初由补充军饷、兴办工程及赈济之需,准许富民献纳款项,依例奖叙,后遂列为正项收入,明订章程及价格。 ③啖(dàn):吃或给人吃。 ④蹶:摔倒,比喻失败和挫折。 ⑤飧(sūn):晚饭,泛指熟食,饭食。 ⑥泰侈:骄纵奢侈。

嘉峪关以外,镇将如此其相望也,戍卒如此其夥①也,燧堡②如此其密也。地纵数千里,部落数十支,除沙碛③外,屯田总计,北才二十三万八千六百三十二亩,南才四万九千四百七十六亩,合计才二十八万八千一百零八亩;田丁,南北合计才十万三千九百零五名,加遣犯有名无实者,二百零四名。若云以西域治西域,则言之胡易易?今内地贵州一省,每岁广东、四川,皆解饷以给。贵州无重兵,官糈兵粮,入不偿出,每岁国家赔出五六万两至八九万两不等,未尝食贵州之利。内地如此,新疆尚何论耶?

[注释]①夥(huǒ):多。 ②燧(suì)堡(pù):烽火台,古代一种边防设施。 ③沙碛(qì):沙滩,沙洲。

应请大募京师游食非土著之民，及直隶、山东、河南之民，陕西、甘肃之民，令西徙。除大江而南，筋力柔弱，道路险远，易以生怨，毋庸议。云南、贵州、两湖、两广，相距亦远，四川地广人希，不宜再徙。山西号称海内最富，土著者不愿徙，毋庸议；虽毋庸议，而愿往者皆往。其余若江南省凤、颖、淮、徐之民，及山西大同、朔平之民，亦皆性情强武，敢于行路，未骄惯于食稻衣蚕，地尚不绝远，募之往，必愿往。江西、福建两省，种烟草之奸民最多，大为害中国，宜尽行之无遗类。与其为内地无产之民，孰若为西边有产之民，以耕以牧，得长其子孙哉！当行者，官给每户盘费若干，每丁盘费若干。议闻。

又各省驻防旗人，生齿日繁，南漕①不给，大率买米而食，买缎而衣，若遣令回旗，京师内城不能容，若再生育数年，本省费又无所底。驻防者，所以卫天朝也。八旗子弟受恩久，忠义其所性成，苟有利于天朝者，必无异心，无异议也。各将军议酌，每大省行若干丁，中、下省行若干丁，盘费宜视民人加重，以示优厚。议闻。其迁政，暂设大臣料理之，七年停止。议闻。先期斩危崖，划仄岭，引淙泉②，泻漫壑；到西，分插南北两路后，官给蒙古帐房一间，牛犁具，籽种备，先给大户如干丈，中户如干丈，下户如干丈，不得自占。旗民同例。除沙碛不报垦外，每年，一奏开垦之数，十年，再奏总数，二十年，汇查大数。每年粟面稞蔬，皆入其十分之一，贮于本地仓，以给粮俸；其地丁钱赋，应暂行免纳，俟二十年后，再如内地交谷外，另有丁赋例。有丁赋后，再定解部额。现在交粟面，暂勿折收银钱,亦俟二十年后,再如内地折银钱例。

[注释]①南漕:清代对所有运抵京、通各仓漕粮的总称。 ②淙(cóng)泉:流泉。

设兵部尚书、右都御史①、准回等处地方总督一员,兵部侍郎、右副都御史、准回等处地方巡抚一员(或如直隶、四川例,以督兼抚,不立抚,似亦可),布政使②一员,按察使③一员,巡道④三员,提督⑤一员,总兵官三员,知府十一员,知直隶州三员,知州二员,知县四十员。府州之目十有四:曰伊东府,曰伊西府,伊犁东西路也;曰库州府,库尔喀喇乌苏也;曰迪化府,乌鲁木齐也(原设州);曰镇西府,巴尔库勒也(原设);曰瓜州府,哈密也;曰塔州直隶州,塔尔巴噶台也。以上北路。曰辟州府,辟展也;曰沙州府,哈拉沙拉及库车、沙雅尔也;曰苏州府,阿克苏及赛喇木也;曰羌州府,叶尔羌也;曰和州府,和阗也;曰吐蕃直隶州,乌什也;曰砖房直隶州,喀什噶尔也。以上南路。

[注释]①右都御史:明代设左、右都御史,为都察院长官,掌监察举劾之事,兼管审理重大案件及考核官员。清制,例以总督、巡抚兼充右都御史及右副都御史,故无京员。 ②布政使:明代始置,清代沿设,地位低于总督、巡抚,主管一省民政、财政。 ③按察使:唐代始置,相沿至清,在总督、巡抚之下,主掌一省司法、刑狱,兼管驿站。 ④巡道:明清时按察司的官吏,主管一道的监察,由按察使司副使、佥事充任。 ⑤提督:武官名。清朝设提督军务总兵官,简称提督,尊称军门,一般为一省的高级武官。

伊东府设县四:以府城为伊东县;以乌哈尔里克为绥定县;以博罗塔拉为博县;以干珠罕为珠县。四至核议。

伊西府设县四：以府城为伊西县；以库尔图为图县；以古尔班萨里为絮县；以烘郭尔鄂笼为鄂县。四至核议。库州府设县三：以府为库县；以乌里雅苏图为旧营县；以晶河为丰润县。四至核议。瓜州府设县四：以府城为瓜县；以苏木哈喇垓为旧堡县；以赛巴什达里雅为湖县；以塔勒纳沁为土城县。四至核议。塔州设县二：以州为塔县；以雅尔为肇丰县。四至核议。其镇西、迪化两府，现在章程已善，毋庸改议。

南路辟州府设六县：以府城为辟县；以纳呼为东辟县；以洪城为洪县；以鲁克察克为柳中县；以哈喇和卓为高昌县；以吐尔番为安乐县。四至核议。沙州府设州一县四：以府为沙县；以库车为龟兹县；以硕尔楚克为旧城县；以托和鼐为鼐县；以沙雅尔为沙城县。四至核议。苏州府设州一县五：以府为苏县；以赛喇木为毗罗州；以帕尔满为帕县；以托克三为四村县；以拜城为拜县；以库什塔木为小城县。四至核议。羌州府设县五：以府为羌县；以巴尔楚克为新迁县；以呼拉玛为玛平县；以哈喇古哲什为哲县；以裕勒里雅克为西夜县。四至核议。和州府设县四：以府城为球县；以皮什雅为琳县；以玉陇哈什为琅县；以博罗齐为玕县。四至核议。吐蕃州设县二：以州为明定县；以森尼木为森县。砖房州设县三：以州为砖房县；以塞尔门为塞门县；以英噶萨尔为依耐县。四至核议。

武官副将以下，文官同知以下，应如干员，另议。总督驻扎伊东府，巡抚驻扎迪化府，提督驻扎迪化府。分巡安西北兵备道一员,分镇安西北镇总兵官一员,同驻扎镇西府;分巡天山北兵备道一员,驻扎伊东府;分镇天山北镇总兵官一员,驻扎塔州;分巡天山南兵备道一员,驻羌州府;分镇天山南镇总兵官一员,驻吐蕃州(非辟州属之安乐县)。督抚必皆驻北路者,北可制南,南不可制北。昔者回部未隶天朝,无不甘心为准夷役者,亦国势然也。设采办红铜事务监督一员,用内务府人员,三年更调,驻扎吐蕃州。其甘肃省嘉峪关设监督一员,专司内地往准、回贩易之税。除稻米、盐茶、大黄①、布绸外,一切中国奇淫之物,不许出关,以厚其俗;除皮货、西瓜外,不许入关,以丰其聚。铜务关务,皆所以剂官俸,给兵糈②也。

[注释]①大黄:为中国特产,是常用中药。　②兵糈(xǔ):兵粮。

其哈密、辟展两郡王,皆赏给协办府事官名号,朔望①祭祀,及大礼排班,在道府之下,同知之上;各回城伯克中,皆遴选一员,赏给协办县事名号,朔望祭祀,及大礼排班,在知县之下,县丞之上。甘肃省以安西南路为尽境,准、回省以安西北路为首境,立界石。新迁人等,及旗人回人等,未能知书,应请于三十年后,立学宫,设生员②,举乡试,现在毋庸议;其镇西、迪化,现已设立,姑仍旧交巡抚考试。戈壁无水草处,地方官踏看,有可簸采金屑之地,酌立条规奏闻。官缺在北路者,及临戈壁者,设风沙边缺,如内地烟瘴边缺之例,速其升调。凡近碛之郊,处处设立风神祠、泉神祠,岁时致祭,仰祝上帝,地出其泉,风息于天,以宜蔬宜稑,颁祝文焉。大郭勒③之在祀典者应几处,核议;大达巴④之在祀典者应几处,核议。文移官事,往来经戈壁,皆带泉水,应颁制西洋奇器,物小受多利行者;又宜颁设高广护风之具,田中可用者(详萧山民人王锡议),令仿造。

[**注释**]①朔望:朔日和望日,农历每月初一叫朔,十五叫望。　②生员:明清时凡经州县、府及学政考试,录取入府州县学的诸生,称为生员,俗称秀才。　③郭勒:蒙古语对河流的称呼。　④达巴:即达坂,蒙语山口,山岭。

夫然而屯田可尽撤矣。屯田者,有屯之名,不尽田之力。三代既远,欲兵与农之合,欲以私力治公田,盖其难也。应将见在屯田二十八万亩零,即给与见在之屯丁十万余人,作为世业,公田变为私田,客丁变为编户①,戍边变为土著;其遣犯毋庸释回,亦量予瘠地,一体耕种交纳。既撤绿旗之屯,当撤八旗之戍。中国②驻防旗人,往者别立册籍,以别于民户回户,既有旗户名目,与回民有田籍者同,故撤之而不患无所归也,应请将将军、副都统、办事大臣、领队大臣、印房章京等一概裁撤。其驻防之满洲、索伦③、锡伯④、蒙古弁丁等,戍安西北路者,作为安西北路旗户;在天山北路者,作为天山北路旗户;南路者,作为南路旗户。伊犁将军所领兵最多,伊东、伊西地亦最大,出之行陈,散之原野,势便令顺,无不给之患,应与自内地驻防旗人新移到者,一体归地方官管辖。但有事不得受知县以下杖责,交纳时,应比民户回户,酌减十分之二,以偿世仆之劳。

[**注释**]①编户:编入户籍的平民。　②中国:指中原地区。　③索伦:

满语意为"柱子",清代对鄂温克人的称谓。　④锡伯:一作"西伯",锡伯族的自称。

如是,则又虑其单也,应请设立办事大臣一员,驻南路极边羌、和二州之地,统领满洲兵九百名,蒙古索伦兵七百名,锡伯兵四十名,绿旗兵六百名,共计二千二百四十名,以控藩部之布鲁特①、哈萨克、那木千②、爱乌罕③各国。掌各国之朝贡之务,铸总统西边办事大臣印一,敕文一,秩正二品,受准、回总督节制,与提督、巡抚互相节制。布政使以下,具申文,总兵官以下,带刀见,以昭威重。其驻防兵丁,于现在议裁彻者,遴留至锐者,其军装器械月饷,应照内地江宁、荆州例。岁一阅,三岁总督一阅,十岁请旨派威重大臣来西一大阅。布鲁特、哈萨克之人咸侍,是为天朝中外大疆界处。

以上各议,现在所费极厚,所建极繁,所更张极大,所收之效在二十年以后,利且万倍。夫二十年,非朝廷必不肯待之事,又非四海臣民望治者不及待之事,然则一损一益之道,一出一入之政,国运盛益盛,国基固益固,民生风俗厚益厚,官事办益办,必由是也,无其次也。其非顺天心,究祖烈,剂大造之力,以统利夫东、西、南、北四海之民,不在此议。谨议。

(此议自珍筹之两年而成,恐尚有小疏略及小窒碍处,刻之以呈教于当代大人长者,幸随句签驳为感。自记。)

[**注释**]①布鲁特:准噶尔人对吉尔吉斯(即柯尔克孜)人的称呼,清廷沿

袭此称。　②那木千：应为"那木干"，清廷藩属浩罕属城，即今乌兹别克斯坦纳曼干。　③爱乌罕：即阿富汗。

御试安边绥远疏①

臣闻前史安边之略，不过羁縻之，控制之。虽有长驾远驭之君，乘兵力之盛，凿空开边，一旦不能有，则议者纷纷请弃地，或退保九边已耳。非真能疆其土，子其人也。国朝边情、边势，与前史异。拓地二万里，而不得以为凿空；台堡相望，而无九边之名；疆其土，子其民，以遂将千万年而无尺寸可议弃之地，所由中外一家，与前史迥异也。

[注释]①《御试安边绥远疏》：此文为1829年龚自珍参加朝考的试卷，当时新疆张格尔叛乱刚刚平定，龚自珍提出"以边安边"、"足食足兵"的策略，对巩固西北边防、防止沙俄入侵有着重大意义。

安南路之策，与安北路异。天山北路者，杜尔伯特、土尔扈特、绰罗斯、厄鲁特、和硕特、辉特之故地，自准部①平，而卫拉特②之遗民尽矣。天山南路，则两和卓木③之故地，其遗民统以伯克④，有阿奇木伯克、商伯克分辖之，回民之信服吾将帅也，未必如其信服伯克也。将帅不得其心，则伯克率回民以怨吾将帅，得其心，而恩太胜，则伯克率回民以轻吾将帅，所由与北路异也。

[注释]①准部：清代对天山北路准噶尔部地区的通称。　②卫拉特：清代漠西蒙古各部的总称，元、明、清以来随着各部势力的消长，先后以辉特、绰罗斯、和硕特为核心，组成卫拉特联盟，明末清初为和硕特部、准噶尔部、杜尔

伯特部、土尔扈特部等部的总称。　③两和卓木：指大小和卓。　④伯克：系维吾尔语音译，即官，清代新疆维吾尔族掌理回部事务的官员皆称伯克。总负责者称为阿奇木伯克，掌征输粮赋的为商伯克。

今欲合南路、北路而胥安之，果何如？曰：以边安边。以边安边何如？曰：常则不仰饷于内地十七省，变则不仰兵于东三省。何以能之？曰：足食足兵。足之之道何如？曰：开垦则责成南路，训练则责成北路。夫南路至肥饶也，非北路但产青稞蔬麦者比也。河水之支流以十数，经各城流引而入田，可以稻，征而入仓，可以饷，可以糈①；而特虑夫屯官、屯丁之有名无实也，是故改屯丁为土著，改成卒为编户，出之行阵，散之原野，势便令顺。撤屯田为私田，又许上农自占地，以万人耕者授万夫长，以千人耕者受千夫长，回人之贫者役之为佃。富人之役佃也，权侔②于官吏，回人怙恃此农夫矣；且可以夺伯克之权，而转其信服伯克之心。如是数年，则粮裕。阿克苏设红铜局，官司鼓铸，制普儿钱，其重六铢。禁红铜毋许入关，禁皮货毋许入关。如是数年，则钱裕，用物裕。又禁内地倡优淫巧不许出关，以厚其风俗，则官私一切裕。

[注释]①糈(xǔ)：粮。　②侔(móu)：相等，齐。

夫钱裕、粮裕、用物裕，官私一切裕，而犹仰给中国之解饷，必不然矣。如是十年，而犹不能兼顾北路，使北路仍仰给内地，又不然矣。北可制南，南不可制北，故汉世三十六城郭，皆辖于都护治；唐之北庭，亦辖西南；而国朝回疆办事、领队大臣,节制以伊犁将军,其理一也。臣愚以为南路有事,有调发,宜调发及于北路而止。客岁①之事,调及东三省兵,甚非策也。夫三省居舆图极东北,回城居极西南,入中国,出中国,真二万里,又不肯使走草地,即走草地,走蒙古,走乌里雅苏台②,亦万余里,其为老师糜饷③,骚扰州县,伏考史册,未睹此用兵也。以为用其人乎?臣不敢以为其人不足用,而伊犁将军标下,固额设洗白兵五百名,索伦兵五百名,果其有名有实,一可当百,则此亦二劲旅矣。何不责成伊犁将军,使平日认真训练此二旅,使名实相核之为简捷乎哉?故大功虽告成,而兵差费至巨万,兵差所过,州县颇亏空。夫欲边之安,而使内地虚耗而不安,故曰甚非策也。夫常有常之经,变有变之经,武之善经也。回民见吾之常亦有经,变亦有经,乃真不敢轻吾将帅,匪但卡内之各城安,而卡外之哈萨克、布鲁特、爱乌罕、那木干、安集延④,以及巴克达山、温都斯坦⑤之人,亦慑我之声灵,而环向以安,匪但万年有此新疆,虽再拓十数城可也。虽有重臣宿将,老于西事之人,为我皇上直陈得失,无以易此。臣谨疏。

[注释]①客岁:去年。　②乌里雅苏台:指清代驻于乌里雅苏台城的定边左副将军辖区,乾隆中叶后统辖喀尔喀四部和科布多、唐努乌梁海两区。③老师糜饷:老师,劳累军队,使军队长期劳困,力量衰减。糜饷,浪费军饷。糜,糜费。　④安集延:清代浩罕汗国四城之一,即今乌兹别克斯坦安集延。⑤温都斯坦:亦作痕都斯坦,古罽(jì)宾国地。乾隆二十四年(1759)成为清朝藩属,故址为今克什米尔地区。

对　策①

臣对：臣闻自古英君谊辟，欲求天下骏雄宏懿之士，未尝不以言；人臣欲以其言裨②于时，必先以其学考诸古。不研乎经，不知经术之为本源也；不讨乎史，不知史事之为鉴也。不通乎当世之务，不知经、史施于今日之孰缓、孰亟、孰可行、孰不可行也。《尧典》言便章③，禹功在浚导，官人昉④自成周，控边莫详西汉。兹数者，源流正变得失，大抵三代上为一端，汉以降为一端，今之孰缓、孰亟、孰可用、孰不可用为一端。三代则诹⑤经，汉以后则诹史，当世之务则诹势。钦惟皇帝陛下祚隆轩、顼⑥，功铄垓埏⑦，声教布乎寰瀛⑧，而南河⑨最勤宵旰；俊彦集于朝宁，而西陲特简爪牙⑩。文德远矣！武功讫矣！圣怀冲挹⑪，兼听无遗，瞻鼗铎⑫之在悬，许圭璋⑬以自达，进臣等于廷而策之以教化何先，宣防何急，以及选举何慎，控制何宜诸大政。如臣梼昧，奚补崇深？顾对扬伊始，敢不勉述平日所研诸经，讨诸史，揆⑭诸时务者，效其千虑之一得乎！

[注释]①《对策》：此篇是1829年龚自珍参加殿试的答卷。　②裨：补益。　③《尧典》：《尚书》篇目之一，记载上古帝王唐尧的功德、言行。便(pián)章：辨别章明。　④昉(fǎng)：起始。　⑤诹(zōu)：在一起商量事情，询问，此处指研究。　⑥祚(zuò)：皇位。轩、顼：指上古帝王轩辕、颛(zhuān)顼(xū)。　⑦垓(gāi)埏(yán)：出自司马相如《封禅文》："上畅九垓，下溯八埏。"指极远的地区。　⑧声教：声威教化。寰(huán)瀛(yíng)：天下，全世界。　⑨南河：雍正七年(1729)设江南道总督，所管诸河称为南河，专管防

治江南(今江苏、安徽)境内的黄河与运河,咸丰五年(1855)黄河北徙,八年(1858)裁南河总督。　⑩爪牙:周时,以王之爪牙比喻国家勇武的将士,引申为武臣或得力的助手、辅佐之臣。　⑪冲挹(yì):谦虚自抑。　⑫鼗(táo)铎(duó):鼗鼓和木铎,古代察贤和征询民意时用。　⑬圭(guī)璋(zhāng):本指两种贵重的玉制礼器,喻指人品高贵、德才卓绝的人才。　⑭揆(kuí):揣测。

伏读制策①有曰:惟民生厚,因物有迁,兴化善俗,制治之本,而因虑及多设科条②之徒滋扰累也;与广颁文诰之徒饰观听也。臣考周之三物六行③,乡大夫、遂人④掌之,而饮射⑤读法,及教民祭祀之礼,及书其过恶,皆州长、党正⑥主之。然则党正即一党之师,州长即一州之师,明矣。上而乡遂之大夫,亦即乡遂之师。岂若后世官吏自为官吏,师儒自为师儒,曰刺史、曰守令以治民,曰博士、曰文学掾⑦以教士之区分乎?君与师之统不分,士与民之薮不分,学与治之术不分,此所闻于经者也。西京⑧风俗,最为近古,抑其时去三代虽不远,而治术颇杂霸,文、景⑨外非尽贤主,然而户口蕃息,风气淳庞,何也?盖善任守令也。守令久乎其任,皆有移风易俗之权,而上亦不以筐篚刀笔⑩之事操切长吏故也。

[注释]①制策:自汉代开始,朝廷即用策问取士,其中皇帝提出策问的策对叫制策。　②科条:法令,条例。　③三物六行:三物,犹三事,指六德、六行、六艺。六德为知、仁、圣、义、忠、和;六行为孝、友、睦、姻、任、恤。六艺为礼、乐、射、御、书、数。　④乡大夫:官名。周朝设此官,掌其乡的政教禁令。遂人:周朝设此官,掌郊外的土地和人民。　⑤饮射:饮酒射箭,古代有乡饮酒、乡射等典礼。　⑥州长:古代地方编制是五家为一比,五比为一间,

四闾为一族,五族为一党,五党为一州,州长西周时期设置,掌一州政令。党正:地位次于州长,管辖五百户,掌管本党的政令教治。　⑦博士:官名。源于战国,秦设置博士,掌通古今,西汉武帝初置五经博士,以其中威重者一人为祭酒,总领纲纪。明清也有国子、太学等博士,所掌一般为古今史事待问及书籍典守等。文学掾:官名,汉朝郡国设此官,也称郡文学掾,简称文学,主管学校和礼义教育,掌教授诸生。若专教授一经,则以经为掾名,皆以明经者充任。　⑧西京:指西汉。　⑨文、景:汉文帝、景帝。　⑩筐箧(qiè):是指竹子或柳条等编成的盛东西的器具。刀笔:古代在竹简上刻字记事,用刀子刮去错字,因此把有关案牍的事叫做刀笔。

又,汉初最抑商贾,高祖禁贾人不得衣丝、乘车,而孝悌力田①有常科,三老②有常员,以驱民于南亩③。又,丁赋④颇重,设有游民,自食尚艰,何以出赋;故多执业以谋生。其在南亩者,无论已。不农者,亦无街谭巷议,以转移执事为常业者也。然汉自孝武⑤以后,民渐逐末,《食货志》言:富商大贾,骄僭拟侯王,而农民争释耰锄⑥以从之,此汉治之一变。及乎孝宣⑦,综核吏事,操切吏民,于是守令视其民乃公家之民,非吾之子弟也;民视守令乃长上,非吾之父兄也,守令益不得自行其意,而汉治再变。至唐以后,孝义高年之访虽下于朝,宣风美俗之官虽巡于野,而故事具文⑧,了无真意,此所闻于史者也。夫游民旷土,自古禁之。今日者,西北民尚质淳,而土或不殖五谷,东南土皆丰沃,而人或非隶四民⑨,守令所焦虑者,似无暇在此,而所以督责守令,亦不尽在此,是宜深计也。皇上轸念⑩芸生,至诚恻怛,躬行仁孝,为天下先,三代岂难复乎?

[注释]①孝悌力田:汉代察举科目之一,始于惠帝,内容是对孝悌德行

和努力耕作者进行表彰奖励,为民表率。中选者常受赏赐,并免除一切徭役。文帝时,孝悌力田与"三老"同为郡县中掌教化的乡官,成为定员,按各地户口多少置数。 ②三老:古时掌握教化的地方官,秦置乡三老,汉同时设立乡、县、郡三老,协助推行政令。 ③南亩:古人田亩都向南开,以摄取充分阳光,后来泛指田地为南亩。 ④丁赋:历代封建政府征收的人口税的总称。 ⑤孝武:指汉武帝。 ⑥耰(yōu)锄:耰,古代弄碎土块、平整土地的农具。锄,松土除草工具。 ⑦孝宣:汉宣帝刘病已。 ⑧具文:徒有形式而无实际的空文,指无实际作用的规章制度。 ⑨四民:古代称士、农、工、商为四民。 ⑩轸(zhěn)念:悲痛地思念。

制策又以历代河患不一,禹迹既难骤复,而今日之要道,曰疏,曰防。臣伏考三代,河本北流,入海之道在冀州,而商世河患最甚,惜仲丁、河亶甲①之书不传,此闻于经者也。汉自瓠子②后,贾让三策③,上策至欲弃数州之地以予水,而指堤防为下策,未免高论难行。明潘季驯④反之曰:大禹导川,亦不过相水之上下流,束之以堤已耳。故潘氏平生所用,皆贾让之下策,迄今犹可师守,此略举夫史者也。今东南大政二:曰河、曰漕⑤。河臣辖重地三:曰清口,曰高家堰,曰海口。清口者,上游之始;海口者,下游之终;高堰则全河之障也。曰杀黄、曰御黄,曰拦黄,皆治清口之事。曰蓄清,则治高堰之事。至欲使淮、黄皆有去路,则治海口之事。今之海口,较昔年东徙且数百里,云梯关⑥外,铁板沙亘起,海口高仰日甚,议改海口之说,似乎可行。清水难裕,海运难常,欲无误四百万漕,改小粮艘之说,似乎可行。碎石坦坡,可永远行。皇上集思广益,指示河臣,行见呈清晏之祥,而纾东南之望也。

[注释]①仲丁:商朝第十位国王,曾征伐东方的兰夷,并将都城由亳迁于嚣,商朝自他以后屡次迁都。河亶(dǎn)甲:商朝第十二位国王,姓子名整,即位后迁都于相(今内黄),征蓝夷,再征班方,在位时商朝复衰。　②瓠(hù)子:在今河南濮阳县西南,《史记·河渠书》记载汉元光中,黄河在瓠子决口。③贾让三策:贾让为西汉末水利家,绥和二年(前7年)提出过治理黄河的上、中、下三策。上策主张不与水争地,开辟滞洪区,从黎阳(今河南浚县)改河北行,是一劳永逸的治本之策。中策是开渠建闸,达到分洪、灌溉和发展航运的目的。而筑堤防洪,加高培厚以维持河道现状,劳费无已,是最下策。这是史载最早的全面论述治河方略的文献,对后世治河产生深远影响。　④潘季驯:字时良,号印川,乌程(今浙江吴兴)人,明朝官员、水利家。嘉靖、万历年间凡四次奉命总督治河,治黄方法是筑堤防溢,建坝减水,以堤束水,以水攻沙,并主张借黄通运。　⑤曰河、曰漕:即治理黄河与漕运粮食。　⑥云梯关:在今江苏滨海县西南废黄河北岸,明中叶以后为黄河海口所在,设关戍守。咸丰五年(1855)黄河改道由山东入海时,关址已距海一百四五十里,故清中叶后,其地不再置兵戍守,仅存云梯关之名。

制策又以一代之治,必有一代之人材任之,而因以皋、夔、稷、契勖臣①等,何其厚也!何其厚也!夫皋、夔、稷、契,皆大圣人之材,而终身治一官,自恐不足;后之人才不如古,而教之、使之,又非其道,疲精神耗日力于无用之学。进身之始,言不由衷,及其既进也,使一旦尽弃其所为,而骤责以兵刑、钱谷之事;而兵刑、钱谷又杂而投之一人之身。之人也,少壮之心力,早耗于禄利之筌蹄②,其仕也,余力及之而已,浮沉取容,求循资序③而已。夫未尝学礼乐之身,使之典礼乐而不恧④,以凡典礼乐者,举未尝学礼乐也。未尝学兵之人,使之典兵而不辞,以凡典兵者,皆未尝知兵也。古者学而入政,后世皆学于政,此唐、宋、元、明之人才所以难语夫古初也。皇上圣神如尧、舜，亦藉群策群力，士亦许身皋、夔、稷、契而已矣。

[注释]①皋(gāo)夔(kuí)稷(jì)契(qì)：传说中舜时贤臣皋陶、夔、后稷和契的并称，借指贤臣。　②筌(quán)蹄：筌为捕鱼的竹器，蹄是拦兔的器具。喻指局限、窠臼。　③资序：资历，资格。　④恧(nù)：自愧，惭愧。

制策又以自古治平不忘武备，而因及夫历代筹边之策。臣考三代之于荒服①，羁縻②之而已，汉代乃有防西北边塞之策。北塞勿具论，论西塞。西塞有二：一曰行国③，乃逐水草之国，为乌孙④诸部，唐之北庭⑤，今之准噶尔四卫拉特是也；一曰城郭国，为罽宾、扞罙、桃槐⑥等三十六国，今之回疆是也。皆辖以都护。谷吉、常惠、甘延寿、陈汤及后汉班超⑦立功之地，而营平侯赵充国⑧以征国以征先零、开、罕而筹屯田者是也。西汉惟先零、羌小为患，亦尚非极西域之地，三十六城郭，惟车师、鄯善⑨小为患，故晁、贾⑩入粟实塞下之策，皆不指备西域。而言回纥⑪之为患，其唐之中叶，李德裕、陆贽⑫筹边之世乎？而亦近于北庭甘、陈立功之地，未闻有威震回疆之事也。皇朝先平准部，后平回部，为古未有，而中外一家，情形与古大不同。彼夫断左臂之论⑬，凿空之讥⑭，读史者固无庸撷拾⑮尔。

[注释]①荒服：古代五服之一，称离京师2000—2500里的边远地方，亦泛指边远地区。　②羁縻：束缚制约，指中原王朝对少数民族采用怀柔的手段进行笼络。　③行国：指汉朝时在天山以北游牧民族建立的国家，他们跟随牲畜，追逐水草不断流动，无固定房屋与城镇，所以称之为行国。　④乌

孙:汉代西域国名,在今伊犁河流域。　⑤北庭:即北庭大都护府,是唐朝设立于西域天山以北的军政机构。　⑥罽(jì)宾:即温都斯坦,乾隆二十四年(1759)成为清朝藩属,故址为今克什米尔地区。扞(hàn)罙(shēn):西域城名,故址在今新疆于田旧城(克里雅),一说在今策勒县北。桃槐:汉代西域古国,在今塔吉克斯坦境内。　⑦谷吉:西汉卫司马,西汉元帝初元四年(前45),出使北匈奴,为郅支单于所杀。常惠:西汉将领,太原人。武帝时随苏武出使匈奴,被拘10余年始还。宣帝初持节护送乌孙兵出击匈奴,以功封长罗侯。后代苏武为典属国,勤劳有功。甘延寿:字君况,北地郁郅(今甘肃庆阳)人。西汉元帝时,为西域都护,匈奴郅支单于奴役康居,攻掠乌孙、大宛,威胁西域,他发兵至康居,击杀郅支单于,封义成侯。陈汤:字子公,山阳瑕丘(今山东兖州东北)人。西汉元帝时为西域副校尉。匈奴郅支单于威胁西域,他和甘延寿发兵至康居,击杀郅支单于,以功封关内侯。班超:字仲升,号定远,扶风安陵(今陕西咸阳)人,东汉外交家、军事家,班固之弟。初任兰台令史,后投笔从戎。永平十六年(73)官假司马,从窦固出击匈奴,战胜而归,曾在西域出使活动长达31年,使西域各国摆脱匈奴的统治而附汉。永元三年(91),任西域都护,后封定远侯。　⑧赵充国:字翁孙,陇西上邽(今甘肃天水)人,通晓兵法,熟知匈奴和羌族内情,西汉武帝、昭帝时,率军出击匈奴,以功任后将军。宣帝即位,封为营平侯。后与羌人作战,在西北屯田,促进当地农业生产的发展。　⑨车师:亦名姑师,汉代西域36国之一,汉宣帝时分为车师前、后国及山北6国,车师前国建都交河城。鄯善:西域古国名,后改名楼兰国,国都在伊循城(今新疆若羌县东米兰),北周时为吐谷浑所并。　⑩晁、贾:指晁错、贾谊。　⑪回纥(hé):我国古代少数民族,主要分布在今鄂尔浑河流域,唐时曾建立回纥政权,也叫回鹘(hú)。　⑫李德裕:唐代名臣,字文饶,赵郡(今河北赵县)人,宪宗时宰相李吉甫之子。武宗即位,任门下侍郎、同平章事,是牛李党争中"李党"首领。宣宗即位,贬崖州(今广东琼山东南)司户,卒于贬所。陆贽:字敬舆,苏州嘉兴(今属浙江)人。德宗年间任翰林学士,参预机密,后累迁中书侍郎、同平章事。敢于指陈当朝弊政,主张积谷边境,改进边防等,后因裴延龄倾轧罢相,贬为忠州别驾,卒谥宣。　⑬断左臂之论:西汉武帝时进攻匈奴的战略,就是"立五属国,起朔方,伐朝鲜,起玄菟、乐浪,以断匈奴之左臂"。即进攻朝鲜,以斩断匈奴东部的援助。　⑭凿空之讥:语出《史记·大宛列传》:"然张骞凿空,其后使往者皆称博望侯。"凿空指张骞开通中原与西域的交通。　⑮摭(zhí)拾:收取,采集。

若此者,经史之言,譬方书也,施诸后世之孰缓、孰亟,譬用药也。宋臣苏轼不云乎:药虽呈于医手,方多传于古人。若已经效于世间,不必皆从于己出。至夫展布有次第,取舍有异同,则不必泥乎经、史。要之不离乎经、史,斯又《大易》所称神而明之,存乎其人者欤?抑闻之:颂不忘规。臣尤伏愿皇上眷怀风俗,益奠南国苍生,砥砺①搢绅,益诫西边将帅,则我国家万年有道之长,实基此矣。臣末学新进,罔识忌讳,干冒宸严,不胜战栗陨越②之至。臣谨对。

[注释]①砥(dǐ)砺(lì):磨练、锻炼。　②陨越:颠坠,跌倒。比喻失败,失职。

拟进上《蒙古图志》表文①

臣伏处下士之列,纵观史册之盛,翘首昭代之迹,游心官书之府,仰天章之有烂,测地舆之至赜②。我朝之盛,乃自羲、炎、尧、禹以降,文儒武臣,目所不能殚,耳所不能闻,帝者号令所不能逮,史官文章所不能记。有一臣于此,遭遇隆代,明聪特达,能通文学,能见官书,能考官书,能见档册,能考档册,能钩稽补缀,能远游,能度形势,能通语言文字,能访问,能强记,能思虑,能属词比事,信或有之，其福甚大，求之先士，无有伦比者也。臣珍梼昧③，乃非其伦，窃见国朝自西域荡平后，有《钦定西域图志》④五十卷，专纪准部、回部山川种系声音文字，及于国朝所施设政事，著录文渊阁，副墨在杭州、镇江、扬州，既富既巨，永永不朽。

[注释]①拟进上《蒙古图志》表文：道光元年(1821)，龚自珍作《蒙古图志》，体制宏大，是研究蒙古史方面的重要著作，第二年因为家中书楼失火，此书稿本的一半以及为此书而收聚的档册图志被毁，现在仅存总序与各篇序文。　②至赜(zé)：极其深奥微妙，亦指极深奥微妙的道理。　③梼(táo)昧：愚昧无知，多作自谦之辞。　④《钦定西域图志》：新疆第一部通志，乾隆二十一年(1756)刘统勋等奉旨始纂，傅恒总其成。四十二年(1777)英廉、于敏中等奉旨增纂，四十七年(1782)书成。自嘉峪关外至当时新疆全境，均在记载之列，为《大清一统志》新疆部分所本。是研究18世纪前后新疆乃至中亚民族史、地方史必不可少的重要史籍。

臣考前史，动称四海，西北两海，并曰盖阙。我朝之有天下，声教号令，由回部以达于葱岭，岭外属国之爱乌罕、那木干以迄于西海；由蒙古喀尔喀四部，以达于北方属国之鄂罗斯，以迄于北海。回部为西海内卫，喀尔喀为北海内卫。今葱岭以内，古城郭之国，既有成书，而蒙古独灵丹呼图图灭为牧厂，其余五十一旗，及喀尔喀四大部，纵横万余里，臣妾二百年，其间所施设，英文巨武，与其高山异川，细大之事，未有志，遂敢伸管削简，鯷理①其迹，阄鞈②其文，作为《蒙古图志》，为图二十有八，为表十有八，为志十有二，凡三十篇。私家著述，所得疏漏，不敢仰与官修各件絜③短长于万一。顾见钦定《四库书目》，著录文渊者,于下士私述,间蒙俯采,不遗其勤,凡若干种。窃愿是书,他日附官书以传,得著录《四库》之末简,则无其才也,而福与之并矣。

(是书成者十之五六,拟俟其成而别行。道光壬午九月二十八日,吾家书楼灾,此书稿本之半,及为此书而收聚之档册图志,世所弗恒见者,尽毁。遂辍业弗为。以总表文及序文若干篇,附存文集中,非初心矣。自记。)

[注释]①鳃(sāi)理:整理,剔除。鳃,肉中骨。 ②闛(tāng)鞈(tà):同"鏜鞈",鼓声。 ③絜(xié):量物体的周围长度,泛指衡量。

拟上今方言表

臣自珍言,臣在京师,造《今方言书》,徂①江之南,逾岁而成。首满洲,尊王也;胪②十八行省,大一统也;终流求、高丽、蒙古、喀尔喀③,示王者无外也。民之所异于禽兽也,则声而已矣。人性智愚出于天,声清浊侈弇鸿杀④出于地。每省各述总论,述山川气也。气之转无际,际乎气者有际;寸合而尺徙,尺合而咫⑤徙。故府、州、县以渐而变,不敢紊也。董之以事,部之以物,俾可易考也,天道十年而小变,百年而大变。人亦小天,古今朝市城邑礼俗之变,以有形变者也,声之变,以无形变者也。撑择⑥传记,博及小说,凡古言之存者,疏于下方,知今之不自今始也。及今成书,以今为枭⑦也。

[注释]①徂(cú):往。 ②胪(lú):传语,陈述。 ③流求:即台湾。高丽:朝鲜历史上的王朝,习惯上用来指称朝鲜或关于朝鲜的物产。喀尔喀:也

作"罕哈",蒙古语意为"屏障",明清时期蒙古部落名,驻牧今杭盖山至喀尔喀河之间。 ④侈弇(yǎn):即侈敛,指元音的开口和闭口。侈是开,所谓"口侈而声大";弇是闭,所谓"口敛而声细"。鸿杀:强和弱,粗大和细小。 ⑤咫:古代称八寸为咫。 ⑥撣(dǎn)择:探寻选择。 ⑦臬(niè):标准,法式。

音有自南而北东西者,有自北而南而东西者,孙曾播迁,混混以成,苟有端绪,可以寻究,虽谢神瞽,不敢不聪也。旁采字母翻切①之旨,欲撮举②一言,可以一行省音贯十八省音,可以纳十八省音于一省也。臣又言曰:三皇之世,未有文字,但有人声,五帝三王之世,以人声为文字。故传曰:"声之精者为言,言之精者为文。"③声与言,文字之祖也。文字有形有义,声为其魂,形与义为体魄。魄魂具,而文字始具矣。夫乃外史④达之,太史⑤登之,学僮讽之,皆后兴者也。是故造作礼乐,经略宇宙,天地以是灵,日月以是明,江河以是清,百王以是兴,百圣以是有名,审声音之教也。

[注释]①翻切:即反切,传统的注音方法之一,以两字拼合为另一字注音。 ②撮举:摘要列举。 ③"故传曰"三句:出自韩愈《送孟东野序》。 ④外史:《周礼》为春官的属官,掌侯国史志的职官。 ⑤太史:官名。周时为史官及历官之长,汉代主要掌天文、历法、修史等事,列代稍有变更,明清时将天文、占候之事归于钦天监执掌,而以翰林院专管史馆,因此又称翰林为太史。

上镇守吐鲁番领队大臣宝公书①

不睹颜色已八年,自珍至京师之前一月,始闻西命②。

吾师③禁近大官,出万里之碛④,统甲一旅,同朝者惜公,门下士争慰公,自珍谓内廷少吾师一人,天子未阙于侍从。汉大臣得罪者,或削职归田里,吾师犹冠三品冠,以大臣印行;且翰林多不更于政,部阁又不足以老公之才,吾师感激报效,翻在今日。故于庚午同年之公邮而西也,附区区所欲言者,以讯于队下之吏。吐鲁番故无领队将也,自辟展移驻后,遂与四大城踠尾⑤而五。自素赉璊袭爵后,南路无事,遂五十年矣。南路之民,与准部⑥异,性情懦直,一异;面貌平正似内地,两异;其文字声音易通晓,三异。故天心之待之,亦大与准夷异。我高宗皇帝⑦岂乐于穷武以炫史乘哉?我国家坐食数千城,何贪于准夷哉?实以准夷迫逐回人,北徙而南,天愍回人之无辜,故开高宗皇帝,起之鄙邑,隶之天廷,出之幽谷,暴之白日。准夷又积狡为叛,其性恶,自祖先而然;气感于天,而怒触于帝。

[注释]①据樊克政《龚自珍年谱考略》考证,此书作于嘉庆二十四年(1819)春,其时龚自珍至京师应会试,得知宝兴调任吐鲁番领队大臣而上此书,详论天山南北历史与现状,建议当政者摒弃民族歧视政策,以有利于边疆局势的安定。宝公:指觉罗宝兴,字献山,满洲镶黄旗人,嘉庆进士。由编修累迁少詹事,镇守吐鲁番领队大臣,四川总督,文渊阁大学士。 ②西命:指嘉庆二十三年(1818)九月,宝兴因科场条例刊刻之误,受到降级处分,以三等侍卫调任吐鲁番为领队大臣。 ③吾师:嘉庆二十五年(1820)秋,龚自珍参加顺天乡试,考中副榜贡生,宝兴是其房师。 ④碛(qì):沙漠,不生草木的沙石地。 ⑤踠(wǎn)尾:蜿蜒貌。 ⑥准部:指蒙古族准格尔部。 ⑦高宗皇帝:指乾隆帝。

高宗,一天也,是故准噶尔故壤,若库尔喀喇乌苏①,若塔尔巴噶台,若巴尔库勒②,若乌鲁木齐,若伊犁东路西路,无一庐一帐,是阿鲁台③故种者。观天之不慈不佑于准部,即知其不绝佑于回部。巨物不两立,亦不两仆;回部多古民,<u>丛丛虱虱</u>④,汉世三十六城之孽裔,尚有存者。天存之,高宗存之也。高宗,一天也。自波罗泥都、霍集占⑤助逆背德,高宗始用兵于回;乌什之叛⑥,乃再用兵于回。然而两和卓木之罪,视准夷之达瓦齐、阿睦尔萨纳⑦为杀;乌什之酋长罪,视两和卓木为又杀。微大和卓木之杀阿敏道⑧一事,地虽大,高宗不欲取,民虽富,高宗不欲臣。洎⑨乎臣之取之,回国亡而种姓不亡,或一姓亡而群姓不亡,阿浑伯克⑩得翎顶以从满州世臣之后;甚至如乌什之灭,圣天子且未尝如搜捕准夷例。故曰:高宗一天也。今之守回城者何如?曰:天天而已矣;天高宗而已矣。

[**注释**]①库尔喀喇乌苏:清代新疆准格尔部地名,以库尔喀喇乌苏河而得名,在今新疆依连哈毕尔尕山(额林哈毕尔噶山)北麓。 ②巴尔库勒:清代新疆地名。乾隆三十八年(1773),清廷设镇西府,治所在巴尔库勒,即今新疆巴里坤哈萨克自治县。"巴尔库勒"维吾尔语是"有湖"的意思,因巴里坤湖而得名,巴里坤则是巴尔库勒的音转。 ③阿鲁台:蒙古鞑靼部首领。永乐三年(1405),任鞑靼部知院时,杀死自称可汗的鬼力赤,迎立元朝后裔本雅失里为可汗,但实权掌握在自己手中。朱棣曾三次率师征讨,均望风逃遁,最后被瓦剌部脱欢袭杀。 ④虱虱(shī):众多貌。 ⑤波罗泥都、霍集占:波罗泥都即大和卓木,其弟霍集占即小和卓木,为叶尔羌、喀什噶尔地区封建主玛木特之子。18世纪上半叶,因其父被北疆准噶尔汗国所俘,囚于伊犁地牢中。乾隆二十年(1755),清军平定准噶尔之乱后被释放,返回南疆。波罗泥

都感激清朝,主张听候安排,其弟则主张独立建政,实行武力抗拒。后一主张独占上风,叛乱失败后随其弟逃往巴达克山(今阿富汗东境),被当地首领所杀。 ⑥乌什之叛:清廷平定大小和卓之乱后,清廷驻乌什办事大臣素诚骄淫无度,乌什阿奇木伯克阿布都拉腐败不堪,激起乌什人民反抗,乾隆三十年(1765),240名解送沙枣树及官吏行李的维吾尔人发动起义,擒获阿布都拉,素诚父子自杀,半年后起义失败。 ⑦达瓦齐:蒙古准噶尔部首领。1752年夺准噶尔汗位,后与辉特部台吉阿睦尔撒纳发生冲突,1754年亲自率兵三万,在额尔齐斯河攻击阿睦尔撒纳。1755年,清廷出两路兵进入准噶尔地区,捕获达瓦齐,送往北京。后释放,封和硕亲王。阿睦尔撒纳(1723—1757):清代厄鲁特蒙古辉特部台吉,准噶尔汗策妄阿拉布坦外孙。乾隆十九年(1754)秋,为借助清军之力剪除政敌而归附清廷,封为亲王。次年春,清军征伐达瓦齐时,任定边左副将军。攻占伊犁后,欲挟清廷封其为厄鲁特四部总汗,清廷准备召回处置,阿睦尔撒纳逃回塔尔巴哈台,乘机袭击伊犁清军台站,天山南北变乱复起。二十一年(1756)冬,以永远臣服俄国为条件,要求俄国承认他为厄鲁特总汗,并修建要塞以防清军进攻。二十二年(1757)七月,被清军击溃,借道哈萨克投奔沙俄,不久病死。 ⑧阿敏道:清代将领,蒙古镶红旗人,官至镶蓝旗蒙古副都统。率兵赴叶尔羌、喀什噶尔招降,至库车受骗入城被执。乾隆二十二年(1757)被杀,加世职为骑都尉兼一云骑尉。 ⑨洎(jì):到,及。 ⑩阿浑:伊斯兰教用语,称精通经典的主教为阿浑。伯克:系维吾尔语音译,即官,清代掌理回部事务的官员皆称伯克。

邻国者,国之鉴也。吾师亦知乌什往事乎?素诚者,旗下役也,叨窃重寄,为领队大臣,占回之妇女无算,笞杀其男亦无算,夺男女之金银衣服亦无算,乌什杀素诚以叛;乌什之叛,高宗且挞伐,且怜哀,圣谕以用素诚自引咎,御制诗,时以激变为言,谓素诚死有余罪。纳世通下塔海之诛也,非以失机也,以平日扰回也。明将军、阿将军①之出也,非为素诚报仇也,以警群回也。至圣至明,未尝稍有偏护及好杀之意。嗣后各城相顾，自疑自怖。数十年来，上赖朝廷德厚，下赖贤将军、贤大臣等明示胸肝，告以天朝虽疆回地，断无喜杀回人意，大臣皆奉公法。屯说户演，赖以无事。

[注释]①明将军、阿将军：指明瑞、阿桂。明瑞：字筠亭，满洲镶黄旗人。乾隆二十一年(1756)，随师往征阿睦尔撒纳，后又往征霍集占，均有功，擢升正白旗汉军都统。二十七年(1762)出任为伊犁将军，三十年(1765)，乌什回民起事，明瑞与副都统观音保率师往讨，经战平定。阿桂：字广廷，号云崖，满洲正白旗人，历任伊犁将军、吏部尚书，累官至武英殿大学士兼军机大臣。曾参加平定准噶尔部和天山南路的战事，为乾隆帝所倚重。后屡任统帅。用兵大、小金川。镇压西北回民起义。乾隆四十二年(1777)，位居首辅，封诚谋英勇公。

今之守回城者何如？曰：令回人安益安，信益信而已矣。信，生信；不信，生不信。不以驼羊视回男，不以禽雀待回女。回人皆内地人也，皆世仆也，回人老于祸福最老久，祭天而祈，拜佛而誓，写田氍①而记之，刻刀而铭之，以乌什为恐。吐鲁番为南路建首地，一王肖然，有仆三千户，皆以吐鲁番为望。恐之言曰：莫更为乌什矣。望之言曰：安得如吐鲁番矣？故吐鲁番安，而四大城②皆安；四大城安，而天山南路举安；天山南路安，而非回之天山北路安；天山北路安，而安西南路北路举安。伊犁将军无内顾之忧，兰州总督③无外顾之忧，如此则回部之红铜常贡于法局，回部之大头羊常充于天厨，吾师乃不愧为高宗皇帝之臣仆。夫高宗皇帝之臣仆，回长之所敬也，回民之所爱也。郭勒④之神，达巴⑤之灵，亦必福吾师矣。

[注释]①氎(dié):细毛布,细棉布。 ②四大城:指新疆天山南麓喀什噶尔、英吉沙尔、和田、叶尔羌四城。 ③兰州总督:指陕甘总督,乾隆二十九年(1764),陕甘总督衙门移驻兰州府,直到清朝灭亡,因此陕甘总督又称兰州总督。 ④郭勒:蒙古语对河流的称呼,大都原为蒙古各部驻牧地,小河则称为布拉克。 ⑤达巴:纳西族摩梭人信仰的达巴教的男性巫师,主事驱鬼、迎神和祭祀等活动。

且吾师亦知准噶尔部之所由屠灭无遗种乎?珍又有说:始噶尔丹①入居喀尔喀赛因诺颜部②,(超勇亲王未称赛因诺颜汗时。)不过北陲一嗜肉之兽,不但东南不近札萨克③,东不近牧厂;而且以西论,并不有后来准部全地。亡何,渐念贪,渐念忿,入寇赤臣土谢两汗,两汗亦有边境细夫,不胜而入控圣祖;我圣祖乃奋天威,三起而三逐之。每一次之入,必深于前次;圣祖之创惩之,亦严于前次;卒至噶尔丹弃地西走而死,谓可以集矣。不幸而其兄子能收旧人,又不幸而其族收其西境地,又不幸而辗转强大,不北噬而西嗥也,逐回部,扰青海,直西藏,邻俄罗斯。我朝一祖二宗,三世西顾,龙颜焦劳,幸而其国篡弑相继,幸而三策凌④来归,幸而阿睦尔萨纳来归,谓可以集矣。讵知幸者皆不幸之伏,不幸者又幸之伏,幸不幸凡几相迸激,而遂致我高宗皇帝之大怒。帝怒于上,将帅怒于下,自天而下,自地而上。大蹂大膊,千里一赤,睢盱之鬼,浴血之魂,万亿成群,泰岱不篆,天帝不直,何为而至是哉?

[注释]①噶尔丹:清代厄鲁特蒙古准格尔部首领,康熙十年(1671),夺得准格尔部政权,二十七年(1688),进攻喀尔喀蒙古土谢图汗部,继而进军内蒙古乌朱穆秦地区,威逼北京。康熙帝曾三次亲征,三十五年(1696)昭莫多

之战,噶尔丹主力被清军击溃,部众叛离,三十六年(1697)三月卒于科布多。②赛音诺颜部:雍正三年(1725),清廷分土谢图汗部西境而置,乾隆三十一年(1766)加汗号,是为喀尔喀四部之一,所部二十四旗会盟于齐齐尔里克。③札萨克:官名。清初,将蒙古族部众编为旗,一旗之长名为札萨克,以蒙古贵族王、贝勒、贝子、公、台吉等充任,总管旗务,统理部众。　④三策凌:乾隆十九年(1754),蒙古厄鲁特四部之一杜尔伯特部,因不堪忍受噶尔丹叛乱势力的欺凌,举部内迁。其部首领三策凌即部长策凌、台吉策凌乌巴什、策凌孟克,毅然率领属下离开世代生活的额尔齐斯河,迁入内地乌里雅苏台。乾隆帝分别封他们为亲王、郡王、贝勒,并妥善安顿所携部众,杜尔伯特部的内迁对清廷平定噶尔丹分裂势力起了重要作用。

彼回部者,亦有经卷,亦谈因果,试召阿浑而问之,因何其细?果何其大?抑造因之时,能豫知果之至如是哉?是故今日守回之大臣,惟当敬谨率属,以导回王回民,刻刻念念,知忠知孝,爱惜翎顶①,爱惜衣食,唪诵②经典。耕者毋出屯以垦,牧者毋越圈而刈③,上毋虐下,下毋藐上,防乱于极微,积福于无形,则可谓仰体上天好生之德,乃亦毋负高宗用兵之意者哉!若夫议迁议设,撤屯编户,尽地力以剂中国之民,自珍别有《西域置行省议》一卷,用厚白纸写上尘览④。珍受恩最深,受恩最早,故敢越分而多言。惶悚!

[注释]①翎(líng)顶:清代官帽上的翎子和顶子的并称,为官爵的代称。②唪(fěng)诵:高声吟诵。　③刈(yì):割(草或谷类)。　④尘览:犹言有污尊目,意谓请对方阅读。

上国史馆总裁提调总纂书

内阁中书、本馆校对官龚自珍上书各中堂①各大人各先生阁下：本馆现在续修《大清一统志》②，自乾隆三十九年书成后，伏遇今日重修，欣贺无量。续者纂其所未载，修者订其所已成。自珍与校对之役，职校雠耳。书之详略得失，非所闻，亦非所职。虽然，窃观古今之列言者矣，有士言于大夫，后进言于先进之言，有僚属言于长官之言。僚属言于长官，则自珍职校雠而陈续修事宜，言之为僭、为召毁，士言于大夫也，后进言于先进也，则虽其言之舛，先进固犹辱诲之。自珍于西、北两塞外③部落，世系风俗形势，原流合分，曾少役心力，不敢自秘，愿以供纂修协修之采纳，而仍不敢臆决其是否，恃中堂以下之必辱诲之也。不得以官牍请，为书一通，如干条，如后方：

[注释]①中堂：明清时称大学士为中堂，因为明代大学士实际掌握宰相权力，其办公处在内阁，中书居东西两房，大学士居中，故称中堂。清代不论大学士还是协办大学士，都称之为中堂。 ②《大清一统志》：清代官修全国总志。康熙朝命廷臣徐乾学效仿元明修纂《一统志》，雍正朝重加编辑，乾隆八年（1743）草成，初不分卷。乾隆二十九年（1764）奉命续修，四十九年（1784）乃成。嘉庆十七年（1812）下令重修，龚自珍参与其事。 ③西、北两塞外：此处标点与王佩诤本有异，龚自珍将清朝边塞分为西塞和北塞，故加顿号隔开。

一、钦定《西域图志》，及《皇朝文献通考四裔考》，皆于西边新疆外胪属国一卷；西边有布鲁特、哈萨克、爱乌罕、纳木干、安集延、痕都斯坦①诸类，旧志约略开载。窃谓西有西属国，北有北属国，北属国之情形，与西国尤不同。北属往往错处喀尔喀、伊犁之间，东北则错蒙古、黑龙江之间。天朝亦往往用其兵力，如乌梁海，则圣祖平漠北用之,高宗平准噶尔用之;巴尔虎,则圣祖平罗刹用之。科布多七旗,则以贸市至,无虚月。皆见忠悃②,非安集延③等孤悬葱岭者可比。是故钦定《蒙古王公表传》,则尝取科布多之扎哈沁一旗,考其世系,书其功绩,以壮盟府之藏。而乌梁海一国,三支分处,自讨噶尔丹招降后,和罗尔迈遣使贡貂,至今年班不绝。在唐努山者,则有和罗尔迈,见档册;在阿勒坦淖尔者,则有特勒伯克、札尔纳克,皆见档册;于功不为鲜矣,于恩不为杀矣。旧《一统志》于新旧藩服外,一字不及之,疑于无此属部者然。今开馆续修志,似宜行文理藩院,征档册,将三处乌梁海头目宰桑④各部落界送馆,以便增补。

[注释]①痕都斯坦:指印度。　②忠悃(kǔn):忠诚。　③安集延:清代浩罕汗国四城之一,乾隆二十四年(1759),输诚内附清朝。光绪二年(1876),沙俄并吞浩罕后属于俄国,即今乌兹别克斯坦共和国安集延。　④宰桑:明代蒙古官号,从元代沿袭而下,为汉语"宰相"的音转。

一、本馆现存贮圣祖圣训及《平定罗刹方略》一书。《方略》为文渊阁未著录之书,内各有巴彦虎事迹数条,各官书于巴彦虎皆不及之,但称巴彦虎现有借牧呼伦贝尔一事。按巴尔虎旧牧,当在尼布楚、雅克萨城之间,与内藩之乌珠穆秦地势正相直,宜檄理藩院行文黑龙江将军,将其头目迁徙年月部落界,移送到馆,本馆以圣训、《方略》核对之,即可纂补。

一、扎哈沁族类虽细,已蒙钦定表传胪入,宜将袆木特一旗,现在牧科布多之何所,补入北属国,如补乌梁海巴尔虎之例。

　　一、北之有科布多，犹西之有青海也。青海为部五，而科布多①为部七。考现在档案，其不与商民通市者二部，曰土尔扈特，曰和硕特；其与商民交易者五部，曰杜尔伯特，曰额鲁特，曰明阿特，曰札哈沁，曰乌梁海。此七者，惟札哈沁得上见于表传，六部无闻。表传原为纪功绩而作，无功者不书。《一统志》，地书也，焉得而削之？考科布多地界，在喀尔喀之西北，伊犁东路之东南，宜行文参赞大臣②，将札哈沁及六旗土界旗分，一一移覆本馆开载。又此处乌梁海之与唐努山、三乌梁海同异合分之故，迁徙之年月，可一并移覆，藉略见焉。（按此在科布多与哈萨克接壤之处，距唐努山三支太远，故疑非同类。）

　　[注释]①科布多：清代政区。乾隆二十六年（1761）设参赞大臣一员，驻科布多城（今蒙古国科布多省省会），属定边左副将军节制，统辖阿尔泰山南北两麓厄鲁特蒙古与阿尔泰乌梁海、阿尔泰诺尔乌梁海诸部之地。　②参赞大臣：清代在乌里雅苏台、科布多、伊犁（今伊宁）、塔尔巴哈台（今塔城）、喀什噶尔（今喀什）设有此职。另外，临时统兵出征的统帅之下，也往往设此职，以赞襄军务，分领军队。等级略低于将军，是管理属地的军政大员之一。

　　一、北厄鲁特者，本准噶尔、绰啰斯同族，阿逆未叛时，首先来归，诏隶三音诺颜部①。据理藩院档册称：现在附盟于齐齐尔里克地方，见旗二，爵二，贝子二人。一称厄鲁特旗，一称厄鲁特前旗者是，与《皇朝文献通考》②合。旧《会典》称一旗先驻达拉尔河，一旗先驻喀尔喀河③，《文献通考》袭是语。按《钦定王公传》，称阿喇布坦一族，先牧喀尔喀河,后牧推河④,后乃徙牧乌兰乌苏。丹济兰一族,先牧喀尔喀河,后牧西舍穆稜,后又牧推河,后乃徙牧乌兰乌苏⑤。年月皆在,始皆当称推河厄鲁特也,继皆当称乌兰乌苏厄鲁特也,何有曾牧达拉尔河之文？旧典一歧矣。于乌兰乌苏外,别出推河厄鲁特之号,似乎以阿喇布坦族为乌兰乌苏,以丹济兰为推河者然,两歧矣。细绎《王公传》,推河始立六旗,一旗是辉特,一旗是贺兰山之分支,与此无涉,此共四旗；茂海一旗,叛亡亦弗数,阿喇布坦之两旗,后并两札萨克为一,兄终弟及,兄无嗣,故其一旗则丹济兰子也。旧《会典》系乾隆二十六年所修,此并旗年月,亦难臆断,大约与典不甚相先后。典乃称乌兰乌苏为两旗,而不连所谓推河者数,若曰从其朔,则朔当是五旗,何但二乎？三歧矣。旧典外,余所藏戊戌内版《搢绅》书与典同。又《王公传》、《王公表》皆称丹济兰先封贝子,其子先封公,后封贝子,并无先封台吉语,旧典及戊戌内板《搢绅》,皆于乌兰、乌苏则注曰两旗,贝子二人,于推河则注曰一旗,台吉一人,四歧矣。官书处处不合。再四考订,惟有敬遵《钦定王公表传》为的,余书盘庚纠纱⑥,而旧《一统志》遂一字弗及之,无可考。

[**注释**]①三音诺颜部:外蒙古旧部名,为喀尔喀蒙古四部之一,即赛音诺颜部。 ②《皇朝文献通考》:亦称《清文献通考》,300 卷,乾隆十二年(1747)三通馆臣奉敕编修。内容涉及乾隆五十年(1785)前清代政治、经济、民族、文化、法律等诸方面事务,是研究清代典章制度和爱新觉罗家族史的重要资料。 ③喀尔喀河:即今蒙古国东方省东境的哈拉哈河,注入贝尔湖。 ④推河:即今蒙古国巴彦洪戈尔省图音河,发源于杭爱山南,注入鄂罗克泊。

⑤乌兰乌苏：清代新疆地名，在玛纳斯西80里，即今新疆沙湾县乌拉乌苏，清朝在此设有台站。　⑥纠纾(zhěn)：纠正。

一、所贵乎重修者，谓将纠旧误，补旧阙，亮非抄袭沿承而已。旧《一统志》于两附牧地，既不道及矣，而于西套贺兰山厄鲁特之下，忽注云一旗系阿喇布坦裔，一旗系丹济拉裔。贺兰山在青海之东，乌兰、乌苏在沙碛之北，相去将六千里。一系绰啰斯族，一系和硕特族，今置和罗理名氏于不问，以北人之祖先，移赠于西，亦岂舛之细者矣？纠而正之，诸公岂有意乎？

一、旧《志》于青海下，奋书云：青海为四卫拉特①之一，于西套下又注云：四卫拉特中，北厄鲁特居其一。考四卫拉特皆在天山北路准噶尔地，一绰啰斯，二杜尔伯特，三和硕特，四土尔扈特，后土尔扈特逃往俄罗斯，乃补入辉特，见于高宗皇帝御制文，及种种官书，种种档册，无弗合。青海是地名，非部落名，非种族名，其地则和硕特族居之，后辉特有居者，后土尔扈特种有居者，后绰啰斯种有居者，后北方之喀尔喀种有居者，又番僧察罕诺们汉②之属僧，亦编旗而处之，将合此六者，而指为四之一乎？北厄鲁特乃绰罗斯之一支，以北为四之一，将置其全部于何称？今之修官书者阅至此，其谓之何？

[注释]①卫拉特：又称厄鲁特，漠西蒙古绰罗斯（准噶尔）、和硕特部、杜尔伯特部、土尔扈特四大部的总称，明代译为瓦剌，清代译为卫拉特。　②察罕诺们汗：青海蒙古29旗之一，亦称白佛旗。康熙四十四年（1705）封第三世呼毕勒罕（原为西藏活佛）为察罕诺们汗，雍正三年（1725）授札萨克，牧地在

黄河南德庆寺一带。

一、西套厄鲁特两支,一和硕特,一土尔扈特,皆与青海近。戊戌内板《搢绅》,胪序青海之后,不误。旧《会典》乃于两支中,夹叙一乌兰乌苏,失之矣。旧《一统志》仅开载贺兰山之厄鲁特,而不载额济内河之土尔扈特,应补。

一、地名半以种族而得名,人皆知之。至地有以人徙者,无城郭之民类然,如明时兀良哈三卫①,福余卫是嫡酋所居,出口即是,泰宁卫出关即是,始则地因人得名,继且挟地名而徙,今之乌梁海,遂为皇朝极北境矣。和硕特有借牧科布多者,尝见科布多大臣章奏,遂称其一区为和硕特矣。札哈沁本西域汛卒之称,自安放科布多后,北方遂增一部落称呼矣。旧地名,新地名,类此者极多,考沿革者,宜略知此。

[注释]①兀良哈三卫:原系地名,指潢河以北,西起兴安岭,东至哈尔滨、长春等平野。明洪武二十年(1387),朱元璋命冯胜、蓝玉率军平定金山纳哈出,以兀良哈地安置纳哈出部众。二十二年(1389)五月,在兀良哈设置泰宁、朵颜、福余三卫指挥使司,明人习称泰宁、朵颜、福余为兀良哈三卫,简称兀良哈。

一、修书宜略知钩稽①法,如四卫拉特,三有姓,独土尔扈特无姓。由后言之,虽谓土尔扈特即是姓可也,谓和硕特即姓和硕特,无不可也。由前言之,固皆以地名为姓,敢据《撤辰萨囊书》②,称其出恭博地方,定土尔扈特为恭博姓。

一、卫拉特是五族公共之称,各种官书,独于绰啰斯一族则单称厄鲁特,不知始于何例。然如西套贺兰山及青海之厄鲁特廿有一旗者,细考实非绰啰斯,乃和硕特也,与它处又不画一。今宜定一例,连姓称绰啰斯厄鲁特,而西套青海皆改书和硕特。

一、青海四部,为旗二十有九,此外实尚有绰啰斯遗民一类,于乾隆二十九年前移徙,而无编旗明文,历来只数四大部而遗其一,旧志因仍。宜一面行文贵德循化办事大臣查覆,一面恭检钦定《平定准噶尔方略续编》开载。

一、各处里差经纬度数,旧典颇多舛③,如阿霸垓、阿霸哈纳尔,皆左翼有之,右翼无之,左右翼里差,断乎弗同。又如科尔沁六旗,只详一旗;鄂尔多斯七旗,只详一旗;宜行咨钦天监考补。

[注释]①钩稽:查考审核。 ②《撒辰萨囊书》:即《蒙古源流》一书,作者蒙古族历史学家萨囊撒辰。内容以佛教的传播附会蒙古族的起源,历述元、明两代蒙古各汗的事迹,反映了早期蒙古社会经济、文化、道德等情况。③舛(chuǎn):错误,错乱。

一、引书用旧说,宜加排比,各具体裁,官书中如《三通》①,大抵沿旧文,少所发挥。如撰《七音略》,取之钦定《同文韵统》②;撰《六书略》,取之钦定《西域同文志》③。夫《西域同文志》,专为译西而作,故于国书下,先注明西域书,乃次各种书,而所胪仅西域地名、人名、山川名,若以皇朝全代全舆论,西域亦一隅之一隅,自宜分类博征,备详训诂,以《清文鉴》④为主,以满、汉官名、地名举例,不得以西域山川举例,是撰皇朝《六书略》,而独以西域为主矣。《三通》为本馆朝夕编摩取材之书,故特发其凡,以劝慎重。

一、旧志驿站下云:自独石口至嵩齐忒九百余里为一路,置驿九。考理藩院档册称,实六百里,置邮六。又志于古北口、喜峰口外,载乾隆三十六年之新邮,而张家口外,亦有新邮,自穆哈哩喀逊为新站起处,哈拉尼敦为住处,凡十六站,何以失载?又喀尔喀汗自备之邮站,亦宜略志一二,俾往来天使,知厥隘略。

[注释]①三通:唐杜佑《通典》、宋郑樵《通志》、元马端临《文献通考》三书的合称。 ②《同文韵统》:用满汉两种文字翻译并拼写梵文和藏文经咒的文字学、音韵学著作。允禄奉乾隆帝之命监纂,章嘉呼图克图纂修,刘统勋等汇纂,成书于乾隆十五年(1750),共6卷。主要内容包括天竺字母谱、天竺音韵翻切配合字谱、西番字母配合字谱、天竺西番阴阳字谱、大藏经典字母同异考、华梵字母合璧谱。 ③《西域同文志》:乾隆十五年(1750)傅恒等奉敕编撰而成,24卷。内容包括新疆、青海和西藏地区的地名及各部首领人名。每个名称均以满、汉、蒙、藏、维、托忒六种文字标明,用汉文注释语源、含义、地方沿革、人物世系简历等,是研究西部少数民族历史地理的重要工具书。④《清文鉴》:清代官修满文分类大型辞书,为傅达理、马齐、马尔汉等奉敕编,康熙帝审定。康熙十二年(1673)始修,四十七年(1708)书竣。分280类,收词12000余条,附有按字母排列的总纲索引。

一、回部风俗,亦佛教之支流,其人祖曰阿旦,其教祖曰默赫尔默特,其师曰阿浑,其同种曰穆哩斯玛奈,其学问曰二令,戒邪淫,戒杀,戒妄语,戒酒,戒盗;其字头,始爱里普;其历元,亦不拘至朔同日分秒无余之法,而自成章蔀,不置闰,大约为西洋新法历书之所祖,或云颇近授时历①也。其教实与西洋耶苏教大异。唐时流行中国之景教②,《水经注》之祆祠③,自是耶苏教,非默赫尔默特教,皆佛典所称九十六种旁门之一。要之比于准部之黄教④食肉衣黄之制,不犹未远佛意哉?自珍另有《内典旁师考》一篇,呈览。窃按在西洋则为耶苏教,在蒙古准部则为宗喀巴⑤教,在回部则为默赫尔默特二令教。风俗一门,宜区以详焉,以彰兼收并畜之赜⑥且盛。

[注释]①授时历:元代科学家郭守敬主持修订的历法,与现行格列高利历一年周期相同,但早其三百年,为我国古代推算最精确、使用最久的历法。②景教:唐代对传入中国的基督教聂斯脱利派的称谓。 ③祆祠:唐代从波斯传来的拜火教,即祆教。 ④黄教:藏族地区喇嘛教"格鲁派"的俗称,14世纪末宗喀巴所创,因该派喇嘛戴黄帽,故俗称"黄教"。17世纪中期成为西藏地方的执政教派,并在藏族、蒙古族地区广泛流传,达赖、班禅为黄教的两大活佛,现该派仍为藏传佛教最大和最有影响的派别。 ⑤宗喀巴:为藏传佛教格鲁派(黄教)创始人,本名罗桑扎巴,1435年赴西藏精研各种藏传佛经,以噶当派教义立说,从严格戒律入手,改革佛教,创立格鲁派。 ⑥赜(zé):深奥。

一、西域属国,如布鲁特之在南部,哈萨克之在北部,向于天朝恭谨,各官书只记大概。今中书徐松①在西域时,曾钩稽两部世系地界沿革成两表,当代奇作,此可以沿用者。

一、西藏亦有属国,犹喀尔喀之附见巴尔虎、乌梁海、科布多,回部之附见布鲁特、安集延、痕都斯坦,准部附见哈萨克之例。曰廓尔喀实最大;其次曰作木朗,曰布鲁克巴,曰哲孟雄,曰落敏汤,皆宜附见。廓尔喀本名巴勒布。国初,巴勒布三罕,曰叶楞罕,曰布颜罕,曰库库木罕,于雍正九年,各奏金叶文,递哈达,译出词旨甚恭顺,命以玻璃磁器赏之。后三罕合为一。故巴勒布益强大,戊申辛亥两用兵,亦皇朝巨事实也。风俗形势,宜备载。

[**注释**]①徐松:清代著名西域地理学家,字星伯,直隶大兴(今北京)人。嘉庆十年(1805)得中进士,十七年(1812)因事被贬戍伊犁,从此调查风物,历天山南北,记其山川道路等,写成《新疆志略》10卷,特旨赦还。

以上都一十八条,皆举其炳炳显显者,余小事,头绪尚多,未易鬯宣①。惧循袭而不改,阙略而不补,颠舛而不问,苟简而不具,弃置而不道,回护而不变,有重修之费,有重修之名,将使后之专门者,靡所镜也。中华文献,夥有通人,无甲第名位,弗敢妄议;惟此类语言文字,求之亲到其地者,尚或懵昧②,答不中问,可知从事铅椠③之难。珍虽非绝诣,自是孤学,倘蒙垂择,致为荣幸,而于己非有利焉。不胜悚惶待教之至!

[**注释**]①鬯(chàng)宣:畅达说明。鬯,通"畅"。　②懵(měng)昧:糊涂;无知。　③铅椠(qiàn):古人书写文字的工具。铅,铅粉笔;椠,木板片。

上大学士书①

中书龚自珍言:自珍少读历代史书及国朝掌故,自古及今,法无不改,势无不积,事例无不变迁,风气无不移易,所恃者,人材必不绝于世而已。夫有人必有胸肝,有胸肝则必有耳目,有耳目则必有上下百年之见闻,有见闻则必有考订同异之事,有考订同异之事,则或胸以为是,胸以为非,有是非,则必有感慨激奋,感慨激奋而居上位,有其力,则所是者依,所非者去,感慨激奋而居下位,无其力,则探吾之是非,而昌昌大言之。如此,法改胡所弊?势积胡所重?风气移易胡所惩?事例变迁胡所惧?中书仕内阁,縻七品之俸,于今五年,所见所闻,胸弗谓是;同列八九十辈安之,而中书一人,胸弗谓是;大廷广众,苟且安之,梦觉独居,胸弗谓是;入东华门,坐直房,昏然安之;步出东华门,神明湛然②,胸弗谓是;同列八九十辈,疑中书有痼疾③,弗辨也,然胸弗谓是。如衔鱼乙以为茹,如藉猬栗④以为坐,细者五十余条,大者六事,兹条上六事,愿中堂淬厉⑤聪明,焕发神采,赐毕观览。

[注释]①这是道光九年(1829)龚自珍任内阁中书时写给大学士的建议书。 ②湛(zhàn)然:安然、清澈的样子。 ③痼(gù)疾:指经久难治愈的病。 ④猬栗:指刺猬身上的毛刺,猬毛色褐如栗,故称。 ⑤淬(cuì)厉:磨练,锻炼。

一、中堂宜到阁看本也。大学士之充内廷者,例不看本。伏考雍正十年①以后,内廷之项有五:一、御前大臣②,二、军机大臣③,三、南书房④,四、上书房⑤,五、内务府总管⑥是也。五项何以称内廷?内阁为外廷故也。内阁何以反为外廷?雍正后,从内阁分出军机处故也。大臣带五项者,除出南书房、上书房总师傅不日入直,不常川园居;日入直,常川⑦园居者,三项而已。此带三项之大学士,不到阁看本之缘由也。幸大学士不尽带三项,内阁日有大学士一员到,汉侍读上堂,将部本通本,各签呈定迎送如仪,中书有关白⑧则上堂,无关白则否,此国初以来百八十年不改,而且雍正壬子⑨以后,九十年来莫之有改者也。惟中堂到阁,侍读以下贤否,熟悉胸中,辅臣掌故,亦熟悉胸中,内阁为百僚之长,中书实办事之官,此衙门一日未裁,此规矩一日不废。

[注释]①雍正十年:公元1732年。 ②御前大臣:清代侍卫官名,康熙时设置,由王大臣内特简,无定员,掌统乾清门内侍卫、司员等,随扈皇帝出巡,兼管奏事处事务。 ③军机大臣:清代军机处职官,俗称大军机,又称枢臣,为兼职,自满汉大学士、尚书、侍郎、京堂中选用,或由军机章京升任。为皇帝的心腹,替皇帝出主意,起草谕旨,处理重大军政事务。 ④南书房:康熙时在乾清宫西南设南书房,皇帝在此读书,后选翰林等官入内当值,南书房即成内廷供奉之地,除应制撰写文字外,还秉承皇帝旨意起草诏令。 ⑤上书房:为清代皇子读书处,原称尚书房,道光年间改为上书房。例选翰林官分侍讲读,日有课程,教习国史、圣训、经籍、诗词及满、汉文字等,择大臣二至三人充总师傅,综领督学。 ⑥内务府总管:为内务府主官,正二品,而内务府是清朝管理皇家大小事务的总机构。 ⑦常川:经常,连续不断。 ⑧关白:犹禀告、报告。 ⑨雍正壬子:即雍正十年,公元1732年。

道光元年①,大学士六人,满洲伯中堂②,托中堂③,协办长中堂④,汉则曹中堂⑤,戴中堂⑥,协办孙中堂⑦,是年到阁看本者三人,托、戴、伯是也。戴予告,孙大拜,协办为蒋中堂⑧;伯休致,长大拜⑨,协办为英中堂⑩;则道光二年之事。曹、蒋皆军机大臣,长伊犁将军,孙两江总督,英内务府总管,其日日看本者,只托中堂而已。托中堂在嘉庆朝任御前大臣、军机大臣,常川园居,圣眷隆重,至是乃日日看本,原属偏劳,一日召见,乘便口奏:内阁只臣一员,日日看本,部旗事繁,必须分身等语。于是乞旨派汉学士三人,轮流看本。噫!学士职过朱⑪,看本非所掌也,此乃第一大关键。

[注释]①道光元年:指公元1821年。 ②伯中堂:即伯麟,满洲正黄旗人。嘉庆、道光时协办大学士,兵部尚书。 ③托中堂:即托津,满洲镶黄旗人,累迁东阁大学士,管理户部。 ④长中堂:即长龄,蒙古正白旗人,累官刑部尚书,协办大学士。曾参与镇压甘肃、台湾人民起义,并率兵抗击廓尔喀入侵,嘉庆年间镇压川楚陕白莲教起义,道光年间讨伐新疆张格尔叛乱。 ⑤曹中堂:即曹振镛,字俪笙,安徽歙县人,累官体仁阁大学士。 ⑥戴中堂:即戴均元,大庾人,字修原,号可亭,累官文渊阁大学士。 ⑦孙中堂:即孙玉庭,字寄圃,山东济宁人,累官体仁阁大学士,两江总督。 ⑧蒋中堂:即蒋攸铦,字颖芳,号砺堂,汉军镶红旗人,累官体仁阁大学士、两江总督。 ⑨大拜:明清以前称宰相为大拜,明清大学士如同旧时宰相,故亦以大拜称之。 ⑩英中堂:即英和,字树琴,号煦斋,满洲正白旗人,累官户部尚书,协办大学士。 ⑪过朱:清制,凡军机处代皇帝草拟的谕和旨,送皇帝阅定时,经皇帝亲笔修改者为过朱。谕旨经过朱后交还军机处,军机处亦不得另行誊抄,即以原件封发。

然而一时权宜之法,岂以为例?他日无论某中堂开缺,局势即全变;局势全变,旧章不难立复。设竟从此改例,须大学士奏明,将汉学士添此职掌,纂入《会典》①,并将大学士永远作为虚衔之处,纂入《会典》,万无不奉明文,淡然相忘之理。所以托中堂此奏权宜,自无妨碍,而后来永远如此,并托中堂所不及料者也。孙革职,蒋大拜,协办为汪中堂②;汪,上书房总师傅也。按嘉庆九年,上谕曰:南书房、上书房行走大臣,俱著轮流入署办事。其上书房总师傅,不过旬日一入直,尤不得借口内廷,常川园居。圣训煌煌,汪中堂不知也,侍读不知也。汪到任日,满侍读探请意指,汪赧然③曰:我外廷乎?乃止。是日绝无援甲子年上谕以明折之者。不但此也,前此嘉庆七年六月上谕曰:"内阁重地,大学士均应常川看本;其在军机处行走者,每年春夏在圆明园居多,散直后,势难赴阁。至在城之日直机务稍简,朕令其赴衙门办事,即应阁部兼到;若不在内廷之大学士,票拟纶音④是其专责,岂可闲旷?保宁到京后,虽有领侍卫内大臣,朕不令其在园居住。嗣后军机处之大学士,直朕进城后,谕令到衙门时,著先赴内阁,再赴部院;其不在内廷之大学士,著常川到阁,以重纶扉⑤,以符体制。"此谕更明白矣!亦无援引以折之者。大官不谈掌故,小臣不立风节,典法陵夷⑥,纪纲颓坏,非一日之积,可胜痛哉!假使汪肯看本,则托、汪隔日一到,与托原奏所称只一员到阁之语情事异;与所称日日到阁之语情事又异。夫复何辞?惜哉!此第二大关键也。

[注释]①《会典》:指《大清会典》。《大清会典》按行政机构分目,是以行政法规为主要内容的法律汇编,不仅是清朝行政法规大全,也是中国封建社会最完备的行政法典。　②汪中堂:指汪廷珍,字瑟庵,江苏山阳(今淮安)人。历官礼部尚书,协办大学士。　③赧(xǐ)然:因羞惭或生气而脸红。④票拟:也称拟票,指内阁阁臣对臣僚给皇帝的章奏等文书所拟的批答。纶音:指皇帝的诏令。　⑤纶扉:明清时期喻称内阁。　⑥陵夷:形容衰落,败落。

汪病逝，协办为今卢中堂①；英降热河都统，协办为今富中堂②；两中堂不但不在三项内廷，并不在五项之列，尤宜到阁，以重本职，而侍读惩前事，不复探请。两中堂原未谙阁故，不知大学士之本职，因何而设，咎自不在两公，遂两相忘；此第三大关键。

[注释]①卢中堂：即卢荫溥，字南石，山东德州人，道光间拜体仁阁大学士，谥文肃。　②富中堂：即富俊，蒙古正黄旗人，累官东阁大学士，掌管理藩院。

合署人员，举朝科道，亦皆淡然相忘；比之汪中堂到任之年，情事又一变；而汉学士之看本，局遂不变。时人戏语陈学士嵩庆、张学士鳞曰：两君可称"协办"协办大学士。两君笑应之。三十年后，后辈绝不解今日嘲戏语矣。卢中堂全衔为：太子少保、协办大学士、吏部尚书、国史馆总裁、兼管顺天府事务，富中堂全衔为：太子少保、协办大学士、理藩院尚书、正白旗满洲都统、阅兵大臣。今吏部、顺天府知有卢中堂，内阁不知有卢中堂也。理藩院、正白旗知有富中堂，内阁不知有富中堂也。黜陟①之事，托中堂独主之，内阁不知中堂凡有六缺也。而本朝大学士一官，遂与保傅②虚衔，有衔无官者等。

[注释]①黜（chù）陟（zhì）：指人才的进退，官吏的升降。　②保傅：为保官和傅官的统称，负责辅佐教导的官，如太保、太傅、少保、少傅。

自尚书至巡检典史，皆不以兼摄事废本缺事，独大学士有兼事无本事矣。自尚书至未入流，皆坐本衙门堂上办事,内阁为衙门首,堂上阒然①无堂官矣。而太宗文皇帝②以来,设立大学士之权之职之意,至托中堂而一变,汪中堂而再变,卢、富两中堂而三变。托创之,汪中之,卢、富成之。依中书愚见,今宜急请托中堂、卢中堂、富中堂轮流到阁看本,(今曹系军机大臣,长系御前大臣,蒋系两江总督。)如不看本,宜急奏明改定《会典》,不得相忘。此当世第一要事。

[注释]①阒(qù)然:形容寂静无声的样子。　②太宗文皇帝:即皇太极。

一、军机处为内阁之分支,内阁非军机处之附庸也。雍正辛亥①前,大学士即军机大臣也。中书即章京也。壬子②后,军机为谕③之政府,内阁为旨④之政府,军机为奏⑤之政府,内阁为题⑥之政府,似乎轻重攸分⑦。然寰中⑧上谕,有不曰内阁承发奉行者乎?寰中奏牍,有不曰内阁抄出者乎?六科⑨领事,赴军机处乎,赴内阁乎?昔雍正朝以军务宜密,故用专折奏⑩,后非军事亦折奏,后常事亦折奏,后细事亦折奏。今日奏多于题,谕多于旨,亦有奏讫在案,补具一题者,绝非雍正朝故事。故事何足拘泥?

[注释]①雍正辛亥:指雍正九年,即公元1731年。　②壬子:指雍正十年,即公元1732年。　③谕:在清代,皇帝对日常政务活动特降的命令称为谕,用于晓谕京官(自侍郎以上)、外官(自知府总兵以上)的黜陟调补,统称上谕。长官告其属吏也可称为谕。　④旨:多用作对臣下奏请的批答或皇帝单独的指令。　⑤奏:臣属向君主提交的用于陈述意见或说明政事的专用文体。　⑥题:官文名,下级报于上级的一种公文形式。　⑦攸(yōu)分:有区

别的地方。 ⑧寰(huán)中：字内，天下。 ⑨六科：明清时给事中分治六房之制，定为吏、户、礼、兵、刑、工六科，每科设都给事中，左、右给事中，给事中等官，六科对六部拥有封驳、纠弹之权，皇帝以六科联系控制六部。 ⑩专折奏：即专折奏事，清代奏事制度之一，规定京官如尚书、侍郎、京堂、翰林、詹事、六科给事中、各道御史；外官如总督、巡抚、盐政、学政、织造、船政、关差总管；武官如八旗城守尉以上，绿营提督以上，均可专折奏事，就某事提出个人意见，供皇帝作出决断。

但天下事，有牵一发而全身为之动者，不得不引申触类及之也。国朝仍明制，设六科，其廨①在午门外，主领旨，主封驳，惟其为上谕也，谏臣或以为不可行，而封驳之，谏臣之所以重。今内阁拟旨所答，皆题本也，所循字句，皆常式也，旨极长，无过三十字，诚无可封驳者。自阁臣为闲曹冗员，而并科臣亦成闲曹冗员，果依现在情形，何不以六科移驻隆宗门外，专领军机处上谕，而主其封驳乎？又惟内阁为至近至贵之臣也。

[注释]①廨(xiè)：官署，旧时官吏办公处所的通称。

外吏不敢自通于主上，故仍明制，由通政司达内阁，谓之通本，果依现在情形，通政司亦闲曹冗员，可以裁；如不裁，何不移驻隆宗门外，为奏事处之咽喉乎？此二说，原属迂腐不可行，然援据立法之初意，而求其龥理①，核其名实，必遭天下后世辨口，如此重重驳诘而后已，亦何以御之哉？又六部尚书皆直日，而大学士独不直日；侍郎直日，而内阁学士不直日。立法之初，岂不以丝纶之寄，百僚之总，不直日者，无日不直也乎？内阁与军机既分，大学士反恃部院旗务以为重,而直日召见。嘉庆中,御史蔡炯奏大学士勿令兼他务,其论实近正也,其事则幸而不行。万一行,则大学士既不直日,又不到阁看本,终岁不召见,又不趋公,与冗食需次小臣何以异?天下后世姗笑②,何以御之哉?故曰:必也正名。名之不正,牵一发而全身为之动者,此也。

[注释]①偲(sāi)理:道理。 ②姗笑:嘲笑,讥笑。

雍正壬子,始为军机大臣者,张文和公①,鄂文端公②,文和携中书四人,文端携中书两人,诣乾清门帮同存记及缮写事,为军机章京之始,何尝有以六部司员充章京者乎?文和兼领吏部户部,何尝召吏户两衙门司官帮存记缮写乎?厥后中书升主事,即出军机处,何也?六部各有应办公事,占六部之缺,办军机处之事,非名实也。其升部曹而奏留内廷者,未考何人始,至于由部员而保充军机处者,又未考何人始。大都于文襄③、傅文忠④两公,实创之主之,其后遂有部员送充之例,内阁占一半,六部占一半,阁部对送,阁所占已不优矣,但阁与部,未尝分而为七。嘉庆二十一年,睿皇帝⑤顾谓董中堂⑥曰:此次保送,内阁独多。董中堂衰耄,未遑据大本大原以对,反叩头认过,于是特谕内阁与六部衙门,均平人数,而阁与部遂为七。今中书在军机者最希,最失本真,职此故也。伏思本原之中,又有本原,从本原更张,必非一介儒生口舌所敢议。依中书愚见,姑且依雍正中故事,六部专办六部之事,内阁办丝纶出内之事,停止六部送军机处,其由军机中书升任部员后,不得奏留该处,立饬回部当差。如此,庶变而不离其宗,渐复本原,渐符名实。

[注释]①张文和公:即张廷玉,字衡臣,号研斋,安徽桐城人。历任保和殿大学士,雍正七年(1729)设军机房,由他和允祥、蒋廷锡主持,规制多出其手,曾任《明史》监修总裁官,备受雍正、乾隆二帝的倚重,卒谥文和。 ②鄂文端公:即鄂尔泰,字毅庵,满洲镶蓝旗人,与田文镜、李卫并为雍亲帝心腹。任云贵总督时兴修水利,实行改土归流。雍正十年(1732)任军机大臣,为雍正帝所信重,事无大小,悉令平章以闻,累官保和殿大学士,军机大臣,卒谥文端。 ③于文襄:即于敏中,字叔子,号耐圃,江苏金坛人。以文章为乾隆帝所重,历任军机大臣、文华殿大学士等,又充"四库全书馆"、"三通馆"正总裁。④傅文忠:即傅恒,号春和,满洲镶黄旗人,累官保和殿大学士兼军机大臣,封为一等公。在军机处行走 20 余年,深为乾隆帝所倚重。曾督师指挥大金川之战,并参与筹划平定准噶尔部的战争,后又参与决策对缅甸的战争,名列功臣之首。 ⑤睿皇帝:即嘉庆帝。 ⑥董中堂:即董诰,字雅伦,号蔗林,浙江富阳人。累迁东阁大学士,卒谥文恭。

一、侍读①之权,不宜太重也。自中堂不到阁,而侍读之权日益重。凡中书一切进取差使,侍读不呈大官单,袖中出寸纸,书姓名一两行,口进数词,中堂漫颔之,即得之矣。遇有协办侍读出缺,则侍读之门如市,故侍读以上官自处,中书以下属自处,明悖《会典》。试思六部卿寺衙门,皆用大官单白事,何内阁独废单不用?由各衙门堂上皆有堂官,官有几案,可阅官单。今侍读之见中堂也,大率宫门风露之中,立谭之顷,使非袖中出寸纸,实不简便,此其所苦也。

论者曰:侍读于中书近,中堂于中书远,藉加延访。

此论不然！大官单既备载中书之履历、年齿、食俸深浅、功过次数，及何项行走名目矣，何独凭袖中寸纸之为延访，而阅官单之反非延访欤？中堂领百僚，为皇上耳目，其于四海之内，满、汉文武，大小贤否，罔弗知也，何至本衙门二三笔札小生，尚有弗知，而待临歧延访欤？岂中堂之聪明，申于天下，而独诎于侍读欤？依中书愚见，一切中书差使，宜由侍读手奉全单，默然鹄立，中堂坐堂上，朱笔点出，明降堂谕，不许仍沿袖中出纸，以肃瞻听。

一、汉侍读宜增设一员，使在典籍厅掌印也。国初汉侍读本三人，今满洲、蒙古、汉军侍读缺十二人，汉缺二人。内阁为掌故之宗，典籍厅为储藏之薮。近御史王赠芳有陈奏添设汉侍读一折，部议不行。其原奏但为疏通人员起见，且仍系办理票签②之事。票签甚不乏人矣，何用添设？议寝良是。愚以为侍读必宜添设，以复旧制，而非专为疏通起见也，又非为票签处添缺也。今汉缺典籍二员，皆不在厅行走③，或在票签委署侍读上行走，或在稽察房行走，或在票签直房行走，或在副本库行走，其中书帮办典籍者一两员，孤立于厅，厅待之如客。彼实缺典籍，尚不过而问一切矣，安能责帮办之中书？问其何故？由厅无汉人前程。

[注释]①侍读：官名。其职务是帮助皇帝读书或给皇帝讲学，宋和明、清皆置侍读，也置侍读学士。　②票签：清制，每日通本、部本由汉侍读等拟写单签，移送满票签处，由满侍读等详校满文，检查票签成式，拟写满文草签，以副本呈在军机处的大学士，以正本呈在阁大学士阅定票拟，再缮写正签。如是满文本，即不拟汉字签。　③行走：官员任用类别之一，清制，官员派充

某项职务即称在某机构或某官上行走。

故典籍虽有深俸,苟非委署侍读,必不准擢侍读,假使擢侍读,而其人又离厅矣,又况实缺典籍,由中书论俸而升。俸已深矣,不久出衙门矣,即真在厅行走,而视厅如传舍①,无足整顿固也。此汉人于内阁掌故,十九茫然,而满员直视为文移档案之区,繁缺不欲令汉人分权,其势遂成,遂不可反。依中书愚见,欲名实之符,莫如添汉侍读一员,在厅掌印,与满侍读和衷办事。此缺出,以实缺典籍升用,典籍缺出,以在厅帮办之中书升用。如此,则国家多熟谙掌故之小臣,为太平润色。即以疏通而论,汉人之升侍读也,分为二支,一支由票签处委署侍读升用,一支由典籍升用,全局均匀,无要津挤塞之患。

[注释]①传舍:原为战国时贵族供门下食客食宿的地方,客有上、中、下之分,舍也分传舍、幸舍和代舍,泛指古时供行人休息住宿的处所。

一、馆差宜复旧也。各馆官书,以内阁翰詹①衙门充总纂、纂修、协修官,此国初以来定例。近日尚有明文可见,一见于嘉庆六年十月,大学士王杰等会典馆原奏;再见于嘉庆七年十一月,大学士保宁等会典馆原奏;弁冕②会典者也。会典馆如此,历圣实录馆如此,一切官书局无弗如此。嘉庆七年,王文端公③送中书蔡毓琳等充协修,而以叶继雯④充纂修。叶君负文望,辞至再,欲待三召,文端怒,遂停止中书送纂修之例,于是终会典馆全书告成之年,无以中书续送者。《仁宗睿皇帝实录》,凡六年告成,亦无以中书送纂修者。在文端为迁怒,为变旧章。从而沿之,非文端诤友矣。但文端未尝奏明裁汰,未奉明文,从而沿之,以为前规后随,恐文端不受。且停止送纂修、协修矣,而独送分校。分校之役,与供事等。夫中书与翰詹同为清秩,翰林纂书,中书分校之,书内得失,一切不当问,中书深以为耻。又按:嘉庆末,杨宜之系副贡生⑤出身,八品京官,而充会典馆总纂;中书王璟等,以进士出身,七品官,而充其分校。揆之国家用人之法,岂为平允?此必当复其旧物,并行知各馆者也。

[注释]①翰詹:清代翰林院、詹事府连称。 ②弁(biàn)冕(miǎn):皆古代男子吉礼之服用冕,通常礼服用弁,因以弁冕指礼帽。 ③王文端公:即王杰。 ④叶继雯:字云素,汉阳人,乾隆进士,官至御史。工于诗文,书法学褚,字必端楷,遵循古法,人多以为迂腐。 ⑤副贡生:贡生的一种。乡试列入副榜的,不再经过考试,送入国子监学习的,称为副贡。副贡因不在正取之列,以后参加科考,仍要参加乡试,不能同举人同赴会试。

一、体制宜画一也。汉中书充文渊阁检阅、军机章京者,挂朝珠①。今中书纷然挂朝珠,或以为非,或以为是。以为是者曰:内阁本内廷,与军机无区别。以为非者曰:今之内阁一切,非军机处,事势本殊,何独挂珠?两说皆中理,此宜奏定章程,或全准,或全裁,或何项应准,或何项应裁,奉明文而载《会典》。又如中书初到阁见大学士仪,平日侍读中书因公见大学士仪,后辈初次谒前辈仪,亟宜斟酌卑亢之间,纂成一书,以便循守。愿文物斐然,以章百司领袖之盛。道光九年②十二月朔,中书龚自珍谨议。

[注释]①朝珠:清代五品以上官服的佩饰,形制同念珠,其数108粒,以珊瑚、琥珀、蜜蜡等物制成,悬于胸前。　②道光九年:公元1829年。

答人问关内侯

汉有大善之制一,为万世法,关内侯①是矣。汉既用秦之郡县,又兼慕周之封建②,侯王之国,与守令之郡县,相错处乎禹之九州,是以大乱繁兴。封建似文家法,郡县似质家法,天不两立。天不两立,何废何立?天必有所趋,天之废封建而趋一统也昭昭矣。然且相持低卬③徘徊二千余年,而后毅然定。何所定?至我朝而后大定。关内侯者,汉之虚爵也。虚爵如何?其人揖让乎汉天子之朝,其汤沐邑④之入,稍稍厚乎汉相公卿。无社稷之祭,无兵权,无自辟官属。虽有百主父偃、贾谊、晁错⑤之谋,无所用。汉待功臣尽如此,无韩、彭⑥矣;待宗室尽如此,无吴、楚七国矣。后世待将帅如此,无唐方镇矣;待宗室如此,无明燕王及宸濠⑦矣。莫善乎唐宋之待宰辅文臣也,位之以王公侯伯开国子,冠之以姬周大国名号,食邑数千户,而不生杀其户,留其人于京师,而无尺土以嬗其子孙。有怨者乎?无有。子孙且无怨者,及身之受保全大矣。龚自珍曰:唐宋待宰辅法,汉关内侯法也,惜乎其犹多鲁、卫、莱、莒、荆、申之名之扰扰也。

[注释]①关内侯:爵位名。秦汉时设置,为20等爵的第19等,位在彻侯(后避汉武帝讳改为通侯或列侯)之次。仅有封号,无所封之国邑,按规定

的食封户数,享受应得之租税。居于京邑关中之地,故名。　②封建:一种政治制度。君主把土地分给他同姓的诸侯和功臣,让他们在这块土地上建国,周朝开始有这种制度。　③低卬(áng):忽高忽低,时起时伏。卬,通"昂"。④汤沐邑:天子赐给诸侯的封邑。周制,诸侯朝见天子,天子赐以王畿以内的供住宿和斋戒沐浴之处。后来皇帝、皇后、公主、诸侯王、列侯皆有收取赋税以供私人奉养的封邑,称汤沐邑。　⑤主父偃:西汉大臣,任中大夫,主张实行推恩,使诸侯王得分封子弟为侯。武帝采其建议,颁布"推恩令",从此王国封地愈来愈小,名存实亡。贾谊:西汉政论家、文学家,主张以"众建诸侯而少其力"的办法,削弱诸侯王的势力。晁错:西汉政论家。景帝时任御史大夫,主张募民备塞,防御匈奴;向景帝献"削藩策",削夺诸侯王封地,巩固中央集权。　⑥韩、彭:即韩信、彭越。韩信:西汉开国功臣,陈豨叛乱时,有人诬告韩信与其同谋,欲起兵长安,被吕后诱杀于未央宫。彭越:西汉建立后封为梁王,高祖十一年(前196)梁太仆告其谋反,刘邦捕彭越囚洛阳,废为庶人,徙往蜀地。因路遇吕后被带回洛阳,以复谋反的罪名夷三族,枭首洛阳,醢其肉以赐诸侯。　⑦燕王:即明成祖朱棣,初封燕王,建文元年(1399),起兵"靖难",四年攻破京师(今南京),夺取帝位。宸濠:即朱宸濠,明朝宗室,宁献王朱权四世孙。正德十四年(1519)起兵反叛,分兵攻陷九江、南康,围攻安庆,声言直取南京,为王阳明所败。次年底,被处死于北京通州。

　　我圣祖仁皇帝既平吴耿大逆①,虽元功亲王,毕留京师;大制大势皆定,宗室自亲王以下,至于奉恩将军,凡九等,皆拨予之以直隶及关东之田,以抵古人之汤沐邑。以汉制准之,则关内侯也。功臣自一等公以下,至于恩骑尉,凡二十六等,二十六等之人,皆予俸,无官受世职单俸,有官受双俸;其世数,一等公袭二十六次,以是为差。以汉制准之,亦皆关内侯也。且夫自我朝以前三千年,未有定制,自周已然。周之制,文、武、成、康之支子母弟封,昭、穆以降之支子母弟不封。然则宣王之世，郑伯何以又出封？夫支孽②尽封，则国祚愈长久，愈窒碍难行。寰海不能容支孽；支孽不尽封，则守府之支子母弟怨。故支孽尽封，必速亡；不尽封，则子颓、子带③之伦，伺肘腋以怨，非上策也。如皆获虚爵，如汉关内侯，则皆受恩，皆受制。我朝之制，除开国功王，袭王爵罔替④外，世世嗣服之主，皆封子弟为王、为贝勒，则皆降等以袭，以世次为差；以世次为差，至四品闲散而止，则不受田矣。是恩与制皆善，国家万年，京师数数营造王府、贝勒府耳，无所窒碍，超越二千载，最平允易行者也。

[注释]①我圣祖仁皇帝既平吴耿大逆：指康熙帝平定吴三桂、耿精忠与尚可喜三藩之乱。　②支孽：旁生的树枝，比喻支庶、旁出的宗族。　③子颓：子颓为周庄王庶子，受宠。周惠王即位初夺取大臣边伯等人的园林，作为田猎场所，因而边伯与王子颓共同作乱，周惠王被放于温地，国人立王子颓为王，后郑杀王子颓，复送惠王入国。子带：即王子带，春秋周惠王之子，襄王之弟。襄王十八年（前634），周王室发生王子带之乱，后晋文公出兵杀死王子带，并护送襄王回国。　④罔替：清制，凡有军功或阵亡的将士，均赏予爵位，子孙可世代继承，但有数代递降的限制；清初建国元勋及功高者的子孙可以享受特权，不受此限制，此为"世袭罔替"，俗称"铁帽王"，即永不降级之意。

问：功臣一等公以下之俸，足以抵古之食邑①户者乎？答：不如也。如有肯上言于朝，增二十六等之俸，此易施行者也。问：王以下之田，与其大制？曰：皆善矣。自珍官宗人府②知之，亲王蓝甲六十副外，白甲一百七十副，护军领催三十分，共钱粮二百分；郡王蓝甲五十副外，白甲百二十副，护军领催三十分，共钱粮百五十分；贝勒蓝甲四十副外,白甲八十副,护军领催二十分,共钱粮百分;贝子蓝甲三十副外,白甲六十四副,护军领催十六分,共钱粮八十分。亲王无故出京师六十里,罪与百官同。亲王以下,贝子以上,其户下五旗包衣③之人,见王如家奴见家长之礼;包衣之女,许亲王等拣选为媵妾。雍正元年,议准包衣人应试入仕,得以籍自通于朝。

[注释]①食邑:即采邑,卿大夫的作为世禄的封地,用以补充衣食开销。初为实封,即诸侯王享有封地内的租税收入,后虚封增多,仅为尊崇,无经济意义。　②宗人府:官署名。清代掌管皇室宗族的谱牒、爵禄、教诫、赏罚、祭祀等事务的机构。设宗令一人,多以亲王、郡王充任,设宗人府丞负责办理具体事务,由汉人充任。　③包衣:满语"包衣阿哈"的简称,满族及清代贵族的家庭奴隶,来源于战俘、罪犯、因债务破产者,为满族社会的最低者,无人身自由,从事家内劳动和生产。清统治全国后,也有因战功而显贵的,但对其主子仍保留奴隶身份。

第 四 辑

京师乐籍①说

昔者唐、宋、明之既宅②京也,于其京师及其通都大邑,必有乐籍,论世者多忽而不察。是以龚自珍论之曰:自非二帝三王之醇备③,国家不能无私举动,无阴谋。霸天下之统,其得天下与守天下皆然。

[**注释**]①乐籍:古代女犯及犯人妻女没入官府,沦为官伎,以音乐歌舞事奉官府,其名籍称为乐籍。后泛指官伎或乐户。 ②宅:居住,建立。 ③二帝三王:二帝指唐尧、虞舜;三王指夏禹、商汤与周文王、武王。醇备:淳厚完美。

老子曰:"法令也者,将以愚民,非以明民。"孔子曰:"民可使由之,不可使知之。"齐民①且然。士也者,又四民②之聪明喜论议者也。身心闲暇,饱暖无为,则留心古今而好论议。留心古今而好论议,则于祖宗之立法,人主之举动措置,一代之所以为号令者,俱大不便。

[注释]①齐民:平民。　②四民:中国古代对士、农、工、商的统称。

　　凡帝王所居曰京师,以其人民众多,非一类一族也。是故募召女子千余户入乐籍。乐籍既棋布于京师,其中必有资质端丽,桀黠辨慧①者出焉。目挑心招,捭阖②以为术焉,则可以钳塞③天下之游士。乌在其可以箝塞也?曰:使之耗其资财,则谋一身且不暇,无谋人国之心矣;使之耗其日力,则无暇日以谈二帝三王之书,又不读史而不知古今矣;使之缠绵歌泣于床第之间,耗其壮年之雄材伟略,则思乱之志息,而议论图度④,上指天下画地之态益息矣;使之春晨秋夜为奁体⑤词赋、游戏不急之言,以耗其才华,则论议军国臧否⑥政事之文章可以毋作矣。如此则民听壹,国事便,而士类之保全者亦众。

[注释]①桀(jié)黠(xiá):凶悍狡黠。辨慧:聪明而富于辩才。辨,通"辩"。　②捭(bǎi)阖(hé):犹开合,本为战国时纵横家分化、拉拢的游说之术,后也泛指分化、拉拢。　③钳塞:控制阻遏。　④图度:忖度,揣摩。　⑤奁(lián)体:香奁体的省称,也称艳体,指描绘男女爱情的作品。　⑥臧(zāng)否(pǐ):褒贬、评定。

　　曰:如是则唐、宋、明岂无豪杰论国是①,掣肘②国是,而自取戮者乎?曰:有之。人主之术,或售或不售,人主有苦心奇术,足以牢笼千百中材,而不尽售于一二豪杰,此亦霸者之恨也。吁!

[注释]①国是:国家的大政方针。　②掣(chè)肘(zhǒu):拉住胳膊,比喻做事时牵制、阻挠。

述思古子议

闻之观古子,观古子闻之聪古子,聪古子闻之思古子①,言也者,不得已而有者也。如其胸臆②本无所欲言,其才武又未能达于言,强之使言,茫茫然不知将为何等言;不得已,则又使之姑效他人之言;效他人之种种言,实不知其所以言。于是剽掠脱误,摹拟颠倒,如醉如瘗③以言,言毕矣,不知我为何等言。

[注释]①观古子、聪古子、思古子:为作者假托的人物,并非实有其人。②胸臆:指心里的话或想法。 ③瘗(yì):古同"呓",梦话。

今天下父兄,必使髫卯①之子弟执笔学言,曰:功令②也,功令实观天下之言。曰:功令观天下说经之言。童子但宜讽经,安知说经?是为侮经。曰:功令兼观天下怀人、赋物、陶写性灵之华言。夫童子未有感慨,何必强之为若言?然则天下之子弟,心术坏而义理锢③者,天下之父兄为之。父兄咎④功令,宜变功令。

[注释]①髫(tiáo)卯(guàn):髫,古代小孩头上扎起来的下垂头发。卯:古代儿童束的上翘的两只角辫。 ②功令:科举考试用语。科举时代指考试制度中有关考试、录用的法令和规程。 ③锢(gù):禁闭。 ④咎(jiù):怪罪。

变之如何?汉世讽书射策①,皆善矣。讽书射策,是亦敷奏以言也。如汉世九千言足矣,则进而与之射策。

射策兼策本朝事,十事中十者甲科,中七者乙科,中三四者丙科,不及三摈之。其言不得咿嚘不定②,唱叹蔓衍,以避正的,宜酌定每条毋逾若干言以为式,其不能对,则庄书未闻二字以为式。如此则功令不縟③,有司不眩,心术不欺,言语不伪。至于说经,则老年教学之先生为之,成人有德者为之,髫卯姑毋庸;私家著述,藏名山④者为之,大廷姑毋庸。诗赋则私家之又不急之言也。及夫叹蔓衍之文章,大廷试士毋庸。

[**注释**]①讽书射策:讽书,背书。射策:汉朝选官考试的方法之一,其法是把考题书于简策,由参试者抽题答卷,向朝廷陈述自己的见解,答问本朝政事,根据主考官评定优劣,朝廷授予不同级别的官职。　②咿(yī)嚘(yōu)不定:形容人说话语气未定的样子。　③縟(rù):繁多,繁琐。　④藏名山:语见司马迁《报任少卿书》:"藏诸名山,传之其人。"指将自己的著作收藏在名山之中,使之流传后世。

说中古文①

成帝命刘向领校中五经秘书,但中古文之说,余所不信。秦烧天下儒书,汉因秦宫室,不应宫中独藏《尚书》,一也。萧何收秦图籍②,乃地图之属,不闻收《易》与《书》,二也。假使中秘③有《尚书》,何必遣晁错④往伏生所受二十九篇?三也。假使中秘有《尚书》,不应安国⑤献孔壁书,始知增多十六篇,四也。假使中秘有《尚书》,以武、宣之为君,诸大儒之为臣,百余年间,无言之者,不应刘向始知校《召诰》、《酒诰》⑥,始知与博士⑦本异文七百,五也。此中秘书既是古文,外廷所献古文,遭巫蛊⑧不立,古文亦不亡;假使有之,则是烧书者,更始⑨之火,赤眉⑩之火,而非秦火⑪矣,六也。

[注释]①中古文:指汉代藏于皇宫内的用古文(战国时期通行六国的文字)写成的典籍。　②萧何收秦图籍:公元前206年,刘邦攻克咸阳后,诸将皆争夺金银财宝,萧何收秦丞相、御史府所藏的律令、图书,使刘邦得以掌握全国户口、民情和地势,对日后制定政策和取得楚汉战争的胜利起了重要作用。　③中秘:宫中珍藏文物图籍的地方。　④晁错:西汉政论家,颍川(今河南禹县)人,文帝时,任太常掌故,曾奉命从故秦博士伏生受《尚书》。⑤安国:即孔安国,西汉经学家,孔子后裔。武帝时官至谏大夫、临淮太守,曾从申公、伏生受诗书。鲁恭王扩建宫室,拆毁孔子旧宅,于壁中得古文《尚书》等,归还孔安国,他以今文读之,写定古文《尚书》58篇,孔安国请求把古文《尚书》立于学官,但由于"巫蛊"之祸而未成。但其真伪为后世学者怀疑,今存《尚书孔氏传》,系后人伪托之作。　⑥《召诰》、《酒诰》:《尚书》篇名。　⑦博士:汉武帝建元五年(前136)始置五经博士,各以其所专之学教授弟子,每经不止一家,故宣帝时增博士至12人。　⑧巫蛊(gǔ):指巫师使用邪术加害于人。蛊,毒虫。汉武帝时,方士和神巫聚集京都长安,女巫出入宫中,教宫人埋木偶祭祀免灾。正赶上汉武帝生病,江充谓巫蛊作祟,因此在宫中掘地搜查。江充与太子刘据有嫌隙,诬称在太子宫得木偶甚多。太子起兵捕杀江充,失败自杀,史称巫蛊之祸。　⑨更始:新莽末年,绿林起义军所建立的政权。　⑩赤眉:西汉末年樊崇等导的起义军用赤色涂眉,故称赤眉军。　⑪秦火:指秦始皇焚书事。

中秘既是古文,外廷自博士以汔①民间,应奉为定本,斠若画一②,不应听其古文家、今文家,纷纷异家法,七也。中秘有书,应是孔门百篇全经,不但《舜典》、《九共》③之文,终西汉世具在,而且孔安国之所无者,亦在其中。孔壁之文,又何足贵?今试考其情事,然耶?不耶?八也。

秦火后，千古儒者，独刘向、歆④父子见全经，而平生不曾于二十九篇外，引用一句，表章一事，九也。亦不传受一人，斯谓空前，斯谓绝后，此古文者，迹过如扫矣，异哉！异至于此，十也。假使中秘书并无百篇，则向作《七略》，当载明是何等篇，其不存者亡于何时，其存者又何所受也，而皆无原委，千古但闻有中古文之名，十一也。中秘既有五经，独《易》、《书》著，其三经何以蔑⑤闻？十二也。当帝之时，以中书校百两篇，非是。

[注释]①汔（qì）：以至。　②斠（jiào）若画一：公平持正，整齐画一。③《舜典》、《九共》：《舜典》为《尚书》篇目之一，《九共》为《尚书》逸篇名。　④刘歆：西汉末年古文经学的开创者，天文学家，字子骏，刘向之子。所著《七略》是重要的古代学术史著作，另著有《三统历谱》。曾谋诛王莽，事泄后自杀。　⑤蔑（miè）：无，没有。

予谓：此中古文，亦张霸百两之流亚①，成帝不知而误收之；或即刘歆所自序之言如此，托于其父，并无此事。古文《书》如此，古文《易》可知。宜其独与绝无师承之费直②《易》相同，而不与施、孟、梁邱③同也。《汉书》刘向一传，本非班作，歆也博而诈，固也侗④而愿。

[注释]①张霸：西汉经学家，据今文《尚书》29篇，加以分合，变成数十篇，又采《左传》、《书序》作为首尾，成百二篇，篇或数简，文意浅显。曾在西汉一度流传。成帝时，张霸以能百两篇征。以中秘之书校之，非是。流亚：指同一类的人物，犹言等辈。　②费直：西汉古文易学"费氏学"的开创者，字长翁，东莱（今山东掖县）人，官至单父令。治古文《易》，长于卦筮，无章句，唯以《易传》解说经文。其学未立于学官，后马融、郑玄等并习其学。　③施、孟、梁邱：西汉今文易学的传承者施仇、孟喜、梁邱贺。施仇：西汉沛（今江苏沛

县)人,字长卿,西汉今文易学"施氏学"开创者。少从田王孙受《易》,与孟喜、梁丘贺并为门人。后梁丘贺为少府,荐施仇于朝,诏拜为博士,宣帝甘露年间参加石渠阁会议,与诸儒杂论五经同异,为人谦让,不轻授徒。孟喜:西汉今文易学"孟氏学"开创者,字长卿,东海兰陵(今山东枣庄)人。宣帝时立为博士,他以六十四卦分配气候,以"卦气"言《易》。梁邱贺:亦作"梁丘贺",西汉今文易学"梁丘学"的开创者,字长翁,琅邪诸(今山东诸城)人。从京房受《易》,又与施仇、孟喜同学《易》于田王孙。官至少府,宣帝时为博士。 ④侗(tóng):幼稚,无知。

释 魂 魄①

有浑言②之义,有析言③之义。浑言之,人死曰鬼,鬼谓之魂魄;析言之,魂有知者也,魄无知者也。质言之,犹曰神形矣。《易》曰:"精气为物。"此言圣智之魂之情状。曰:"游魂为变。"④此言凡民之魂之情状。《诗》曰:"文王在上,于昭于天。"⑤此颂文王之精气,能不与魄俱死。孔子告子游曰:"体魄则降。"⑥此言圣智与凡民所同者。曰:"知气在上。"此言圣智所不与民同者。凡民之魂,不能上升乎天,或东、西、北、南以游。招魂⑦之礼,升屋而号,告曰:皋某复。必仰而求之上者,何也?不敢以凡民待其亲也。屈原、宋玉之词⑧,则求之上,求之下,求之东、西、北、南,夫亦善知凡民之情状者也。月之生曰明,其死曰魄,假借之义也。魂有知,故礼有招魂,楚巫有礼魂;魄无知,故周礼不墓祭,墨氏薄葬⑨。道家者流言以魂属善,以魄属不善,求之孔、墨,具无其义。小说家言人遇鬼于墟墓,然则魂有恋魄而悲死者矣。孰达孰悲?吾弗知。

[注释]①魂魄:古人相信人死后其精神化为魂魄,细言又分为魂与魄,魂是一种阳性的神灵,附于人之气,主宰人的精神思维活动;魄是一种阴性的神灵,附于人之形,主宰人的形体活动。 ②浑言:亦称"统言",训诂学术语,训释词义时笼统称说意思,用以说明同义词共同的意义,而不计较其细微差别。 ③析言:与浑言相对,训诂中用来辨析、说明同义词之间细微差别的术语。 ④精气为物,游魂为变:语出《周易·系辞传上》,程颐《经说》解释说:"聚为精气,散为游魂。聚则为物,散则为变。观聚散则见鬼神之情状,万物始终聚散而已。鬼神,造化之功也。"意思是气凝聚则成为可见之物,气消散则为无形之变化。 ⑤文王在上,于昭于天:语出《诗经·大雅·文王》,意思是文王的神灵升到上天,在天上光明显耀。 ⑥子游:春秋末吴国人,孔子弟子,以擅长文学著称。为鲁国武城宰时,提倡以礼乐为教,境内有"弦歌之声"。体魄则降:语出《礼记·礼运》:"体魄则降,知气在上,故死者北首,生者南乡,皆从其初。" ⑦招魂:古代丧礼程序。人死后在停尸期间,由专人呼唤死者的灵魂归于尸体,即招魂。招魂仪式的专司人员称复者。招魂自前方升屋,手持寿衣呼叫死者名、字三长声,然后从后下屋,将衣敷死者身上。 ⑧屈原、宋玉之词:《招魂》为《楚辞》篇名,司马迁《史记》认为是战国时期楚国诗人屈原所作,而王逸《楚辞章句》则谓宋玉作,今人多从司马迁之说,其主题或以为屈原招楚怀王之魂,或以为屈原自招其魂。 ⑨墨氏薄葬:墨子主张节用,反对儒家久丧厚葬的主张,提倡节葬、薄葬。

辩 知 觉

嘉庆甲子①,自珍从严江宋先生②读书。先生问焉曰:伊尹③曰:先知知后知,先觉觉后觉。知与觉何所辩也?自珍对曰:知,就事而言也;觉,就心而言也。知,有形者也;觉,无形者也。知者,人事也;觉,兼天事言矣。知者,圣人可与凡民共之;觉,则先圣必俟④后圣矣。尧治历明时,万世知历法;后稷⑤播五谷,万世知农;此先知之义。古无历法,尧何以忽然知之?古无农,后稷何以忽然知之?此先觉之义。子贡⑥曰:"夫子之文章,可得而闻?"此先知之义。"夫子言性与天道,不可得闻。"此先觉之义。孔子学文、武之道,学周礼,文、武、周公为先知,孔子为后知,此可知者也。孔子不悖杞⑦而知夏,不悖宋⑧而知殷,不乞灵文献而心通禹、汤,此不可知者也。夫可知者,圣人之知也;不可知者,圣人之觉也。

[注释]①嘉庆甲子:1804年。　②宋先生:即宋璠(fán),字鲁珍,浙江建德人,龚自珍11岁时的塾师。　③伊尹:商朝著名贤相,曾辅佐商汤讨伐夏桀。　④俟(sì):等待。　⑤后稷:周族始祖,善于种植庄稼,尧舜时曾做农官,教民耕种,舜时封于邰,号后稷。　⑥子贡:孔子弟子,长于经商,家累千金。以善辞令闻名于诸侯,历相鲁、卫,曾游说吴出师伐齐以救鲁。　⑦杞:古国名,姒姓,周武王克商后所封,始封之君是东楼公,相传为夏禹之后。⑧宋:西周封国,子姓,始封之君为商纣王之庶兄微子启,都城商丘。

阐　告　子①

龚氏之言性也,则宗无善无不善而已矣,善恶皆后起者。夫无善也,则可以为桀②矣;无不善也,则可以为尧③矣。知尧之本不异桀,荀卿④氏之言起矣;知桀之本不异尧,孟氏⑤之辩兴矣。为尧矣,性不加菀⑥;为桀矣,性不加枯。为尧矣,性之桀不亡走⑦;为桀矣,性之尧不亡走;不加菀,不加枯,亦不亡以走。是故尧与桀互为主客,互相伏也,而莫相偏绝。古圣帝明王,立五礼⑧,制五刑⑨,敝敝⑩然欲民之背不善而向善。攻蒯⑪彼为不善者耳,曾不能攻蒯性;崇为善者耳,曾不能崇性;治人耳,曾不治人之性,有功于教耳,无功于性;进退卑亢百姓万邦之丑类,曾不能进退卑亢性。告子曰:"性无善,无不善也。"又曰:"性,杞柳也,仁义,杯棬⑫也,以性为仁义,以杞柳为杯棬。"阐之曰:浸假而以杞柳为门户、藩杝⑬,浸假而以杞柳为桎拲梏⑭,浸假而以杞柳为虎子、威俞,菀柳何知焉? 又阐之曰:以杞柳为杯棬,无救于其为虎子、威俞;以杞柳为威俞,无伤乎其为杯棬;杞柳又何知焉? 是故性不可以名,可以勉强名;不可似,可以形容似也。扬雄不能引而申之,乃勉强名之曰:"善恶混。"⑮雄也窃言,未湮其原;盗言者雄,未离其宗。告子知性,发端未竟。

[注释]①告子:战国时期思想家,约与孟子同时,其思想散见于《孟子》一书。主张人性"无善无不善",认为人性无所谓善恶,善恶的品性并非生来就有,而是环境和教育的结果。与孟子的性善论相对立。 ②桀:夏代最后一位君主,名履癸,是我国历史上著名的暴君。 ③尧:传说中的远古帝王,后世奉为圣贤之君。 ④荀卿:即荀子,主张唯物主义的天道观,提出性恶论,主张建立礼治与法治相结合的政治统治。 ⑤孟氏:即孟子,战国时期思想家,儒家思孟学派的创始人。提出人性善说,认为人人都有为善的可能,但"小人"不能保持其善性,只有"君子"才能保有。 ⑥菀(wǎn):茂盛的样子。 ⑦亡走:逃跑。 ⑧五礼:古代的五种礼制,即吉、凶、军、宾、嘉五礼。 ⑨五刑:古代五种刑罚,商周时指墨、劓(yì)、剕(fèi)、宫、大辟,隋唐以后指笞、杖、徒、流、死。 ⑩敝敝:疲困的样子。 ⑪攻劘(mó):抨击。 ⑫杯棬(quān):古代一种木质的饮器,尤指酒杯。 ⑬浸假:假使。藩杝(lí):藩篱。杝,古通"篱",篱笆。 ⑭桎(zhì)拲(gǒng)梏(gù):即桎梏,脚镣和手铐,比喻像镣铐般约束、妨碍或阻止自由动作的事物。拲:古代一种刑罚,把双手铐在一起。 ⑮善恶混:汉代扬雄关于人性的观点:"人之性也善恶混,修其善则为善人,修其恶则为恶人。"认为人性具有善恶两种因素,皆与生俱来,经过后天熏染和学习,发展善的因素则成为善人,发展恶的因素则成为恶人。

捕蜮① 第一

龚自珍既庐墓塈居②,于彼郊野,魂飞飞以朝征,魄凄凄而夕处。百虫谋之曰:予可攻侮。厥族有大有小,布满人宇。予告诉无所,发书占之,曰:可以术捕。禁制百虫,非网非罟③。予尝媁④夫猎者之弹,亦起于古之行孝者,魑魅⑤山林,则职畏禹⑥。予禁制汝虫,皆法则上古。叩山川邱坟,而天神来下。山川之祇⑦问曰:今者有蜮,蜮一名射工,是性善忌,人衣裳略有文采者辄忌,不忌缞绖⑧。能含沙射人影,人不能见,必反书之名字而后噬⑨之。捕之如何?法用蔽影草七茎,自障蔽,则蜮不见人影。又用方诸⑩,取月中水洗眼,著纯墨衣,则人反见蜮,可趋入蜮群;趋入蜮群,则蜮眩瞀⑪。乃祝⑫曰:射工!射工!汝反吾名,以害吾躬,吾名甚正,汝不得反攻。射工!射工!速入吾胃中。如是四遍,蜮死,烹其肝。大吉。述《捕蜮第一》。

[注释]①蜮(yù):古代传说中一种能含沙射人、使人发病的动物,又叫射工。　②庐墓:古人在父母死后,服丧期间在墓旁搭盖小草屋居住,守护坟墓,谓之庐墓。塈(jì)居:谓筑土室而居。　③罟(gǔ):鱼网。　④媁(wěi):赞许,认为是。　⑤魑(chī)魅(mèi):古代称能害人的山泽之神怪,亦泛指鬼怪。　⑥则职畏禹:大禹劈山治水,吓跑了怪物。　⑦祇(qí):地神。　⑧缞(cuī)绖(dié):丧服,亦指服丧。缞:古代丧服,用麻布制成,披在胸前。绖:古代用麻做的丧带。　⑨噬(shì):咬,吞。　⑩方诸:古代在月下承露接水的器具。　⑪眩瞀(mào):眼睛昏花,视物不明。　⑫祝:祷告,祝祷。

捕熊罴鸱鸮①豺狼第二

邱坟之祇问曰：今者有熊罴、鸱鸮、豺狼，是性善愎②，必噬有恩者及仁柔者，捕之如何？法用败絮牛皮，伪为人形，手执饲具，以示人恩，中实以炽铁，咆哮来吞。絮韦吞已，炽铁火起，麋灼③其心肝。祝曰：豺狼！豺狼！予恩汝不祥，亦勿战汝以刚，色柔内刚，诛汝肝肠，汝卒咆哮以亡。如是四遍，则其种类皆殄绝④。吉。述《捕熊罴鸱鸮豺狼第二》。

[注释]①罴(pí)：熊的一种，即棕熊，毛棕褐色，能爬树，会游泳。鸱(chī)鸮(xiāo)：鸟名，嘴尖短而弯曲，吃鼠、兔、昆虫等小动物。另有一说鸱鸮即猫头鹰。　②愎(bì)：固执任性。　③麋(mí)灼：烧烂。　④殄(tiǎn)绝：灭绝。

捕狗蝇蚂蚁蚤蜰蚊虻第三

沮洳垤①之祇问曰：今有狗蝇、蚂蚁、蚤蜰②、蚊虻，是皆无性，聚散皆适然也，而朋嚌③人，使人愦④耗。治之如何？法不得殄灭，但用冰一桮⑤，置高屋上，则蝇去。又炼猛火自烧田，则乱草不生；乱草不生，则无所依；无所依，则一切虫去。祝曰：蚊虻！蚊虻！汝非欲来而朋来，汝非欲往而朋往，吾悲汝无肺肠，速去！吾终不汝殄伤。如是四遍，则不复至。述《捕狗蝇蚂蚁蚤蜰蚊虻第三》。

[注释]①沮(jù)洳(rù)：低湿之地。垤(dié)：小土丘。　②蜰(féi)：臭

虫。　③噆(zǎn)：叮咬。　④愦(kuì)：昏乱，糊涂。　⑤柈(pán)：古同"盘"，盘子。

非 五 行 传

龚自珍曰：刘向①有大功，有大罪，功在《七略》②，罪在《五行传》③。凡五行为灾异，五行未尝失其性也。成周宣榭火④，御廪灾⑤，桓、僖庙灾⑥，非火不炎上也；亡秦三月火⑦，火炎上如故。平地出水，水未尝不润下也；河决瓠子⑧，决酸枣⑨，乃至尧时怀山而襄陵⑩，水润下如故。关门铁飞⑪，金从革如故。桑谷生朝⑫，桑谷非不曲直也；雨木冰⑬，桃、李冬华⑭，霜不杀草⑮，草木曲直如故，无麦无禾⑯，是旸雨不时⑰之应，非土不稼穑⑱。

[注释]①刘向：西汉经学家，精于经术，尤其擅长阴阳五行，能以阴阳休咎论时政得失，著有《洪范五行传》、《列仙传》等书。　②《七略》：汉成帝曾命刘向校勘皇家图书，后由其编目介绍概要，书未成而卒。汉哀帝令刘向之子刘歆继续编辑，最后完成《七略》一书，这是我国第一部图书分类目录。全书分为辑略、六艺略、诸子略、诗赋略、兵书略、术数略和方技略七部分，对后世目录学产生很大影响。　③《五行传》：刘向继承董仲舒天人感应学说，宣扬谶纬神学，著有《洪范五行传》，此书已失传，但基本内容保存在《汉书·五行志》中。刘向把自然界的发展变化和一些变异现象，附会到政治、人事上来，把自然界的天说成超自然的有意志的神，可以支配社会人事，借天意来树立儒家伦理道德学说。　④成周宣榭(xiè)火：据《春秋》记载：鲁宣公十六年(前593)夏天，周朝藏乐器的地方失火，而董仲舒、刘向就把这次失火附会为上天对周天子不能行政令的警告。成周：即洛邑，在今河南洛阳。宣榭：藏乐器的地方。　⑤御廪灾：据《春秋》记载，鲁桓公十四年(前698)八月，鲁国国君储藏祭祖用米的粮仓发生火灾，刘向认为这是由于鲁国国君夫人淫乱，有

叛逆思想,是上天对鲁桓公发出的警告。廪:粮仓。 ⑥桓、僖庙灾:据《春秋》记载,鲁哀公三年(前492)五月,祭祀桓公、僖公的两庙失火,董仲舒、刘向认为,鲁哀公时在鲁国执掌政权的季氏不用孔子,所以上天以两庙失火进行惩罚。 ⑦亡秦三月火:据《史记·项羽本纪》记载,项羽进兵咸阳,火烧秦朝的阿房宫,大火三月不熄。 ⑧河决瓠(hù)子:据《史记·河渠志》记载,元光三年(前132),黄河在瓠子决口,夺泗水入淮,元封二年(前109)汉武帝堵塞决口。 ⑨酸枣:地名,在今河南延津县北,汉文帝十四年(前166),黄河在这里决口泛滥成灾。 ⑩尧时怀山而襄陵:尧时有一次发生大水灾,水包围着山,没过山头。 ⑪关门铁飞:据《汉书·五行志》记载,汉成帝元延元年(前12)正月,函谷关的铁门闩忽然不见了,儒生说这是"金不从革",是将有乱臣谋篡的警告。 ⑫桑谷生朝:据《史记·殷本纪》记载,太戊时,桑树和五谷一起在朝堂上生长,刘向据此说是国将灭亡的征兆。 ⑬雨木冰:据《春秋》记载,鲁成公十六年(前575)正月,由于天气特别冷,雨后树上结冰。刘向据此说这是阴气太盛、大臣将要谋反的征兆。 ⑭桃李冬华:据《汉书·五行志》载,汉惠帝五年(前190)十月,由于天气特别暖和,桃树、李树开花。 ⑮霜不杀草:据《春秋》记载,鲁僖公三十三年(前627)十二月,降霜后野草仍不枯萎,刘向说这是君命不行、臣民将要作乱的征兆。 ⑯无麦无禾:据《春秋》,鲁庄公二十八年(前666)冬天,无麦禾,刘向说这是上天对鲁国国君大修亭台楼阁和叔嫂淫乱的惩罚。 ⑰旸雨不时:晴雨不适农时,指气候反常。旸(yáng):晴天。 ⑱稼(jià)穑(sè):农事的总称。春耕为稼,秋收为穑,即播种与收获,泛指农业劳动。

予绅《洪范》①,箕子以庶征配五事②,不以五行配五事。如欲用《春秋》灾异说《洪范》者,宜为《洪范庶征传》,不得曰《五行传》。且休征③五,咎征④又五,非六也,无六沴⑤之义。又申五事自五事,皇极自皇极⑥,五福六极⑦自五福六极,不相配。彼加恒阴⑧以足六沴,又割皇极以畀⑨五事,无棼⑩于是者,亦无拙于是者。今以五事还五事,以皇极还皇极,以五福六极还五福六极,而《洪范》可徐徐理矣。微但此⑪,《易》自《易》,《范》自《范》,《春秋》自《春秋》。《易》言阴阳,《洪范》言五行,《春秋》言灾异,以《易》还《易》,《范》还《范》,《春秋》还《春秋》,姑正其名,而《易》、《书》、《春秋》可徐徐理矣。武王、箕子周初之史氏,不知后世有儒者。古之儒者,不闻后世有裨灶、梓慎⑫;裨灶、梓慎,不闻后世有文成、五利⑬;文成、五利,不闻王莽⑭;王莽不闻张角、张鲁、五斗米、三里雾⑮;如改五经以迁就之,角、鲁将毋经学之大宗也哉。

(案《洪范五行传》是向、歆⑯之言,非伏生、张生、欧阳生⑰之言,以《五行传》入《尚书大传》,诬伏生,近儒误也。孰误之?自马端临⑱始也。又有伪郑康成⑲注,不知何人所为?自记。)

[注释]①䌷(chōu):细心阅读,理出头绪。《洪范》:《尚书》篇名。洪:大;范:法、规范。旧传为商末箕子向周武王陈述的"天地之大法"。 ②庶征:指气候方面风、雨、冷、热等各种征兆,《尚书·洪范》:"庶征:曰雨,曰阳,曰燠,曰寒,曰风,曰时。"《孔传》:"雨以润物,旸以干物,燠以长物,寒以成物,风以动物,五者各以其时,所以为众验。"五事:指人的貌、言、视、听、思五种动态。 ③休征:好的征兆。 ④咎征:坏的征兆。 ⑤六沴(lì):指刘向在咎征五项外加"恒阴"五项,凑成"六沴"。 ⑥皇极:语本《尚书·洪范》:"建用皇极。"帝王治理天下的根本大法,也指皇位、皇帝。 ⑦五福:指《洪范》中所说寿、富、康宁、攸(yōu)好德、考终命(在家平安老死)。六极:指《洪范》中所说凶短折、疾、幼、贫、恶、弱。 ⑧恒阴:天气久阴,不雨不晴。 ⑨畀(bì):给予。 ⑩棼(fén):纷乱。 ⑪微:非,不是。 ⑫裨灶:春秋时期方术家,郑国大夫,精通天文占候之术,曾预卜周王、楚君、晋君将死,郑国将失火,陈国将亡,都一一应验,当时很有名气,曾遭子产的驳斥。梓慎:春秋时期

鲁国大夫,为占星家,早期阴阳家,运用阴阳五行的理论,星象与自然现象联系起来,来预测人事的吉凶祸福。　⑬文成:即少翁,西汉齐人,方士,以召神劾鬼之术,深受汉武帝宠信,拜为文成将军,后术败被诛。五利:即栾大,西汉武帝时方士,本为胶东王宫人,后由胶东康王王后献给武帝,诈称可得长生不死之药,被任为五利将军,封乐通侯,妻以公主,贵倾朝廷。后入海求仙,不验被杀。　⑭王莽:新朝的建立者,公元8—23年在位。为了篡夺汉朝政权,他利用图谶、符瑞大造舆论,统治期间进行托古改制。　⑮张角:东汉末年黄巾起义军领袖,太平道创始人。张鲁:天师道创立者张道陵之孙,曾任益州牧刘焉的督义司马,创立五斗米道,在汉中建立政教合一的政权。五斗米:即张鲁五斗米道。三里雾:传说汉代关西人裴优能作法,使三里内有浓雾,后世借以指道教之术。　⑯歆:即刘歆,刘向之子,西汉末年古文经学的开创者。⑰伏生:即伏胜,曾任秦朝博士,西汉《尚书》学者皆出其门,今本今文《尚书》28篇即由其传授,相传还著有《尚书大传》。张生:伏生弟子,曾为《尚书》博士。欧阳生:今文《尚书》"欧阳学"的开创者,千乘(今山东博兴)人,伏生弟子,世传《尚书》之学,到他的曾孙欧阳高,被立为博士。　⑱马端临:宋元之际史学家,字贵与,饶州乐平(今江西乐平)人,著有《文献通考》348卷,为记述历代典章制度的重要著作。　⑲郑康成:即郑玄,字康成,北海高密(今山东)人,东汉著名经学家、文献学家。曾从马融学习古文经,回乡后,聚徒讲学,遍注群经,为汉代经学集大成者,称为郑学。在整理古代文献上卓有贡献,所著《毛诗笺》、《周礼注》、《仪礼注》、《礼记注》皆列入《十三经注疏》。

第 五 辑

资政大夫礼部侍郎武进庄公神道碑①铭

卿大夫能以学术开帝者,下究乎群士,俾②知今古之故,其泽五世十世;学足以开天下,自韬③污受不学之名,为有所权缓亟轻重,以求其实之阴济于天下,其泽将不惟十世;以学术自任,开天下知古今之故,百年一人而已矣。若乃受不学之名,为有所权以求济天下,其人之难,或百年而一有,或千载而不一有,亦或百年数数有。虽有矣,史氏不能推其迹,门生、学徒、愚子姓不能宣其道,若是,谓之史之大隐。有史之大隐,于是奋起不为史而能立言者,表其灼然④之意,钩日于虞渊⑤,而悬之九天之上,俾不得终隐焉而已矣。

[注释]①资政大夫:散阶称号,清代为文职正二品及武职中属八旗者正、从二品的封赠。乾隆三十二年(1767)始专封文职正二品,八旗正、从二品改同绿营,分别封武显大夫、武功大夫。礼部侍郎:官名。清代礼部设左右侍郎,除辅佐尚书掌管礼仪、祭祀、宴飨、贡举的政令外,还兼翰林学士或侍读、

侍讲学士。礼部原则上与翰林院为一体,只以翰林出身的人充任。庄公:指庄存与,字方耕,号养恬,江苏武进(今常州)人,清代常州学派(亦公羊学派)创始人。乾隆进士,授翰林院编修,官至礼部侍郎。博通六艺,尤长于《尚书》及《公羊传》,治经讲求微言大义,援引古今时事,欲有补于时务,与当时专事训诂名物的汉学家不同。　②俾(bǐ):使,让。　③韬(tāo):隐藏。　④灼然:形容清楚、明亮的样子。　⑤虞渊:神话传说中的日没之处。

　　大儒庄君,讳存与,江南武进人也。幼诵六经,尤长于《书》,奉封公教,传山右阎氏之绪学①,求二帝三王之微言大指②,闵秦火之郁伊③,悼孔泽之不完具④,悲汉学官⑤之寡立多废,惩晋代之作僭与伪,耻唐儒之不学见绐⑥,大笑悼唐以还学者之不审是非,杂金玉败革于一衍,而不知贱贵,其罪至于衺帝王,诬周孔,而莫之或御。盖公自少入塾,而昭昭善别择矣。既壮,成进士,阎氏所廓清⑦,已信于海内,江左束发子弟⑧,皆知助阎氏;言官学臣,则议上言于朝,重写二十八篇于学官,颁赐天下,考官命题,学僮讽书⑨,伪书毋得与。将上矣,公以翰林学士,直上书房为师傅⑩,闻之,忽然起,逌然思⑪,郁然叹,忾然而寤谋⑫。

　　[注释]①山右:旧时山西省的别称,因在太行山之右(西)得名。阎氏:指阎若璩(qú),字百诗,号潜丘,山西太原人,清初考据学家。曾帮助徐乾学修《清一统志》,撰《古文尚书疏证》确证东晋梅赜所献古文《尚书》为伪造。　②微言大指:微言:精当而含义深远的话。大指:重要的意义。谓精微的言辞中包含深刻的道理和重要意义。　③闵(mǐn):同"悯",怜恤,哀伤。秦火:指秦始皇焚书之事,也泛指统治者焚毁书籍的文化专制手段。郁伊:抑郁,忧闷。　④完具:完整;完备。　⑤汉学官:指汉代设置的五经博士、博士祭酒。

⑥绐(dài):通"诒",欺骗;欺诈。 ⑦阎氏所廓清:指阎若璩著《古文尚书疏证》,考证东晋梅赜古文《尚书》为伪书,成为定案。 ⑧江左:一名江东。古人在地理上以东为左,以西为右,故江东又名江左。束发:束起头发,表示成年。 ⑨讽书:背书。 ⑩上书房:又称尚书房。清代教习皇子、皇孙读书处。 ⑪逌(yōu)然:闲适自得。 ⑫忾(kài)然:感慨叹息的样子。

方是时,国家累叶①富厚,主上神武,大臣皆自审愚贱,才智不及主上万一。公自顾以儒臣遭世极盛,文名满天下,终不能有所补益时务,以负庥隆②之期,自语曰:辨古籍真伪,为术浅且近者也;且天下学僮尽明之矣,魁硕③当弗复言。古籍坠湮④十之八,颇藉伪书存者十之二,帝胄天孙,不能旁览杂氏,惟赖幼习五经之简,长以通于治天下。昔者《大禹谟》废,"人心道心"之旨、"杀不辜宁失不经"之诫亡矣⑤;《太甲》废,"俭德永图"之训坠矣;《仲虺之诰》废,"谓人莫己若"之诫亡矣;《说命》废,"股肱良臣启沃"之谊丧矣;《旅獒》废,"不宝异物贱用物"之诫亡矣;《冏命》废,"左右前后皆正人"之美失矣。今数言幸而存,皆圣人之真言,言尤疴痒⑥关后世,宜贬须臾⑦之道,以授肄业者。公乃计其委曲⑧,思自晦其学,欲以借援古今之事势,退直上书房,日著书,曰《尚书既见》如干卷,数数称《禹谟》、《虺诰》、《伊训》,而晋代剿拾⑨百一之罪,功罪且互见。公是书颇为承学者诟病,而古文竟获仍学官不废。

[注释]①累(lěi)叶:累世,世世代代。 ②庥(xiū)隆:太平昌盛。 ③魁硕:指大学者。 ④坠(zhuì)湮(yān):湮没亡失。 ⑤《大禹谟(mó)》:《大禹谟》与后文所说《太甲》、《仲虺(huǐ)之诰》、《说命》、《旅獒(áo)》、《冏(jiǒng)命》,皆为古文《尚书》篇名,原篇亡佚,今本《孔传古文尚书》系后人伪

作。人心道心：语出《古文尚书·大禹谟》"人心惟危，道心惟微，惟精惟一，允执厥中"。宋代理学家以义理解经，将此十六字说成是尧舜心传，以论天理人欲。杀不辜宁失不经：语出《尚书·大禹谟》："与其杀不辜，宁失不经。"在处理两可的疑难案件时，宁可偏宽不依常法，也不能错杀无辜。　⑥疴（kē）痒：疾病痛痒，比喻紧要的事情。　⑦须臾（yú）：梵语外来语，极短的时间，片刻。　⑧委曲：事情的原委、底细。　⑨剟（duō）拾：撮拾。

公中乾隆乙丑科进士，以一甲第三名，授翰林院编修，屡迁至礼部右侍郎，诰授①资政大夫。周时有仕为漆园吏②，著书内外篇者，其祖也。曾祖讳某，祖讳某，考讳某，妣氏某，皆封如公官。妣封夫人。子□人，某、某，述祖③以文学最有声。孙□人，某、某，绶甲④最有声。公以乾隆五十三年卒于官，年七十有□。以嘉庆□年葬某山某原。公它所著尚有《周官记》六卷。公性廉鲠⑤，典试浙江，浙巡抚馈以金，不受，遗以二品冠，受之。及涂，从者以告曰：冠顶真珊瑚也，直千金。公惊，驰使千余里而返之。为讲官日，上御文华殿⑥，同官者将事，上起，讲仪毕矣。公忽奏：讲章有舛误⑦，臣意不谓尔也。因进，琅琅尽其指，同官皆大惊，上竟为少留，颔之。是二事者，于公为细节。谨附书。铭曰：大儒庄君既亡，粤嘉庆二十有三年，绶甲始为书测君志，以告绶甲友；其友籀⑧其词，肯铭，乃克铭君于武进之阡。

（嘉庆戊寅⑨，庄君绶甲馆予家，一夕，为予言其祖事行之美；且曰碑文未具。是夕绶甲梦见公者再，若有所托状。明日，绶甲以为请。越己卯之京师，识公之外孙宋翔凤⑩，翔凤则为予推测公志如此。越壬午岁不尽三日，始屏弃人事,总群言而删举此大者以报。自记。)

[注释]①翰林院:官署名。清代沿用明制设翰林院,掌编修国史、记载皇帝言行、进讲经史、草拟有关典礼文件,长官称掌院学士。掌院学士从大学士、尚书、侍郎内特选。修撰以一甲一名进士(即状元)补授,编修以一甲二三名进士(即榜眼、探花)补授。诰授:清朝五品官以上的受封者,本身之封称诰授,曾祖父母、祖父母、父母及妻,活着的称诰封,死后的称诰赠。 ②漆园吏:指庄子,据《史记》记载庄子曾任漆园吏。 ③述祖:即庄述祖,字葆琛,居室名珍艺宧,世称珍艺先生。武进(今江苏常州)人,乾隆进士,曾官知县、同知,辞官后家居著述,为清代今文学派大师,庄述祖继承叔父庄存与的学术,研究更为精密。 ④绶甲:即庄绶甲。 ⑤廉鲠(gěng):廉洁耿直。 ⑥文华殿:明清两代皇帝均在此殿听讲官讲解经史,文华殿后的文渊阁为藏书楼,乾隆年间编纂的《四库全书》藏于此。 ⑦舛(chuǎn)误:差错,谬误。 ⑧籀(zhòu)诵读并领会文义。 ⑨嘉庆戊寅:嘉庆二十三年,公元1818年。 ⑩宋翔凤:清代今文经学家,字于庭,长洲(今江苏苏州)人,庄存与之甥,官至湖南新宁知县。撰《论语说义》,以为《论语》系孔子言性与天道的"微言"所在,是常州学派的著名学者。

王仲瞿①墓表铭

乾隆末,左都御史某公②,与大学士和珅有连,然非暗于机者,窥和珅且败,不能决然舍去,不得已,乃托于骙颠③。川、楚匪起,疏军事,则荐其门生王昙能作掌中雷,落万夫胆。自珅之诛也,新政肃然,比珅者皆诏狱缘坐。某公既先以言事骙避官,保躬林泉,而王君从此不齿于士列。掌中雷者,神宝君④说洞神下乘法,所谓役令之事,即以道家书论,亦其支流之不足诘者。王君少从大剌麻⑤章佳胡图克图者游,习其游戏法,时时演之,不意卒以此败。

[注释]①王仲瞿:即王昙,清文学家、戏曲作家,字仲瞿,浙江秀水(今嘉兴)人,乾隆五十九年(1794)举人。奇才博学,工诗词曲画,好游侠,兼通兵家言。又善弓矢,上马如飞,以狂傲著称。但屡试不第,潦倒终生,著有《烟霞万古楼文集》。 ②左都御史某公:指吴省钦,字冲之,号白华,南汇(今上海)人。乾隆年间进士,历任礼部、工部、吏部侍郎,官至都察院左都御史,因妄荐嘉兴人王昙被罢职。 ③骇(ái)颠:疯癫,精神失常。 ④神宝君:三清教主之一,也是道教根本之神,主管三清境中的太清境。 ⑤剌(là)麻(má):藏语的译音,我国藏族、蒙古族对喇嘛教僧侣的尊称,意为上人、师傅。

君既以此获不白名,中朝士大夫,颇致毒君。礼部试同考官揣某卷似浙王某,必不荐;考官揣某卷似浙王某,必不中式①;大挑②虽二等不获上。君亦自问已矣,乃益放纵。每会谈,大声叫呼,如百千鬼神,奇禽怪兽,挟风雨、水火、雷电而下上,座客逡巡③引去,其一二留者,伪隐几,君犹手足舞不止。以故大江之南,大河之北,南至闽、粤,北至山海关、热河,贩夫驺卒④,皆知王举人。言王举人,或齿相击,如谭龙蛇,说虎豹。

[注释]①中式:称参加科举考试合格。 ②大挑:乾隆时定制,在会试三科以上的落第举人中,挑选若干人,一等用为知县,二等任以教官。六年举行一次,意为使举人有较宽的入仕途径。 ③逡(qūn)巡:因为有所顾虑而徘徊不前或退却。 ④驺(zōu)卒:掌管车马的差役,亦泛指一般仆役。

矮道人者,居京师之李铁拐斜街,或曰年三百有余岁矣,色如孩,臂能掉千钧。王君走访之,道人无言,君不敢坐,跽①良久,再请,道人乃言曰:京师有奇士,非汝所谓奇也。夜有光,如六等星,青霞绕之,青霞之下,当为奇士庐,盍求之。王君知非真,笑曰:如师言哉?己巳②春,见龚自珍于门楼胡同西首寓斋。是日也,大风漠漠,多尘沙。时自珍年十有八矣,君忽叹息起,自语曰:师乎,师乎!殆以我托若人乎?遂与自珍订忘年交。初,君以稚年往来诸老辈间,狂名犹未起,老辈皆礼之,至是,老者尽死,同列者尽绝,君无聊甚,故频频与少年往来。微道人,亦得君也。

[注释]①跽(jì):长跪,两膝着地,上身挺直。 ②己巳:指嘉庆十四年(1809)。

越八年,走访龚自珍东海上,留海上一月,明年遂死,则为丁丑岁①。自珍于是助其葬,又为之掇②其大要,而志其墓曰:君姓王氏,名昙,又名良士,字仲瞿,浙之秀水人。乾隆五十九年举人也。其为人也中身,沈沈芳逸,怀思恻悱③;其为文也,一往三复,情繁而声长;其为学也,溺于史,人所不经意,累累心口间;其为文也,喜胪④史;其为人也,幽如闭如,寒夜屏人语,絮絮如老妪,匪但平易近人而已。其一切奇怪不可迩之状,皆贫病怨恨,不得已诈而遁焉者也。卒年五十有八,有集如干卷。祖某。父某。妻金,能画与诗,先卒。子一,善才。墓在苏州虎邱山南。

铭曰:生昙者天也,宥⑤昙者帝也,仇昙者海内士,识昙者四百岁之道人,十八龄之童子。昙来!昙来!魂芳魄香,思幽名长,山青而土黄,瘗⑥汝于是。噫!

[注释]①丁丑岁:指嘉庆二十二年(1817)。 ②掇(duō):拾取,摘取。 ③恻(cè)悱(fěi):忧思抑郁。 ④胪(lú):陈述。 ⑤宥(yòu):宽容,原谅。

⑥瘞(yì):掩埋,埋葬。

工部尚书高邮王文简公①墓表铭

公讳引之,姓王氏,江南高邮人。祖安国②,礼部尚书,谥文肃。祖妣车氏、徐氏。考念孙③,四品卿衔,前分守永定河兵备道。妣□氏。公乾隆六十年举人,嘉庆四年进士,由翰林院编修,累官礼部尚书,改工部尚书,卒于位,赐谥文简。生乾隆三十一年,卒道光十四年;明年十有二月□日,葬于州治之赐茔④。公典乡试事四,典会试事二,龚自珍则其典浙江乡试所得士。

[注释]①王文简公:即王引之,王念孙之子。王念孙与王引之在小学方面均极有成就,世称"高邮二王"。 ②安国:即王安国,字春圃,江苏高邮人,雍正进士。历官兵部尚书、吏部尚书,充《大清会典》总裁官。有清操名,通经典,娴习礼制,辑有《通礼》,卒谥文肃公。 ③念孙:即王念孙,清代考据学家、文字音韵学家。字怀祖,王安国之子,乾隆进士,历任道御史、吏科给事中等职。精通训诂、水利,博才多学。嘉庆四年(1799)参劾和珅祸国罪行,朝廷命其全权负责审查和珅案。 ④赐茔(yíng):赐给的坟地。

公之学,及其著书大凡,尝不以自珍为不可裁而请之矣,其行谊始末,自珍又窥其数大端矣。将葬,公第四子寿同①,则使自珍表诸墓。自珍爰②述平日所闻于公者曰:吾之学,于百家未暇治,独治经。吾治经,于大道不敢承,独好小学③。夫三代之语言,与今之语言,如燕、越之相语也;吾治小学,吾为之舌人焉。其大归曰:用小学说经,用小学校经而已矣。又闻之公曰:吾用小学校经,有所改,有所不改。周以降,书体六七变,写官④主之,写官误,吾则勇改;孟蜀⑤以降,椠工⑥主之,椠工误,吾则勇改;唐、宋、明之士,或不知声音文字而改经,以不误为误,是妄改也,吾则勇改其所改。若夫周之没,汉之初,经师无竹帛,异字博矣,吾不能择一以定,吾不改;假借之法,由来旧矣,其本字十八可求,十二不可求,必求本字以改。假借字,则考文之圣之任也,吾不改;写官椠工误矣,吾疑之,且思而得之矣,但群书无佐证,吾惧来者之滋口也,吾又不改。

[注释] ①王寿同:王引之之子,初为捐纳郎中,道光进士,历官御史至湖北汉黄德道。咸丰中,在黄州募勇训练,率兵援救武昌,城破战死。 ②爰(yuán):于是。 ③小学:旧指研究文字、音韵、训诂的学问。 ④写官:古时负责抄写书籍的官吏。 ⑤孟蜀:即五代十国时期的后蜀政权,因国君孟姓,因此称为孟蜀。 ⑥椠(qiàn)工:刻字工。

又闻之公曰:吾之学,未尝外求师,本于吾父之训。先是兵备公校定晚周诸子、《太史公书》①,一时言小学者宗之,公所著书□□卷,谓之《经义述闻》。述闻者,乃述所闻于兵备公也。通说四十余事,又说经之大者,在《述闻》之末。又闻之公曰:吾著书不喜放其辞。自珍受而读之,每一事就本事说之,慄然②止,不溢一言,如公言。公之色,孺子色,与人言,未尝有所高论呉谭③。年近七十,为礼部尚书,兵备公犹在,比丁忧服阕④,再补工部尚书,而公旋卒矣,公终身皆其为子之年。门下士私相谓曰:以王公名位齿发,而辞色如子弟,所学殊欤?所养殊欤?其诸人论归之师,海内归之福也欤?公以事亲为读书,以读书为事亲,门内之士,勉勉颛颛⑤,人知之。立朝循典常,俟乾断⑥,无所表暴,天下颇无由测公。

[注释]①《太史公书》:即《史记》,从三国开始,《史记》逐渐成为《太史公书》的专名。 ②慄然:严肃惊惧的样子。慄,同"栗"。 ③高论哗(huà)谭:高谈阔论,谈天说地。 ④丁忧:旧时称遭父母之丧为丁忧。旧制,父母死后,子女要在家守丧3年,不做官,不婚娶,不赴宴,不应考,做官者也要离任,回家奔丧,守丧3年。服阕:古丧礼规定,父母死亡服丧3年,期满除服,称服阕,历代沿其制,服丧3年,实为27个月。 ⑤颛(zhuān)颛:恭谨的样子。 ⑥乾断:帝王的裁决。

嘉庆十八年,巨逆林清①以七十七人入禁门。既殄②定,有议加筑圆明园宫墙高厚者,有议增圆明园兵额者,公皆不谓然,具折上。睿皇帝大动容,召对良久,乃罢。上谕军机大臣:王引之言人所不敢言。其事卒见施行与否,海内弗知,其奏牍何辞,海内迄今弗知也。由此例之,公之风旨③,其视徒表暴于道路者何如哉?公配沈,继配范,子四:寿昌、彦和、寿朋、寿同,范出。孙七。铭曰:璞④之瑟瑟,外有文也;镠⑤之沈沈,中有坚也;君子肖之,以事其亲也。於乎!欲事亲者考斯,欲事君者考斯,斯人而不敢承,孰为大道?

[注释]①林清:天理教起义首领,嘉庆十八年(1813)派教徒攻打紫禁城,失败后被处决。 ②殄(tiǎn):尽,绝。 ③风旨:神色,意旨。 ④璞(pú):未雕琢过的玉石。 ⑤镠(liú):纯美的黄金。

海门先啬①陈君祠堂碑文

开国以降,奇杰之士,达节②之民,挺瑰怪之姿,躬淳古之行,生而魁于凡民,没而当祭于社者,不有文事,其无称乎?先啬陈君,厥讳朝玉,字曰璞完,江南崇明县人也。幼有异禀,肤色黝漆,脐洼若臼③,环腰有白文,其圜中规,相人者言,是为玉带围,当奇异。稍长,衎然④魁硕。故其乡之人,尝已疑其神。

[**注释**]①先啬(sè):即神农,古代传说,神农始教民稼啬,故名。 ②达节:通晓事理而自然合节。 ③臼(jiù):舂米的器具,用石头或木头制成,中间凹下。 ④衎(kǎn)然:刚直貌。

年十三,让产伯兄,鸿骞①凤逝,去之无迹。是时皇政熙清,后祇效灵,海之君王,来献土壤,以福吾黎元②。通州、常熟间东地,望洋无极,潮退沙见,豁然划然亘二百里,君履其侧,四无居人,苍茫独览曰:吾当屋于是。率妻来迁,创草屋,斫木为耡③,冶釜为犁,夫任半耦④,妇任半耦,一耦之力,旬有五日,水咸者立甘,沙疏者立坚,沙肤寙⑤者立厚。秸苗既成,龟鱼大上,不封不爵,乐衎自保。于是远近之民闻之,佥曰神哉!稚请于长,长请于老,莫不削薪以为之耡,投刀以为之犁,卖骣⑥以求牛,怀穜稑⑦,储瓶缶,挈⑧大男,袘⑨幼女,效君而归君,愿为海农,洋洋载道。于是稚请于长,长请于老,老谒于正,正谒于吏,吏白于大吏,天子籍其地以为海门厅。不十年,群姓益众,皆造瓦屋,炊烟起如海云。国家岁入地丁漕米,累千近万,为江海大聚。

[注释]①骞(xiān):鸟向上飞的样子。 ②黎元:黎民,百姓。 ③耙(sì):原始翻土农具名,为耒(lěi)的下端。 ④耦:二人一组协作耕种方法。 ⑤寙(yǔ):(事物)恶劣,粗劣。 ⑥䮝(méng):幼驴。 ⑦穜(tóng)稑(lù):先种后熟的谷类叫穜,后种先熟的谷类叫稑。 ⑧挈(qiè):带,领。 ⑨衽(rèn):整饬衣襟。

君生康熙某年,卒乾隆某年,年七十四。妇刘,年九十。君之屋于海也,几六十年,不蓄墨楮①,结绳而治。岁终,夫妇解绳之㭲②以计事,事纤芥无忘失,寿考③以为常。君卒将百年,君之曾孙贡生奂④,以经明闻于时;玄孙翰林院编修兆熊,䬳⑤禄于朝,乃召其乡之人而谋之曰:古者伊耆氏⑥始为蜡,飨农,先农也;先啬司啬,皆农之配也。今法,凡城郭大聚,皆得立蜡祠,吾祖宜为先啬。始吾祖刘⑦杀此土,以利后之人,生有奇异,如天之公侯。今海门厅士姓,无吾陈氏旧且大,宜为祠祠吾祖。皆曰:田父老之志也。于是既为祠,奂、兆熊以状谒内阁中书龚自珍,请书于其祠之榜,又因以为乐石之文。龚自珍则大书之如是。状又称君不知书,乃能作书,点画英硕,神明所流,匪道匪艺,不可得而详也。

颂曰:生为功民,众疑以为神;没为功神,尚其福吾民。琴瑟士女,以招君兮;豆觥⑧明粢,以报君兮;文此乐石,以震耀君兮。以大旌于海滨,且以劝田。

[注释]①墨楮(chǔ):墨和纸,泛指各种文具。 ②㭲(jì):古同"结"。

③寿考：年高，长寿。　④奂：即陈奂，清代《毛诗》专家，著有《诗毛氏传疏》。⑤餔(bū)：吃。　⑥伊耆氏：相传为上古帝王，始为蜡祭，或说为神农的别称。　⑦刈(yì)：割(草或谷类)。　⑧觥(gōng)：古代酒器。

杭大宗①逸事状

一、乾隆癸未岁②，杭州杭大宗以翰林保举御史，例试保和殿，大宗下笔为五千言。其一条云：我朝一统久矣，朝廷用人，宜泯满、汉之见。是日旨交刑部，部议拟死。上博询廷臣，侍郎观保③奏曰：是狂生，当其为诸生时，放言高论久矣。上意解，敕归里。

一、大宗原疏留禁中，当日不发抄，又不自存集中，今世无见者。越七十年，大宗外孙之孙丁大，抱大宗手墨三十余纸，鬻④于京师市，有茧纸淡墨一纸半，乃此疏也。大略引孟轲、齐宣王问答语，用己意反复说之。此稿流落琉璃厂肆间。

一、乙酉岁⑤，纯皇帝南巡，大宗迎驾，召见，问汝何以为活？对曰：臣世骏开旧货摊。上曰：何谓开旧货摊？对曰：买破铜烂铁，陈于地卖之。上大笑，手书"买卖破铜烂铁"六大字赐之。

[注释]①杭大宗：即杭世骏，字大宗，号堇浦，仁和(今浙江杭州)人。乾隆时举博学鸿词，授编修。因主张"朝廷用人，宜泯满汉之见"而罢归。杜门奉母，自号秦亭老民，与友人结"南屏诗社"，晚年主讲粤秀、安定两书院。长于史学及小学，善诗能文，著有《道古堂文集》。　②癸未：指乾隆二十八年(1763)。　③观保：字伯容，号补亭，一号蕴玉，索绰络氏，内务府正白旗人。乾隆二十年进士，官至礼部尚书，谥文恭。　④鬻(yù)：卖。　⑤乙酉岁：指

乾隆三十年(1765)。

一、癸巳岁①,纯皇帝南巡,大宗迎驾。名上,上顾左右曰:杭世骏尚未死么?大宗返舍,是夕卒。

一、大宗自丙戌迄庚寅,主讲扬州安定书院,谭诸生肄四《通》。杜氏《通典》、马氏《文献通考》、郑氏《通志》,世称三通;大宗加司马光《通鉴》云②。

一、大宗著《道古堂集》,海内学士见之矣,世无知其善画者。龚自珍得其墨画十五叶,雍正乙卯岁,自杭州如福州纪程之所为也。叶系以诗,或纪程,纪月日琐语,语汗漫③而瑰丽,画萧寥而粗辣,诗平澹而屈强。同里后学龚自珍谨状。

同里张烺南漪、王曾祥麟征,皆为杭大宗状。此第三状。详略互有出入。自记。

[注释]①癸巳:指乾隆三十八年(1773)。　②四《通》:此即指杜佑《通典》、马端临《文献通考》、郑樵《通志》,世称三通;加上司马光《资治通鉴》。③汗漫:漫无标准,浮泛不着边际。

送吴君①序

十八九读古书,执笔道天下事。有执予裾②而讯者曰:世固无人,慎勿为若言。则怒喙③之曰:否!奈何无人?入世五六年,窥当路议论颜色,车敝敝周乎国门。又有执予裾而讯者曰:世尚有人,安用若?则又怒而喙之曰:否!奈何有人?始之否也,不知其无也;继之否也,不信其有也。

[注释]①吴君:指吴文澂,字南芗,安徽歙县人,诸生,能诗文,工书法,善画山水花卉,嘉庆十八年(1813)上书论保甲事,被放,浮海南归。 ②裾(jū):衣服的大襟。 ③喙:啄的误字,咬。

东西南北以为客,游海,然而心茫洋,目迷澌①,乘孤舟洄②乎大漩之中,飓浪讧作,魂魄皆涣散,怪鸟悲鸣,日暮冥冥,求所谓奇虬③、巨鲸、大珠、空青④卒无有。已矣!退而归于垤⑤。心已定矣,睫已合矣,槁乎其如息,儽⑥乎其不任负载。然而有叩吾门,贡吾以奇虬、巨鲸、大珠、空青之异者,疑十而信一。疑十而信一,则是志已忘也,志忘则欲其惊也难。且劝复往,则必色色恐矣。

[注释]①迷澌(sī):神思恍惚散乱。 ②洄(huí):上水,逆流。 ③虬(qiú):古代传说中有角的小龙。 ④空青:颜料石青的一种,因形若杨梅,因而中空,故名空青。 ⑤垤(dié):小土丘。 ⑥儽(lěi):颓丧。

求凉而饮冰,求热而炽炭,求绝交而寂寞,求得朋而奋起,不亦顺乎?何居,吴子之以炭投我于冰之辰也?意者造物使予不平,凡所求焉,无一而使之平,始之否也则缪矣!继之否也又缪矣!吴子来,是造物者杂以冰炭投于余之心也。吴子请行,其复之于海乎?倘见有少年孤舟独行者,邮以视予,予请复往。

送夏进士序

乾隆中,大吏有不悦其属员者,上询之,以书生对。

上曰:是胡害?朕亦一书生也。大吏悚服①。呜呼!大哉斯言!是其炳六籍,训万祀②矣。嘉庆二十二年春,吾杭夏进士③之京师,将铨④县令,纡道⑤别余海上,相与语,益进。睟然⑥愉,谡然⑦清,论三千年史事,意见或合或否,辄咍然⑧以欢。予曰:是书生,非俗吏。海上之人,以及乡之人,皆曰非俗吏。之京师,京师贵人长者识予者,皆识进士,亦必曰非俗吏也。虽然,固微窥君,君若惧人之訾⑨其书生者,又若有所讳夫书生者,暴于声音笑貌焉。

[注释]①悚(sǒng)服:恐惧而佩服的样子。 ②万祀:万年。 ③夏进士:即夏璜,钱塘人,精通《左传》,道光五年(1825)卒,51岁。 ④铨(quán):古代称量才授官,选拔官吏。 ⑤纡(yū)道:迂回曲折的道路,也指绕道而行。 ⑥睟(suì)然:润泽的样子。 ⑦谡(sù)然:谡尔,形容精神振作、凝聚贯注的样子。 ⑧咍(hāi)然:欢笑的样子。 ⑨訾(zǐ):诋毁,指责。

天下事,舍书生无可属,真书生又寡,有一于是,而惧人之訾己而讳之耶?且如君者,虽百人訾之,万人訾之,啮①指而自誓不为书生,以喙②自卫,哓哓然③力辩其非书生,其终能肖俗吏之所为也哉?为之而不肖,愈见其拙,回护其拙,势必书生与俗吏两无所据而后已。噫!以书生之声音笑貌加之以拙,济之以回护,终之以失所据。果尔,则进士之为政也病矣。新妇三日,知其所自育;新官三日,知其所与。予识进士十年,既庆其禄之及于吾里有光,而又恐其信道之不笃④,行且一前而一却也。于其行,恭述圣训,以附古者朋友赠行之义。

[注释]①啮(niè):咬。 ②喙(huì):借指人的嘴。 ③哓(xiāo)哓然:

争辩不止的声音。　④笃(dǔ)：忠实。

送徐铁孙①序

　　龚自珍曰：平原旷野，无诗也；沮洳②，无诗也；硗确③狭隘，无诗也；适市者，其声嚣；适鼠壤者，其声嘶；适女闾④者，其声不诚。天下之山川，莫尊于辽东。辽俯中原，逶迤⑤万余里，蛇行象奔，而稍稍泻之，乃卒恣意横溢，以达乎岭外。大海际南斗⑥，竖亥⑦不可复步，气脉所届，怒若未毕；要之山川首尾可言者则尽此矣。诗有肖是者乎哉？诗人之所产，有禀是者乎哉？自珍又曰：有之。夫诗必有原焉，《易》、《书》、《诗》、《春秋》之肃若沉⑧若，周、秦间数子之缜若岿若⑨，而莽荡，而噌吰⑩，若敛之惟恐其坻⑪，揪之惟恐其隘，孕之惟恐其昌洋而敷腴⑫，则夫辽之长白、兴安大岭也有然。审是，则诗人将毋拱手欲翩⑬，肃拜植立，挤乎其不敢议，愿乎其不敢吴言⑭乎哉！于是乃放之乎三千年青史⑮氏之言，放之乎八儒、三墨、兵、刑、星气、五行，以及古人不欲明言，不忍卒言，而姑猖狂恢诡以言之之言，乃亦撼⑯证之以并世见闻，当代故实，官牍地志，计簿客籍之言，合而以昌其诗，而诗之境乃极。则如岭之表，海之浒，磅礴浩汹，以受天下之瑰丽，而泄天下之拗怒⑰也，亦有然。

　　[**注释**]①徐铁孙：即徐荣，字铁孙，汉军正黄旗人，道光进士，历官绍兴、杭州知府。咸丰五年(1855)，与太平军作战，阵亡。博通经史，长于考据之学，工于诗与隶书，擅画梅花，时人以"三绝"推之。　②沮(jù)洳(rù)：低湿

之地。　③硗(qiāo)确：土地坚硬瘠薄。　④女闾：指娼妓居住的地方。⑤逶(wēi)迤(yí)：蜿蜒曲折。　⑥南斗：星名，在北斗星以南，形似斗，故称。⑦竖亥：古神名，《山海经》记载竖亥步行测量大地，或从东到西，或从南至北，行程几亿里，表现出超人的神力，是神中的善行者。　⑧泬(xuè)：空旷清朗。⑨缜若峚(lù)若：细致高深的样子。峚：山崖。　⑩噌(chēng)吰(hóng)：象声词，多用以形容钟鼓声。　⑪坻(chí)：水中的小块高地。　⑫敷腴：神采焕发。　⑬翍(jí)：足相踦貌。　⑭哗(huà)言：大声喧哗。　⑮青史：古代在竹简上记事，故称史书为青史。　⑯摭(zhí)：拾取，摘取。　⑰拗怒：抑制愤怒。

徐铁孙者，家辽东，先世扈①王师入关，为正黄旗汉军人。康熙中，徙广东，隶广东将军，为广州驻防人。金戈铁马，其世胄②也，而徐君用经术起家，登甲科③，为剧邑令，以诗睥睨④东南。友其人者，淳闷如适辽，雄奇如适岭、海，本末具如吾言；东南知徐君者，本末毕如吾言；乃书是言以弁⑤君之诗之端。抑又有异者，自珍生北方，一窥临榆，未得溯山川所原本。年四纪，居江介，不乐愁思，益思游以振奋之，忽然丐徐君磨墨，为荐士书，贷屝屦⑥，将粤行。且曰：自粤归，则闭户不复游。徐君诺。妭⑦矣哉！天下山川首尾，徐君既扼之，怒未已，其又将扼予之游事之首尾乎哉？

[注释]①扈(hù)：随从。　②世胄：世家贵族的子孙。　③甲科：明清则通称进士为甲科，举人为乙科。　④睥(pì)睨(nì)：斜着眼看，侧目而视，有高傲之意。　⑤弁(biàn)：放在……的前面。　⑥屝(fèi)屦(jù)：草鞋，常泛指旅行用品。　⑦妭(shí)：美好。

送钦差大臣侯官林公序

钦差大臣兵部尚书都察院右都御史林公既陛辞①,礼部主事仁和龚自珍则献三种决定义,三种旁义,三种答难义,一种归墟义。②

中国自禹、箕子以来,食货并重。自明初开矿,四百余载,未尝增银一厘。今银尽明初银也,地中实,地上虚,假使不漏于海,人事火患,岁岁约耗银三四千两,况漏于海如此乎?此决定义,更无疑义。汉世五行家,以食妖、服妖占天下之变。鸦片烟则食妖也,其人病魂魄,逆昼夜,其食者宜缳首诛③!贩者、造者,宜刎脰诛④!兵丁食宜刎脰诛!此决定义,更无疑义。诛之不可胜诛,不可绝其源;绝其源,则夷不逞,奸民不逞;有二不逞,无武力何以胜也?公驻澳门,距广州城远,夷笓⑤也,公以文臣孤入夷笓。其可乎?此行宜以重兵自随,此正皇上颁关防⑥使节制水师意也。此决定义,更无疑义。

[注释]①林公:即林则徐,字少穆,侯官(今福建福州)人。道光十八年(1838)底,受命前往广州查禁鸦片,行前,龚自珍作此文送行。后林则徐在虎门销烟,力御英军侵犯。陛辞:臣下谒见天子后,辞别而出都,谓之陛辞。②决定义:决定性意见。旁义:参考性意见。答难义:反驳反对派的建议。归墟义:总结性的意见。 ③缳(huán)首诛:绞刑,用绳勒死。 ④刎脰(dòu)诛:斩首。 ⑤笓(bì):用荆条、竹子等编成的篱笆或其他遮拦物。 ⑥关防:清代职官所用方形官印称印,临时派遣的官员用长方形印,称关防。

食妖宜绝矣,宜并杜绝呢羽毛之至,杜之则蚕桑之利重,木棉之利重,蚕桑、木棉之利重,则中国实。又凡钟表、玻璃、燕窝之属,悦上都①之少年,而夺其所重者,皆至不急之物也,宜皆杜之。此一旁义。宜勒限使夷人徙澳门,不许留一夷。留夷馆一所,为互市②之栖止。此又一旁义。火器宜讲求,京师火器营③,乾隆中攻金川④用之,不知施于海便否?广州有巧工能造火器否?胡宗宪⑤《图编》,有可约略仿用者否?宜下群吏议,如带广州兵赴澳门,多带巧匠,以便修整军器。此又一旁义。

[注释]①上都:古代对京都的统称。 ②互市:古代民族贸易或对外贸易的通称。 ③火器营:清代禁卫军之一。康熙三十年(1691)始建,为皇帝的守卫扈从,由总统大臣管理,全营均练习枪炮,故名。 ④乾隆中攻金川:金川在今四川西部大金川下游与小金川流域,乾隆年间曾两次对大、小金川用兵。 ⑤胡宗宪:字汝贞,明代兵部尚书、航海学家,撰有《筹海图编》,书中对航海知识有深入研究。

于是有儒生送难者曰:中国食急于货,袭汉臣刘陶①旧议论以相抵。固也,似也,抑我岂护惜货,而置食于不理也哉?此议施之于开矿之朝,谓之切病;施之于禁银出海之朝,谓之不切病。食固第一,货即第二,禹、箕子言如此矣。此一答难。于是有关吏送难者曰:不用呢羽、钟表、燕窝,税将绌。夫中国与夷人互市,大利在利其米,此外皆末也。宜正告之曰:行将关税定额,陆续请减,未必不蒙恩允,国家断断不恃榷关②所入,矧③所损细所益大?此又一答难。乃有迂诞书生送难者,则不过曰为宽大而已,曰必毋用兵而已。告之曰:刑乱邦用重典,周公公训也。至于用兵,不比陆路之用兵,此驱之,非剿之也;此守海口,防我境,不许其入,非与彼战于海、战于艅艎④也。伏波将军则近水,非楼船将军,非横海将军也。⑤况陆路可追,此无可追,取不逞夷人及奸民,就地正典刑,非有大兵阵之原野之事,岂古人于陆路开边衅之比也哉? 此又一答难。

[注释]①刘陶:字子奇,出身宗室。桓帝时入太学,屡次上书议政,影响颇大。后历官尚书令、谏议大夫等职,曾预言张角起兵,并认为天下大乱在于宦官专权。因此触怒宦官,被捕下狱而死。刘陶认为:"生养之道,先食后货。……食为至急也。" ②権关:征收关税的机构。 ③矧(shěn):况且。 ④艅(yú)艎(huáng):泛指大船、大型战舰。 ⑤伏波、楼船、横海将军:汉代海上作战的三种将军名号。

以上三难,送难者皆天下黠猾游说,而貌为老成迂拙者也。粤省僚吏中有之,幕客中有之,游客中有之,商估①中有之,恐绅士中未必无之,宜杀一儆百。公此行此心,为若辈所动,游移②万一,此千载之一时,事机一跌,不敢言之矣! 不敢言之矣!

古奉使之诗曰:"忧心悄悄,仆夫况瘁。"③悄悄者何也? 虑尝试也,虑窥伺也,虑泄言也。仆夫左右亲近之人,皆大敌也,仆夫且忧形于色,而有况瘁之容,无飞扬之意,则善于奉使之至也。阁下其绎④此诗!

何为一归墟义也。曰:我与公约,期公以两期期年⑤,使中国十八行省银价平,物力实,人心定,而后归报我皇上。《书》曰:"若射之有志。"我之言,公之鹄⑥矣。

[注释]①商估:商贾,商人。 ②游移:拿不定主意。 ③忧心悄悄,仆夫况瘁(cuì):出自《诗经·小雅·出车》。悄悄:忧愁的样子。仆夫:随从。况瘁:憔悴。况,通"怳"。 ④绎(yì):理出头绪。 ⑤期(jī)年:一周年。 ⑥鹄(gǔ):射箭的目标,箭靶子。

纵难送曹生

天下范金①、抟埴②、削楮③、揉革④、造木几,必有伍。至于士也,求三代之语言文章,而欲知其法,适野无党,入城无相,津无导,朝无诏。弗为之,其无督责也矣。为之,且左右顾视,踆踆⑤而独往,其愀然悲也夫!其颓然退飞也夫!智者闻之,则曰:此豪杰也。胡以言之?古未曾有范金者,亦无抟埴者,亦无削楮、揉革、造木几者,其始有之,其天下豪杰也。或古有其法,中绝数千岁,忽然有之,其天下豪杰也。

[注释]①范金:金属铸造工艺又称范金。 ②抟(tuán)埴(huán):制造陶器。 ③楮(chǔ):落叶乔木,树皮是制造桑皮纸和宣纸的原料,为纸的代称。 ④揉(róu)革:用鞣料使兽皮柔韧。揉,通"鞣"。 ⑤踆踆(qūn):忽走忽停的样子。

今夫士,适野无党,入城无相,津无导,朝无诏,而读三代之语言文章而求其法,弗为之,其无督责也矣。而为之,其志力之横以孤也,有以异于曩①之纵以孤者乎?虽然,夫士也闻之喜,喜奈何?曰:吾之志力,可以有金而淬②之,范金者弗吾逮也,吾且大贤。吾有埴③而方员之,有楮而缋④之,有革而鞣⑤之,有木几而雕镂削治之,愈密愈华愈贤,吾又大贤。智者闻之,则大声暴诃之曰:止!夫横者孤矣,纵孤实难,纵者益孤,夫汝从而续之,不难其止。

呜呼!龚子未得为智者徒也,然固习闻智者之言也。里人曹生籀⑥,士也。其所学,其所处难与易之间,适类乎是。闵其孤,识其豪杰,不愿其为天下范金、抟埴、削楮、揉革、造木几者姗笑⑦。作《纵难》。

[注释]①曩(nǎng):以往,从前,过去的。 ②淬(cuì):淬火。 ③埴:用漆和灰涂抹器物。 ④缋(huì):绘画。 ⑤髤(xiū):用漆涂在器物上。 ⑥曹籀:又名曹金籀,字葛民,号柳桥,仁和(今浙江杭州)人。诸生,生平喜戴草笠出游,喜讲金石,著有《籀书文集》。 ⑦姗(shān)笑:讥笑,嘲笑。

宋先生述

君姓宋氏,讳璠,字鲁珍,浙江严州府建德县人。曾祖载,祖纪勋,父圻安,选拔贡生。自祖以上仕否,及妣氏族,俱未详,弗可述。君幼以孝闻,力于学。其治经也,总群书并进,天旦而起,漏四下而寝,不接宾客,瘁志①纂述,大书如棋子,小书如蚁脚,墨书或浓或澹,朱书如桃华,日罄②五七十纸。如是者不计年,当可得百余万言,扃③一敝箱中,不知果成书与否,又不知欲成何等书,身后无可问者。嘉庆七年,以选拔贡生来京师,主刑部员外郎戴公④家,以戴公荐,来主吾家。训自珍以敬顺父母。举嘉庆九年顺天乡试,十五年岁庚午卒,年三十三。无子。浙中傅君晚年信疑龙家书⑤,迁家兆,手一卷书,督畚锸⑥,

有白眚⁷起地中,触君身而死,其诬欤?其有之欤?吾家自宾客群从,逮老仆婢,至今皆称之曰宋先生。嘉庆丙子春,武英殿⁸校录、副榜贡生弟子龚自珍谨述。

[注释]①瘁(cuì)志:苦心劳神,一意于某事。 ②罄(qìng):本义为器中空,引申为尽,用尽。 ③扃(jiōng):从外面关门的闩、钩等。 ④戴公:戴敦元,浙江开化人,字金溪,乾隆进士,累官至刑部尚书,在任期间力革陋规弊端。生平笃好历算之学,撰述甚多,但多未成书。 ⑤疑龙家书:疑龙家,风水先生的雅称,所谓疑龙家书,即《葬经》之类。 ⑥畚(běn)锸(chā):畚,盛土器,锸,起土器,泛指挖运泥土的用具。 ⑦白眚(shěng):旧时迷信,认为白色鸟兽突然出现是不祥之兆,谓之白眚,泛指妖魔。 ⑧武英殿:清宫殿名。康熙十二年(1673)在该殿左右直房设修书处,由翰林院词臣总领其事,凡官修诸书皆在此校刊。

叙嘉定七生①

嘉定七生,龚自珍获交其一焉,曰恬生。恬生言:某之乡有六生,与某相引以为重,其执业均也,笙诗鼓簧②,而镈人③应于堂也;其相侈以名声也,如草木之感风露而芳香也。图形以传之,又愿长言以宣之。

[注释]①嘉定七生:即恬生陈瑑、徐恒生、钱竹生、毛岳生、葛铁生、黄云生、庄桐生。 ②笙诗:《诗经·小雅》中有《南陔》、《白华》、《华黍》、《由庚》、《崇丘》、《由仪》六诗,有篇目无诗歌内容,被称为笙诗。一说认为笙诗用笙来伴奏,原本有辞的,后来辞失传。另一说认为笙诗仅为笙乐名称,是在演唱诗歌中间演奏的笙曲,原本无辞。鼓簧(huáng):吹笙。 ③镈(bó)人:击钟奏乐的人。

自珍曰:美矣臧矣!丽矣堂矣!毋相忘矣!愿有以

献。江以南与西北异,水土浅醨①,嚣外窳中,蝇聚而蚋②散,士之相为友,年齿若则以为友,家世若则以为友,科第若则以为友,匪性情之是友,匪气谊之是友,始则假借牵引,真相惇厚,声名出己右,憎不相左,死呶呶③诟不止,吾愿之七生者之七而一也。

[注释]①浅醨(lí):浅薄。醨:味不浓烈的酒。 ②蚋(ruì):生活在水中的一种昆虫,吸食人畜的血液。 ③呶呶(náo):多言,喋喋不休。

自珍又曰:年齿若则以为友,科第若则以为友,家世若则以为友,谑浪①诡随,媚肤诡骨,捷如鼯猱②,一夫摇唇,百夫寋唾,记称剿说雷同,晏子③以告齐君,而《商书》④谓之恶德。又有中年所业垂成,就见它人所嗜好称说,必强同之,华山旋其面目东向,太室⑤厌其中处,以求同于岱宗⑥而止,是造物者混混失面目也。吾又愿之七生之一而七也。

[注释]①谑浪:戏谑放荡。 ②鼯(wú)猱(náo):鼯鼠与猿猴,旧时对南方少数民族的蔑称。 ③晏子:春秋时期齐国著名政治家和外交家,名婴,字平仲,夷维(今山东高密)人。传世《晏子春秋》实系后人依托并采缀晏子言行而成。 ④《商书》:《尚书》的组成部分,记载商代史事。 ⑤太室:山名。即今河南登封县北的中岳嵩山。 ⑥岱宗:即泰山。

自珍少游燕、并之市,之南方,求科名,北南宾客之辱者,十于七乎?百于七乎?他日复之燕、并求科名,宾客之辱者,十于七乎?百于七乎?不飞不鸣,人犹以为倾;不鼓不考,人犹以为媚。默默①吾颜,了了吾行。抱秋树之晨华,指太阴以宵盟。盖知夫时之不我与。又知夫区区之未可以骤明也,故恒潜于幽而块于处。恬生曰:子之言文,愿传语六生而纳交焉,书之。遂书之。六生者某某,恬生名瑑,姓陈氏。

[注释]①黕(dǎn)黕:漆黑的样子。

记 王 隐 君

于外王父段先生废籢①中,见一诗,不能忘;于西湖僧经箱中,见书《心经》②,蠹③且半,如遇籢中诗也,益不能忘。春日,出螺师门,与轿夫戚猫语,猫指荒塚外曰:此中有人家,段翁来杭州,必出城访其处,归不向人言。段不能步,我舁④往,独我与吴轿夫知之。循塚得木桥,遇九十许人,短褐曝日中,问路焉,告聋。予心动,揖而徐言:先生真隐者。答曰:我无印章。盖隐者与印章声相近。日晡⑤矣,猫促之,怅然归。

[注释]①段先生:指龚自珍外祖父段玉裁。籢(lù):竹箱。 ②《心经》:全称《般若波罗蜜多心经》,佛教经名。"心"喻为核心,纲要,故该经实为《般若经》的精髓所在。 ③蠹(dù):蛀蚀。 ④舁(yú):抬。 ⑤晡(bū):申时,即午后三点至五点。

明年冬,何布衣①来,谈古刻,言吾有宋拓李斯郎邪石。吾得心疾,医不救,城外一翁至,言能活之,两剂而愈,曰:为此拓本来也。入室径携去。他日见马太常②,述布衣言,太常俯而思,仰而掀髯曰:是矣!是矣!吾甥锁成③,尝失步入一人家,从灶后湫④户出,忽有院宇,满地皆松化石,循读书声,速入室,四壁古锦囊,囊中贮金石文字。案有《谢朓⑤集》,借之不可,曰:写一本赠汝。越月往视,其书类虞世南⑥。曰:蓄书生乎?曰:无之。指墙下锄地者,是为我书。出门,遇梅一株,方作华,窃负松化石一块归。

若两人所遇,其皆是欤?予不识锁君,太常、布衣皆不言其姓,吴轿夫言:仿佛姓王也。西湖僧之徒,取《心经》来,言是王老者写,参互求之,姓王何疑焉!惜不得锄地能书者姓。桥外大小两树依倚立,一杏,一乌桕⑦。

[注释]①何布衣:指何元锡,钱塘(今浙江杭州)人,字梦华,精于簿录之学,家多善本,纸墨古雅,后游粤中客死。著有《秋神阁诗钞》。 ②马太常:指马履泰,字秋药,钱塘人,乾隆进士,累官太常寺卿。工书画,品学为时人所钦慕。 ③锁成:号吟竹,回族,占籍钱塘,工诗,著有《蛇略》、《然糠录》。 ④湫(jiǎo):地势低湿。 ⑤谢朓:字玄晖,南朝诗人,其山水诗成就尤高,风格清俊秀丽。著有《谢宣城集》传世。 ⑥虞世南:字伯施,官至秘书监,封永兴县子,凌烟阁二十四功臣之一。擅文辞,工书法。 ⑦桕:音"jiù"。

吴 之 癯①

癯不知何辈流,其籍吴中②,大略生乾隆时,卒嘉庆时。读其言,百忧之所窟,众香之所宅。其行无有畔涯③,其平生甚口④,其言尽口过也。过其里之子弟曰:若为子弟,而清淳之质亡矣。过其父老曰:负所见闻。之都市,益过其父老曰:上古饲狗之盆,万年犹不以荐器。之其州之大聚曰:州将溃。或问之曰:贫者诈升斗⑤乎?富者膳飞走⑥乎？事令长不父母乎？皆曰：否！然则州何为溃？曰：父老死矣，子弟不得为他日父老。问何为？曰：无积，不以。

[注释]①癯：音"qú"。　②吴中：旧时对吴郡或苏州府的别称。　③畔涯：边际。　④甚口：口舌尖利，好发议论。　⑤诈升斗：在计量上欺诈以获利。　⑥膳飞走：以飞禽走兽为膳食，指不行仁道。

读大聚之条约，则哦《礼经》之文曰："土敝故草木不长；水烦故鱼鳖不大。"①之京师，过其郎曹②曰：古也刚愎，今也柔而愎。过王公大人之清正而俭者曰：神不旺，不如昔之言行多瑕疵者。尝怒人而弗绝也，曰：容之甚于绝之！过愿者③，诵《巧言》之五章④。当此时，天下闻此癯言如此矣。顾癯少年受人片誉；越五十年，遇其曾孙于市，脱百金之裘赠之，亲为驾，载之归舍。

龚自珍曰：予不识癯，识其弟子，数数称慕其师。予曰：从子之师之道，逐道也。客于门窬⑤，逐于巷市；客于巷市，逐于州都；客于州都，逐于朝；凡七见逐，而终不怨其师。

[注释]①哦(é)：吟诵。"土敝"二句：出自《礼记》而非《礼经》。《礼记·乐记》："土敝则草木不长，水烦则鱼鳖不大。"　②郎曹：指六部郎官。　③愿者：乡愿，乡里中伪善欺世者。　④《巧言》之五章：指《诗经·小雅·巧言》："蛇蛇硕言，出自口矣。巧言如簧，颜之厚矣。"吴之癯引诵《巧言》讽刺乡愿之人厚着脸皮大言欺人。　⑤门窬(yú)：即筚门圭窬，筚门：荆竹编织的门。圭窬：门旁小洞口，其形半圆。指贫穷人家。

书果勇侯入觐

　　本朝既百八十有六载,汉人籍而身膺世爵①者,公则有黄芳度、岳钟琪②;侯则有张勇、施琅③;伯则有文臣张廷玉,武臣孙思克④、王进宝、赵良栋⑤;皆有功德,皆以爵终于其位。而今太子太傅固原提督杨君芳⑥,封为二等果勇侯,位在二十六等之第六等,赫然与靖逆、靖海齐名,增汉人重。凡宿卫之臣,满洲辄除乾清门侍卫⑦,其有异材,重以贵戚,乃擢御前侍卫⑧;汉籍,辄除大门上侍卫,日直不过阈⑨,领侍卫内大臣⑩辖之,如外弁之见将帅,其有材勇,擢为乾清门,而班之崇极矣!

　　[注释]①世爵:可以传给子孙世代相袭者称为世爵。分为公、侯、伯、子、男、轮车都尉、骑都尉、云骑尉和恩骑尉,合为世爵9等,共为26级,乾隆四十九年后准许汉人与旗人一体授予。　②黄芳度:字寿岩,福建平和人,黄梧之子。康熙十三年(1674)袭父爵,率部坚守漳州,抗击耿精忠叛军。次年十月城破,自杀。朝廷赠王爵,谥号忠勇。岳钟琪(1686—1754):字东美,号容斋,四川成都人,清代名将。雍正二年(1724),以奋威将军领兵平定青海罗卜藏丹津的叛乱,升任陕甘总督。雍正七年(1729),以宁远将军领兵西征准噶尔部的噶尔丹策零,驻守巴里坤,多次出兵击败敌人。乾隆年间担任兵部尚书,主管全国军务多年。　③张勇(1616—1684):清初将领,字非熊,陕西洋县人。任甘肃提督时发生三藩之乱,张勇力战收复兰州、巩昌等地,并固守巩昌、平凉,隔断陇、蜀两地吴三桂军的联系,以功封一等侯,加少傅兼太子太师。后死于军中。施琅(1621—1696):清代将领,字尊侯,号琢公,福建晋江(今泉州)人。初为郑芝龙部将,降清后加左都督、靖海将军。康熙二十二年(1683)攻灭台湾的郑氏政权,建议在台湾驻兵屯守,以备御荷兰入侵,为清廷所采纳,封靖海侯。著有《靖海纪事》等。　④孙思克:清初将领。康熙二年

(1663)为甘肃总兵,曾平定王辅臣叛乱,升凉州提督。三十五年,以振武将军率师出宁夏,与费扬古会师,大破噶尔丹于昭莫多。　⑤王进宝:清初将领,屡从甘肃提督张勇征伐有功,升西宁总兵。"三藩之乱"时讨伐王辅臣部、吴三桂部将王屏藩、吴之茂等,平定固原、平凉有功,进官陕西提督,授奋威将军,封一等阿思哈尼哈番。赵良栋:清初名将。康熙十五年(1676)任职宁夏提督,曾平定当地驻军的叛乱。后又率兵进讨吴三桂,被授为勇略将军。攻克成都、昆明,平定"三藩之乱",升任云贵总督。　⑥太子太傅:东宫官名,太子六傅之一,掌以道德教太子。杨君芳:即杨芳,清朝将领,字诚村,贵州松桃人。嘉庆年间参与镇压川楚白莲教起义,后升至总兵、提督。嘉庆十八年(1813)从那彦成镇压林清、李文成起义。后赴新疆,参与平定张格尔的叛乱,晋二等侯。鸦片战争时,以参赞大臣随奕山赴广东,与英军作战。后回任湖南提督,道光二十三年(1846)致仕,卒后谥勤勇。　⑦乾清门侍卫:清代侍卫的一种,即掌翊卫近御,常值班于内廷,皇帝出巡时扈从值班,次于御前侍卫。于侍卫内特简,无定员,归御前大臣统领。　⑧御前侍卫:清代侍卫之一种,即靠近皇帝,常日直班内廷的侍卫,由侍卫内特简,无定员。　⑨阈(yù):门坎。　⑩领侍卫内大臣:官名。清代设置侍卫处,其主官即领侍卫内大臣,掌董帅侍卫亲军、扈从侍卫。

　　今杨侯特授国什哈辖①,汉国什哈辖,内臣惊为未闻。汉人袭父爵者,出为弁士,入为侍卫,父祖功最高,入拜散秩大臣②,而荫庇之荣极矣!侯有子曰承注,自以生员起家,赐文举人;他日当补文臣,内可致九卿,外可致督抚。汉人袭爵者,施琅、孙士毅③皆诏入旗籍,汉军都统治之,而杨侯官籍,以贵州行伍达于兵部,不改。承注以贵州举人达于礼部,不改。父子回翔,立外廷,奉外事。

　　昔周中兴,威重大臣无如尹吉甫④,吉甫归镐,客有张仲⑤,今大臣数杨侯,杨侯朝,客有徐松、张琦、魏源⑥。源也雅材,龚自珍友之。噫嘻!美谭。并世之士,跻追周《雅》,后或继也,前莫闻也。侯之入觐何自?自喀什噶尔⑦也。其年道光九年,其月四月廿八日乙丑,自珍既与侯相揖于西淀军机处直房,明日,书是以娡⑧侯。

[注释]①国什哈辖:即郭什哈辖,满语官名,武职,汉译为"御前侍卫"。②散秩大臣:官名。清朝侍卫处高级官员,次于内大臣,协助领侍卫内大臣掌率侍卫亲军,以宿卫扈从。 ③孙士毅:字智治,浙江仁和(今杭州)人。乾隆年间进士,历官至兵部尚书兼军机大臣、文渊阁大学士兼礼部尚书,先后出任两广、两江、四川总督。乾隆后期,参与镇压台湾林爽文起义、湘黔苗民起义,率师入安南平定阮惠叛乱,督理平定廓尔喀侵藏战事军饷并料理善后事宜,曾进封一等谋勇公。嘉庆元年,率部镇压川楚白莲教起义,卒于军。 ④尹吉甫:周宣王时大臣。宣王五年(前823),率军北伐猃狁,取得很大胜利。又奉命征收南淮夷贡赋,深受周王室倚重。有诗才,《诗经·大雅》中的《崧高》、《烝民》为其所作。 ⑤张仲:西周贤臣,曾辅佐周宣王管理内政,以孝友为人称道。 ⑥张琦:清代学者。字翰风,阳湖(今江苏武进)人,嘉庆举人。与兄张惠言齐名,通医术,尤精舆地之学。著有《战国策释地》、《素问释义》、《古诗录》、《宛邻文集》。魏源:晚清思想家,文学家,字默深,湖南邵阳人。在鸦片战争中,积极支持和参与抗击侵略,著有《海国图志》,提出"师夷之长技以制夷"的主张。在近代历史上具有开风气之先的作用。 ⑦喀什噶尔:地名。又名疏勒、喀什、哈拉哈什等,今新疆喀什。 ⑧娡(shí):赞美。

书番禺①许君

粤之东,维帝南服,而天下之雄也。其山怪,其土阻,其水大壑,其物产英诡,其人沈雄多大略。其大政三:曰榷盐②,曰舟师,曰互市③;三者恒有联,事相倚也。番禺许君,家受盐,董全粤盐,能靖民之悍然与士争利者;既起家,顾不屑自封殖④。曰:粤天下雄也,纾⑤朝廷南顾,而下为里柝⑥忧,其海氛乎!吾当身任之。治海之道有二:曰得卒,曰得船。乡勇之老于海者,视官兵其生熟相万也;私船之法式,视战船之造于官者,其狙钝相万也。

[注释]①番禺:县名,今广东番禺县。秦代置县,明清时属广州府管辖,县治即今广州。　②榷盐:封建政府对盐实行专卖和管制的措施。　③互市:古代民族贸易或对外贸易的通称。　④封殖:聚敛财货。　⑤纾(shū):缓和,解除。　⑥里柝(tuò):指乡里巡查警戒人员。

尚书百文敏公①,方锐茹群言,君进指画缓急状。文敏曰:具如君言。则退而自具舟,神机鬼式,百十其舸,疾于飓风,曰红单船;龙首鱼身燕尾,首尾自卫,曰燕尾船。又立募潮少年万人为乡军,军于珠光里,而自将之,日散千金,自为守。其年,败贼于大洋;明年,盗魁自缚献百数。文敏爵轻车都尉,粤遂平,实嘉庆十五年某月也。

[注释]①百文敏公:即百龄,汉军正黄旗人,乾隆进士,嘉庆十四年(1809),授两广总督,采用抚剿手段,瓦解海盗张保,诱杀乌石二。

粤大裖①,君忾然②曰:夫互市之耗中国久矣,独来洋米,可以偿所失。今法,洋米至,则税以拒之,又空反以窘之,米益少,客益多,主客皆饥,是与外夷市,勇于招来淫巧,而怯于筹食也!宜蠲③其税之入,而许其货之出。夷商大悦,则反害而为利。大吏金④曰:如君言。由是粤虽恶岁,米直平,许君之策也。厥后浙江饥,大吏召台湾米,由海入浙境,免其钞,约略祖君策云。子曰祥光,仕为户部郎,以谗龚自珍于京师,自珍南向称曰:君有功于大计者三,非惟照耀其乡,固世魁杰。宜乘安车⑤,应清问⑥,使公卿识奇士。又知君之不可招也,如祥光言,书一通,以姹升五岭而望者焉。

[注释]①祲(jìn):不祥之气,妖氛。 ②忾(kài)然:感慨貌,叹息貌。 ③蠲(juān):除去,免除。 ④佥(qiān):全,都。 ⑤安车:古车立乘,安车是可以坐乘的小车,供年老的高级官员及贵妇人乘用。 ⑥清问:清审详问。

书　叶　机

鄞①人叶机者,可谓异材者也。嘉庆六年②,举行辛酉科乡试,机以廪贡生治试具,凡竹篮、泥炉、油纸之属悉备。忽得巡抚檄曰:贡生某毋与试。机大诧!初蔡牵、朱濆③两盗,为海巨痈,所至劫掠户口以百数;岁必再三至,海滨诸将怵息④!俟其去,或扬帆施枪炮空中送之,寇反追,衄⑤不以闻,故为患且十年。

[注释]①鄞(yín):地名,即鄞县,在浙江宁波。 ②嘉庆六年:为辛酉年,公元1801年。 ③蔡牵:福建同安人,初从事海盗活动,嘉庆十年(1805)十二月,渡海攻打台湾,被推为镇海王。十二年底,击杀清军水师提督李长庚。后战败自杀。朱濆(fén):初在广东沿海为海盗劫掠,后与福建蔡牵海上武装会合,打击清军,并一同进攻台湾。 ④怵(chù)息:恐惧得不敢出气。 ⑤衄(nǜ):损伤,挫败。

巡抚者,仪征阮公①也。素闻机名,知沿海人信官不如信机;又知海寇畏乡勇胜畏官兵,又知乡勇非机不能将。八月,寇舶定海,将犯鄞,机得檄,号于众曰:我一贫贡生,吮墨执三寸管,将试于有司,售则试京师,不售归耳。今中丞②过听,檄我将乡里与海寇战,毋乃咍③乎?虽然,不可已,愿诸君助我。众曰:盍④请银于文官?不可。盍假炮于武官?不可。事亟矣,何以助君?叶君则揎⑤臂大呼,且誓曰:用官库中一枚钱,借官营中一秤火药而成功者,非男子也。飞书募健足,至行省,假所知豪士万金,假县中豪士万金,遂浓墨署一纸曰:少年失乡曲欢致冻饿者,有拳力绝人者,渔于海者,父子兄弟有曾戕于寇者,与无此数端而愿从我者,皆画诺⑥。

[注释]①仪征阮公:字伯元,号芸台,江苏仪征人。乾隆进士,历任浙江巡抚,湖广、两广、云贵总督,体仁阁大学士,谥号文达。博学多才,精通经史、金石、天文、历算、地理。曾在杭州创立"诂经精舍"、广州创立"学海堂",主编《经籍籑诂》,校刻《十三经注疏》,汇刻《皇经集解》等,为治《经》者所宗。 ②中丞:明初设置都察院,其副都御史之职与前代的御史中丞略同,清代以右副都御史为巡抚的兼衔,故以中丞用作巡抚的别称。 ③咍(hāi):笑。 ④盍(hé):何不,表示反问或疑问。 ⑤揎(xuān):捋袖露臂。 ⑥画诺:主管者在文书上签字,表示同意照办。

夜半,赍①纸者返,城中村中,画诺者几三千人。天明,簿旗帜若干,火器若干,船若干,粮若干。机曰:乌用众?以九舟出,余听命。是日也,潮大至,神风发于海上,一枪之发抵巨炮,一橹之势抵艅艎②,杀贼四百余人。九月,又败之于岸。十月,又逐之于海中。明年正月,又逐之于岛。浙半壁平。出军时,樯中有红心蓝边旗,机之旗也。自署曰代山,其村名也。朱渍舰中或争轧,诅于神,必曰遇代山旗。阮公闻于朝,奉旨以知县用。今为江南高邮知县,为龚自珍道其事。

[注释]①赍(jī):拿东西送给人。 ②艅(yú)艎(huáng):泛指大船、大型战舰。

松江两京官

御史某公①与侍郎某②相惸也。御史公得大学士和珅阴事,欲劾之,谋于侍郎,侍郎曰:大善。比日上不怿③,事不成,徒沽直名;诚恤国体者,迟十日可乎?御史诺:缓急待子而行。上幸木兰热河,留京王大臣晨入直,有急报自行在至,发之,和珅答侍郎书,大略云:和珅顿首谢,种种有处置矣。月余报至,亦和珅与侍郎书,辞甚啴④,谓君绐⑤我。侍郎惭,急诣御史曰:可矣。御史方饮酒,劾竟上。是月以弊典罢官,亦无祸。浙后进曰:御史颇放人也,安虑天下有阱己者哉?欲明不欺,成其狱,虽易地以计,乌可已?乌可已?顾负忼直⑥之意,侦主喜愠,乃一发声,留隙俟处置以败,信道可不笃耶?设少年悍者击之,中矣。

[注释]①御史某公:指曹锡宝,上海人,字鸿书,又字剑亭。乾隆进士,官至陕西道监察御史。乾隆五十一年(1786)弹劾权臣和珅家人刘全恃势营私,衣服、车马、住宅皆逾制。旋以查无实证,革职留任,后郁愤而死。嘉庆四年(1799)和珅抄斩,皇帝追论首劾功,赠左副都御史。 ②侍郎某:指吴省兰,字泉之,号稷堂,江苏南汇人,官至工部侍郎,侍读学士。因任和珅师傅,遂附和权臣和珅,而和珅当政时,反拜和珅为师。嘉庆四年(1799)因和珅之事,降为编修,不久去职。 ③比日:近日,近来。怿(yì):高兴,欢喜。 ④啴(chǎn):宽舒,从容和缓。 ⑤绐(dài):通"诒",欺骗,欺诈。 ⑥忼(kāng)

直:慷慨率直。

病梅馆记

江宁之龙蟠①,苏州之邓尉②,杭州之西溪③,皆产梅。或曰:梅以曲为美,直则无姿;以欹④为美,正则无景;梅以疏为美,密则无态。固也。此文人画士,心知其意,未可明诏大号,以绳天下之梅也;又不可以使天下之民,斫⑤直,删密,锄正,以夭⑥梅、病梅为业以求钱也。梅之欹、之疏、之曲,又非蠢蠢求钱之民,能以其智力⑦为也。有以文人画士孤癖之隐⑧,明告鬻⑨梅者,斫其正,养其旁条,删其密,夭其稚枝,锄其直,遏⑩其生气,以求重价,而江、浙之梅皆病。文人画士之祸之烈至此哉!

予购三百盆,皆病者,无一完者,既泣之三日,乃誓疗之、纵之、顺之,毁其盆,悉埋于地,解其棕缚⑪;以五年为期,必复之全之。予本非文人画士,甘受诟厉⑫,辟病梅之馆以贮之。呜呼!安得使予多暇日,又多闲田,以广贮江宁、杭州、苏州之病梅,穷予生之光阴以疗梅也哉?

[注释]①江宁:府名,今南京。龙蟠:今南京清凉山下的龙蟠里。②邓尉:山名,在今苏州西南。 ③西溪:地名,在今杭州灵隐山西北。④欹(qī):倾斜。 ⑤斫:砍削。 ⑥夭:摧折,杀死。 ⑦智力:智慧和力量。 ⑧隐:隐衷,隐藏心中特别的嗜好。 ⑨鬻(yù):卖。 ⑩遏(è):遏制。 ⑪棕缚:棕绳的束缚。 ⑫诟厉:讥评,辱骂。

第 六 辑

徐尚书①代言集序

昆山徐家鼐,裒②其先所著述曰《徐尚书代言集》者若干卷,其曰文集者又若干卷,其总曰三徐文者又若干卷。墨者雕,泐③者新,而授浙人龚自珍序其旨。自珍爰④大书于《代言集》之首曰:上帝息其精英之气,闷之百数十年,眷世而生天子,眷天子而生大臣,有厉剑执槊⑤,定一代大难之大臣,有开一代文教之大臣。生是世也,熏然而酕⑥,烂然而光,芬然而大吉祥,岂惟德之滂流⑦与政之肃?亦文事也。

[注释]①徐尚书:指徐乾学,字原一,号健庵,康熙进士,任内阁学士,官至刑部尚书,奉命编纂《清一统志》、《清会典》及《明史》,汇编《通志堂经解》,著《读礼通考》。另有《传是楼书目》、《憺园集》等。 ②裒(póu):聚集。 ③泐(lè):通"勒",本义雕刻,引申为书写。 ④爰(yuán):于是。 ⑤槊(shuò):长矛,古代的一种兵器。 ⑥酕(nóng):味浓烈的酒。 ⑦滂(pāng)流:涌流。

明自中叶以还,洎①乎屡亡,毕质凋丧,蛙吠庙堂②,螉③及四方,纤儿仄竖,争相怒顽。我世祖章皇帝④一统海宇,首开甲乙科⑤,圣祖仁皇帝⑥昌进科目,纯用方闻士。数十年间,云升露降,植效连理,动呈肉角⑦,山川发鲜英,云物变颢清,在人为学士大夫。学士大夫之魁然而秀于一门者,为江南三徐公:曰元文⑧者季,顺治已亥殿试第一,至太子太傅、内宏文院大学士者也;曰秉义⑨者仲,康熙甲辰殿试第三,至吏部侍郎者也;曰乾学者伯,康熙庚戌殿试第三,至太子少傅、刑部尚书者也,实家鼐高祖。国朝之以科第大其门,世有一品官者,曰桐城张氏、常熟蒋氏、海昌陈氏,虽金坛于氏、钱塘徐氏、德清蔡氏、诸城刘氏⑩,不得比。而徐氏喤然⑪导其先声,撰著宏富,皆康熙中大典故。康熙中文学传人,大半门下士,子孙渊雅,名氏有述,家乘⑫之存,与册府相表里,可谓玮矣。

[注释]①洎(jì):到,及。 ②庙堂:太庙的明堂,古代帝王祭祀、议事的地方,引申为朝廷。 ③螉:音"wēng"。 ④世祖章皇帝:指顺治帝福临。 ⑤甲乙科:科举考试甲科、乙科的合称,明清通称进士为甲科,举人为乙科。泛指科第。 ⑥圣祖仁皇帝:指康熙帝玄烨。 ⑦肉角:古代传说麒麟头生肉角,因亦用为麒麟的代称。 ⑧徐元文:字公肃,号建庵,顺治十六年(1659)以状元授修撰。累官掌院学士、文华殿大学士、户部尚书,著有《含经堂集》。 ⑨徐秉义:字彦和,号果亭,康熙进士,官至内阁学士兼礼部侍郎,曾出任《明史》馆总裁。 ⑩桐城张氏:指桐城张廷玉家。常熟蒋氏:常熟蒋溥家。海昌陈氏:海昌陈之遴家。金坛于氏:金坛于敏中家。钱塘徐氏:钱塘徐潮家。德清蔡氏:德清蔡升元家。诸城刘氏:诸城刘统勋家。 ⑪喤(huáng):象声词,形容洪亮而和谐的声音。 ⑫家乘:记载私家之事的文字,后用以称家谱。

谨读二公之文，规矩肃澹，学副厥遇，而尚书公尤所称以经术文章施无穷者也。《代言集》者，尚书代诏制之文，舜声尧容，羲情轩思①，大声发于天地之间，而用以懿告乎万代。十读四叹，云三色而为霱②也，五色而为庆也；露结采而成文也，结味而成甘也。自大小牙门百执事③，以及寰海④吏士农民，熙熙然如图画见于幅上，引吾之神，化吾之情，而游之乎羲、炎、尧、舜之世。呜呼！公之斯文，于是不专为公之文之盛矣。

[注释]①羲情轩思：羲：指伏羲，轩：指黄帝。轩辕，黄帝作轩冕之服，故谓之轩辕。　②霱(yù)：有瑞云、庆云的意思。　③牙门：官署，即衙门。百执事：百官，群吏。　④寰(huán)海：犹海内，即全国，天下。

自珍又曰：本朝博学宏词科①始发自公，将以收拾明季遗逸之士，集中恭拟谕旨三通是。自珍又曰：仁皇帝撤三藩②之谋，公之季预参赞之。公科新而官卑，所传恭拟癸丑科殿试策问③一道，乃宏文作，非公也，家乘中语恐非是。自珍又告家鼐曰：王鸿绪④之修《明史》，亦主公；王于徐为娅，亦文献家也。今天子谘古姓，录旧典，必不遗之矣，吾子盍之华亭王氏咨焉？自珍又曰：康熙中，有议政王大臣而无军机大臣，大事关大臣，群事关内阁，撰拟谕旨，则关南书房；南书房之选，与雍正以来军机房等。是集，公直南书房时笔也。

[注释]①博学鸿词科：科举的一种，康熙十八年(1679)设博学鸿词科作为延揽统治人才的制科，凡学行兼优、文词卓越之士，不论已仕未仕，经在京三品以上及科道官、京外督抚藩臬推荐，皆可试诗赋于体仁阁，考取一二等者

皇帝引见亲试,俱授翰林官,入史馆纂修明史。　②三藩:清初封明降将耿仲明为靖南王,尚可喜为平南王,吴三桂为平西王,合称三藩。后逐渐成为割据势力,康熙十二年(1673)下令削藩,吴三桂、耿精忠(仲明孙)、尚之信(可喜子)先后反清,均被清政府所平定。　③癸丑:指康熙十二年(1673)。策问:文体名。即于文中提出有关经义或政事等问题,以简策难问,征求对答。起于汉代,后世科举考试时多采用之。　④王鸿绪:字季友,号俨斋,又号横云山人,江南华亭(今上海松江)人。康熙进士,历任编修、翰林院侍讲、《明史》馆总裁、工部、户部尚书。康熙四十八年(1709)罢官,将万斯同等人修成的《明史稿》带回家中,删削后上呈清廷,成为后来修《明史》的底本。

江子屏所著书序①

嘉庆中,扬州有雄骏君子,曰江先生。以布衣为掌故②宗,且二十年。使仁和龚自珍条其撰述大旨,以诏来世。自珍径求之,纵横侧求之,又求其有所不言者,而皆中律令。其杀也,为《易》也;其详也,则中《春秋》恩父、恩王父之义。海陬③小生,瞠目哆颐④,敢问九流最目之言夥⑤矣!子胡张江先生之为书?且子所谓律令,谁之为之也?作而告之曰:圣人之所为也。《传》不云乎?三王之道若循环⑥,圣者因其所生据之世而有作。是故《易》废《连山》、《归藏》⑦;诵《诗》三百⑧,而周《诗》十九;《春秋》质文异家⑨;《礼》从周;皆是义也。孔子没,儒者之宗孔氏;治六经术,其术亦如循环。孔门之道,尊德性,道问学⑩,二大端而已矣。二端之初,不相非而相用,祈同所归;识其初,又总其归,代不数人,或数代一人,其余则规世运为法。

[注释]①江子屏：即江藩，清代经学家，字子屏，号郑堂，晚号节甫。甘泉（今江苏扬州）人，受业于余萧客、江声，监生，曾受聘为丽山书院山长。江藩博览群经，治经专宗汉儒，门户之见特深，所著《国朝汉学师承记》、《国朝宋学渊源记》标榜汉学，独树一帜，对学界影响很大。此篇是龚自珍1817年为江藩《国朝汉学师承记》所撰写的序言。　②布衣：古代平民服装，代指平民。掌故：旧事，旧制。后泛指关于历史人物、典章制度等的故事或传说。　③海陬（zōu）：海隅，海角。　④瞪（dèng）目哆（duō）颐：睁大眼睛，张开嘴巴，形容惊呆的样子。哆：发抖、颤动。颐：面颊。　⑤夥（huǒ）：多。　⑥三王之道若循环：西汉董仲舒提出带有循环论特点的历史观，即三统说。认为夏、商、周三代是依黑统、白统、赤统的次序周而复始的循环，以后历代王朝的更迭也是循环往复。　⑦《连山》、《归藏》：古代占卜术书，相传夏《易》为《连山》，商《易》为《归藏》，与《周易》合称"三易"。　⑧《诗》三百：即《诗经》。　⑨质文："文"指事物的文采修饰，"质"指事物的自然质地。《论语·雍也》："质胜文则野，文胜质则史。文质彬彬，然后君子。"即朴质胜于文采则显得粗野，没有文化教养，文采超过质朴则丧失个性，虚浮矫作。只有外在风度与内在涵养和谐统一，文质相称才是最佳境界。　⑩尊德性，道问学：儒家治学、道德修养的基本方法。"尊德性"是尊崇天赋的道德本性，重视自我的内心体悟，在治学、道德修养上具有注重直觉、内省等特点。道问学遵循学而知之的原则，主张通过外在的问学来获得知识或道德修养的成就，强调多学、多问、多见、多闻、多思、多行。

入我朝，儒术博矣，然其运实为道问学。自乾隆初元来，儒术而不道问学。所服习非问学，所讨论非问学，比之生文家而为质家之言，非律令。小生改容为闲，敢问问学优于尊德性乎？曰：否否。是有文无质也，是因迭起而欲偏绝也。圣人之道，有制度名物①以为之表，有穷理尽性②以为之里，有诂训③实事以为之迹，有知来藏往④以为之神，谓学尽于是，是圣人有博无约，有文章而无性与天道也。端木子⑤之言谓之何？曰：然则胡为其特张问学，得无子之徇⑥于运欤？曰：否否。始卒具举，圣者之事也，余则问学以为之阶。夫性道⑦可以骤闻欤？抑可以空枵⑧悬揣而谓之有闻欤？欲闻性道，自文章始。有后哲大人起，建万石之钟，击之以大椎，必两进之，两退之，南面而挥之，褫⑨之予之。不以文家废质家，不用质家废文家，长悌其序，胪以听命，谓之存三统之律令，江先生布衣，非其任矣。

[注释]①名物：事物的名称、特征等。　②穷理尽性：语本《周易·说卦》："穷理尽性，以至于命。"宋儒将此上升为认识方法和修养方法，指通过穷究物理、人性以达到理想人格。　③诂训：解释古代典籍中的字句。　④知来藏往：语本《周易·系辞上》："神以知来，知以藏往。"知来：预知将来。藏往：记藏往事于心中。旧指蓍（shī）卦神妙，可以预测未来，借鉴以往。后多用以表示能够预见未来和深知过去。　⑤端木子：即端木赐，字子贡，孔子弟子，以擅长言语辞令著称。　⑥徇（xùn）：顺从，曲从。　⑦性道：人性与天道。　⑧空枵（xiāo）：指饥饿。　⑨褫（chǐ）：剥夺。

曰：江先生之为书，与其甄综①之才何如？曰：能进之，能退之，如南面而挥之，如褫之予之。曰：请言江先生平生。曰：生于典籍之区，少为方闻士，乾隆朝，佐当道治四库、七阁②之事，于乾隆名公卿老师宿儒③，毕下上齮龁④，万闻千睹。既老，勒成是书，窥气运之大原，孤神明以罙往⑤，义显，故可以纵横而侧求；词高，故可以无文字而求。今夫海，不有万怪不能以一波；今夫岳，不有万怪不能以一石。饮海之一蠡⑥，涉华之一石，如见全海岳焉。砖瓦之所积，墍茨⑦之所饰，风雨乍至，尺青寸红。纷然流离,才破碎也。江先生异是。曰:敬闻教矣。古之学圣人者,著书中律令,吾子所谓代不数人,数代一人,敢问谁氏也?曰:汉司马子长氏、刘子政氏⑧。江先生书,曰《国朝经学师承记》者如干卷,迁之例;其曰《国朝经师经义目录》如干卷,向之例。小生降阶曰:有是夫!虽癯⑨也,犹得搴裳⑩中原,于我乎亲命之。

[注释]①甄(zhēn)综:综合分析,鉴定品评。 ②四库:《四库全书》的简称。七阁:清代专贮《四库全书》的七个藏书阁,即文渊阁、文源阁、文津阁、文溯阁、文宗阁、文汇阁、文澜阁。 ③老师宿儒:老师:年辈最尊的学者。宿儒:旧指对儒家经籍素有研究者,引申为学问渊博的人。即年高而学问渊博的学者。 ④齮(yǐ)齕(hé):侧齿咬噬,引申为毁伤、倾轧。 ⑤罙(shēn):古同"深"。 ⑥蠡(lí):贝壳做的瓢。 ⑦墍(xì)茨(cí):用泥涂饰茅草屋顶。引申指屋顶。 ⑧司马子长:即司马迁。刘子政:即刘向。 ⑨癯(qú):瘦。 ⑩搴(qiān)裳:犹褰裳,提起衣裳。

陈硕甫①所著书序

孔子曰:"吾道一以贯之。"②故《记》曰③:"黄帝正名百物,以明民共财。"告仲由④曰:"名不正,则言不顺;言不顺,则事不成,礼乐不兴,刑罚不中。"⑤子游⑥曰:"有始有卒者,其惟圣人乎?"古者八岁入小学,教之数与方名,与其洒扫进退之节。保氏⑦掌国子之教,有书有数。六书九数⑧,皆谓之小学。由是十五入大学,乃与之言正心诚意,以推极于家国天下。壮而为卿大夫、公侯,天下国家名实本末皆治。

[注释]①陈硕甫:即陈奂,受业于段玉裁,研治《毛诗》、《说文》,撰有《诗

毛氏传疏》。　②吾道一以贯之:出自《论语·里仁》。　③《记》曰:此处指《礼记·祭法》。　④仲由:字子路,又字季路,孔子弟子。　⑤"名不正"七句:出自《论语·子路》。　⑥子游:春秋末吴国人,孔子弟子,以擅长文学著称。　⑦保氏:官名。《周礼》地官之属,一说为周朝设置,掌劝谏周王的过失,兼掌贵族子弟的教育。　⑧六书:古代汉字造字的六种条例,即象形、指事、会意、形声、转注、假借。九数:古代表示数学的九个部分,包括方田、粟米、差分、少广、商功、均输、方程、赢不足、旁要。

后世小学废,专有大学,童子入塾,所受即治天下之道,不则穷理尽性①幽远之言。六书九数,白首未之闻。其言曰:学当务精者巨者,凡小学家言不足治,治之为细儒。于是君子有忧之,忧上达之无本,忧逃其难者之非正。不由其始者,终不得究物之命。于是黜空谈之聪明,守钝朴之迂回,物物而名名,不使有遁。其所陈说艰难,算师畴人②,则积数十年之功,始立一术。书师则繁称千言,始晓一形一声之故,求之五经、三传、子、史之文而毕合,乃宣于楮帛③。而且一户牖必求其异向也,一脯醢④必求其异器与时也,一衣裳必求其异尺寸也。有高语大言者,拱手避谢,极言非所当。于是二千载将坠之法,虽不尽复,十存三四。

[注释]①穷理尽性:语本《周易·说卦》:"穷理尽性,以至于命。"宋儒将此上升为认识方法和修养方法,指通过穷究物理、人性以达到理想人格。　②畴人:精通历法的人,历算家。　③楮(chǔ)帛:旧俗祭祀时焚化的纸钱,楮的树皮是制造桑皮纸和宣纸的原料,为纸的代称;帛:丝织品的总称。　④脯醢:古代极其残酷的死刑之一,将罪人身上的肉腌成肉干、剁成肉酱的刑罚。脯,肉干。醢,肉酱。

愚瘁①之士，寻之有门径，绎之有端绪，盖整齐而比之之力，至苦劳矣。陈硕甫曰：是苦且劳者，有所甚企待于后。后孰当之？则乃所称闻性道与治天下者也。乃言曰：使黄帝正名，而不以致上世之理，孔子之正名，而终不能以兴礼而齐刑，则六艺为无用，而古之儒之见诟，与诟古之儒者齐类。彼陟颠②而弃本，此循本而忘颠，庸愈乎！且吾不能生整齐之之后，既省吾力，而重负企待者。于是始以六书九数之术，及条礼家曲节碎文如干事推之，欲遂以通于治天下。大凡某书如干篇，如干卷，某书如干卷，都如干卷，如目录。

[注释]①瘁(cuì)：疾病，劳累。 ②陟(zhì)：登高。

兵部主事姚先生①曰：今天下得十数陈硕甫，分置各行省，授行省学弟子，天下得百十巨弟子，分教小弟子，国家进士，必于是乎取，则至教不躐等②，且性与天道之要，或基之闻矣。中书胡先生③曰：使硕甫自信所推毕无阂④，请从姚先生之言；所推犹有阂，则姑舍是言。整齐益整齐，企待益企待，总之必不为虚待，无岐谬。是二言者，龚自珍皆闻之，因最录书指意皆识之。

[注释]①姚先生：即姚学塽，字镜堂，嘉道时期理学家，为学主躬行践履，龚自珍负才傲物，独心折姚学塽。 ②躐(liè)等：逾越等级，不按次序。③胡先生：即胡承珙，清代经学家，字景孟，号墨庄，安徽泾县人。嘉庆进士，改庶吉士，授编修，累官补台湾兵备道。治毛诗用力最深，著有《毛诗后笺》、《仪礼古今文疏义》、《小尔雅义疏》、《尔雅古义》等。 ④阂：阻隔不通。

陆彦若所著书序

陆彦若曰:天下之大富必任土。东西南北,人苟有六尺土若十尺土,土之毛,皆识其华实,辨其材,节其性,伺其时,其生其死,勿以还土,可以小富;矧①夫若百尺千尺万尺?有百尺之土,役于圃一人,役于市一人,为天下养二人;千尺者役于圃三人,役于市三人,为天下养六人,以是为差;天下之富人,亦必以是为差。富殖德,故曰德产焉,传其术以德后生,富又殖寿。龚自珍曰:五经财之源也,德与寿之溟渤②也。成周③书真伪半,勿具论,论尧时。《尧典》④言百谷矣,其后但言五谷、六谷、九谷,五六九以外,蔬蓏⑤可材,尽《尧典》之所谓谷也。汉儒马融⑥说《咎繇谟》之文曰:"庶艰食,犹庶根食也。"谓凡草木有根者根可食,或实可食,或华叶可食,皆曰根食。然则庶根食者,其犹百谷欤?彦若知经术矣。

[注释]①矧(shěn):况且。 ②溟(míng)渤(bó):溟海和渤海,多泛指大海。 ③成周:古地名,即西周的东都洛邑。 ④《尧典》:《尚书》篇名,记载尧和舜管理国家的事迹,由周代史官根据传闻编著,又经春秋、战国时人用儒家思想陆续补订而成。 ⑤蓏(luǒ):指瓜类植物的果实。 ⑥马融:字季长,扶风茂林(今陕西兴平)人,生于外戚之家,先后做过大将军邓骘的舍人,任校书郎,东观典校秘书,汉安帝时拜为郎中,桓帝时任南郡太守。学识广博,尤精古文经学,为汉代通儒。所收弟子常以千数,著名经学家卢植、郑玄皆其门徒。

自珍又曰:古农书四篇,吕不韦①采之矣,氾胜之②书阙不具；魏高阳太守贾思勰③书二十篇，著录家皆录之；文渊阁又录之矣。汉大儒司马氏④为《货殖传》，所以配《禹贡》，续《周礼》，与《天官书》⑤同功。不学小夫乃仅指为诙嘲游戏愤怒之文章，颠夫！今彦若所著书，祖古农书，祢⑥司马氏，而伯仲于氾胜之、贾思勰之间，宜急写副，德后世。曰《种树方》者三卷，曰《种菜方》者一卷，曰《种药方》者一卷，都五卷，著录之如此。又规之曰：往往错举古今名，古今语未可同，又不分析东西南北之所宜，试者或不得种，得其种，或效或不效，宜小字细目，以江河界限之。彦若亟出都，未暇治也。丙申⑦九月九日。

[注释]①吕不韦：秦庄襄王时为相，封文信侯。门下有宾客三千，编写了《吕氏春秋》。　②氾(fàn)胜之：西汉农学家。成帝时任议郎、劝农使者，曾在三辅（长安附近）教民种田，迁御史。著有《氾胜之书》二卷十八篇，为我国最早的农学专著。　③贾思勰：北魏农学家，曾任北魏高阳太守，著成《齐民要术》一书，凡农事耕种收藏制作，无不具备。　④司马氏：指司马迁，著有《史记》，设有《货殖列传》。　⑤《天官书》：司马迁所撰《史记》的篇名，它是我国最早、最完整地叙述全天星官的著作。　⑥祢(mí)：继承，效法。　⑦丙申：道光十六年(1836)。

钱吏部遗集序

钱吏部枚①卒且八年，遗诗始写定，是为辛未岁②。越丁丑③，钱廷烺④走访龚自珍海上，属之曰：先人诗出又七年，未有最录之言，将惟天下善言文章之情者是属。自珍悄然不能辞，乃涤笔而称曰：今天子始亲政之岁，举己未科⑤会试，主者大兴朱文正公⑥；榜出，省贡士之邃于经者，雄于辞者，雅治一艺者毕在，可八九十人，而吾浙二十一人。其以文采妙当世者，哗哗以十数，嫭⑦矣哉！先若后未之闻也！君实以是科成进士，气文而身顽，黝然黑，谡然清，仿佛如有思。诸君先后跻九万里之上，君意善感慨，又清贫甚，浮湛卒。文正惋叹，杭州以为失方闻士。

[注释]①钱枚：浙江仁和人，官吏部文选司主事。好读书，词以清丽著称。　②辛未岁：嘉庆十六年（1811）。　③丁丑：嘉庆二十二年（1817）。④钱廷烺：字小谢，仁和人，钱枚之子。诸生，官江苏昆山知县，与孙星衍、张问陶诗文唱和。著有《绿伽楠精舍诗草》，工隶书。　⑤己未：嘉庆四年（1799）。　⑥朱文正公：即朱珪，字石君，号南崖、盘陀老人，大兴人，乾隆进士。历任两广总督、吏部尚书、翰林院掌院学士、体仁阁大学士，加太子太傅。通经学，工诗文书法，曾充《四库全书》总校，实录馆、国史馆、会典馆正总裁。卒谥文正，著有《知足斋诗文集》。　⑦嫭(hù)：美好。

诗十卷，无嚣浊俚窳俶诡①之言，如坐杭州山水间，重山二湖，孔翠鸾之属，往来鸣叹，天清日沈，风起卉木，泠泠②乎琴筑语而筝笙鸣，是其可状者也。小乐府一卷，幽窅③而情深，言古今所难言，疑涩于口而声音益飞，殆不可状。前哲有言，古今情之至者，乐器不能传，文士不能状，意者然乎？嗟嗟！感前修之易沦，眷华士而踵起，名满天下，才啬于命，情又啬于才。是集也，宜吾微吟焉，寂听焉，低徊独抱焉，弗可已矣！

[注释]①嚣(xiāo)浊：喧嚣混浊。俚(lǐ)窳(yǔ)：俚俗，粗劣。俶(chù)诡：奇异。　②泠泠(líng)：清凉、凄清的样子，形容水流的声音。　③幽窅(yǎo)：幽窈，幽深。

袁通长短言序

钱唐袁通①《长短言》六卷。今夫闺房之思,裙裾②之言,以阴气为倪③,以怨为轨,以恨为斾④,以无如何为归墟,吾方知之矣。若其声音之道,体裁之本,短言之欲其烈,长言之欲其淫裔,庄言之欲其思,谲言之欲其不信,谬言之欲其来无所从,去又无所至也。怪哉!使我曼声吟歔,寿命讫而不知厌。招我魂于上九天,下九渊,旬日而不可返,泊然止寂寥兮,无㵓⑤于先王,而岂徒调夔、牙⑥之一韵,割《骚》⑦之一乘也哉!卒无如何,命笔为之序。

[注释]①袁通:字达夫,号兰村,浙江钱塘(今杭州)人,袁枚嗣子。诸生,曾官河南汝阳知县,以词闻于世,又喜丹青。 ②裙(qún)裾(jū):裙子,裙幅,借指妇女。 ③倪(ní):端,边际。 ④斾(pèi):古代旗末端状如燕尾的垂旒(liú),泛指旌旗。 ⑤㵓(huì):中止。 ⑥夔(kuí)、牙:舜时乐官夔与春秋时精于琴艺者俞伯牙的并称,借指精通音乐的人。 ⑦《骚》:指屈原的《离骚》。

上海李氏藏书志序

龚自珍曰:目录之学,始刘子政①氏。嗣是而降,有三支:一曰朝廷官簿,荀勖②《中经簿》,宋《崇文总目》、《馆阁书目》③,明国史经籍志是也;一曰私家著录,晁公武④《郡斋读书志》、陈振孙⑤《书录解题》以下是也;一曰史家著录,则汉《艺文志》、隋《经籍志》⑥以下皆是也。三者其例不同,颇相资为用,不能以偏废。三者之中,其例又二:或惟载卷数,或兼条最书旨。近世好事者,则又胪注某抄本,某椠本,某家藏本。兹事殊细,抑专门之业,必至于是,而始可谓备,则亦未易言矣。

[注释]①刘子政:即刘向,西汉著名经学家,字子政。曾校阅群书,所撰《别录》是我国目录学的开山之作。 ②荀勖(xù):晋代目录学家,字公曾,颍阴(今河南许昌)人。初仕魏,入晋官至尚书令。任秘书监时,对秘阁藏书进行整理校阅,受敕编撰《中经簿》,分四部以总群书,甲部为经书,乙部为子书,丙部为史书,丁部为文集。 ③《崇文总目》:宋代王尧臣等奉敕编撰的官修目录,共66卷,著录昭文、史馆、集贤及秘阁四馆所藏图书30669卷,分4部45类。各类皆有序文,述其大义。《馆阁书目》:即《中兴馆阁书目》,南宋国家藏书目录,南宋陈骙撰。 ④晁公武:南宋藏书家,字子止,巨野(今山东巨野)人,其家世代喜藏书,编成《郡斋读书志》4卷,《后志》2卷,为宋时著名目录提要。 ⑤陈振孙:字伯玉,号直斋,浙江安吉人,勤于收藏图书,著有《直斋书录解题》。 ⑥汉《艺文志》、隋《经籍志》:即班固《汉书·艺文志》与唐魏征等撰《隋书·经籍志》。

纯皇帝开四库①,建七阁,海内之士,毕睹官簿。大江以南,士大夫风气渊雅,则因官簿而踵为之,往往瑰特,与中朝②之藏有出入者。而上海李氏,乃藏书至四千七百种,论议胪注至三十九万言。承平之风烈,与鄞范氏、歙汪氏、杭州吴氏、鲍氏③相辉映于八九十年之间。李君犹且恨生晚,不获遇纯皇帝朝亲献书。顾异日数本朝目录,必不遗李氏。吾生平话江左俊游宾从之美,则极不忘李氏,东南顾脩脩④踞天半矣哉!李君名筠嘉⑤,议叙光禄属官衔,不仕。道光六年丙戌六月龚自珍在京师寄此序。

[注释]①纯皇帝:即乾隆帝,清高宗弘历,谥纯皇帝。开四库:乾隆三十

八年(1773)二月,诏开四库馆,开始编修《四库全书》,以纪晓岚、陆锡熊、孙士毅为总纂官。　②中朝:天子、诸侯处理天下大事的处所。　③鄞范氏:指浙江鄞县范氏天一阁藏书。歙汪氏:指安徽歙县开万楼藏书。杭州吴氏、鲍氏:指杭州瓶花斋藏书,鲍氏知不足斋藏书。　④翛(xiāo)翛:高或长的样子。⑤李君名筠嘉:即李筠嘉(1766—1828),清代藏书家,字修林,松江(今上海)人,贡生,官光禄寺典薄。生平喜藏书,其慈云楼藏书至6000余种,数万卷,著有《上海李氏藏书志》。

金孺人①画山水序

尝以后世一切之言皆出于经,独至穷山川之幽灵,嗟叹草木之华实,文人思女,或名其家,或以寄其不齐乎凡民之心,至一往而不可止,是不知其所出。尝以叩吾客,客曰:是出于老、庄耳。老、庄以逍遥虚无为宗,以养神气为用,故一变而为山水草木家言。昔者刘勰②论魏、晋、宋三朝之文,亦几几见及是,或者神理然耶?吾友王昙仲瞿③,有妇曰金,字曰五云,能属文④,又能为画,其文皆言好山水也。其所画,有曰《山居图》,极命物态。仲瞿实未甘即隐逸,以从狎鱼鸟之游。五云飨笔研而祝之曰:必得山水如斯画之美而偕隐焉。昙曰:诺。吁!曩者⑤同时之士,固尝拟仲瞿似晋宋闲民,不闻其有奇妇。余窥其能事,与其用心,虽未知所慕学何等,要真不类乎凡之民矣。抑又闻老、庄之言,或歧而为神仙,或歧而为此类,将毋此类之能事与其用心,其亦去去有仙者思欤?大夫学宗,尚其思之!庶嫔百媛,尚其慕之!叹息不足,从而缘之辞。

[注释]①孺人:古代称大夫之妻,明清时为七品官的母亲和妻子的封

号,也用作官宦人家妇女的通称。 ②刘勰:南朝梁文学理论批评家,字彦和。所撰《文心雕龙》,论古今文体及文之工拙,见解精辟,体系完整,是我国古代文学理论批评的巨著。 ③王昙:字仲瞿,清文学家、戏曲作家,著有《烟霞万古楼文集》。 ④属(zhǔ)文:撰著文章。属:缀辑,撰著。 ⑤曩(nǎng)者:过去,从前。

江南生橐笔①集序

江南生有奏议十九卷。国朝法度,大臣不敢以奏议入私集,况士乎?生佐督抚为政,居幕下,历七省,客十九主。此代十九主之所为,有拟稿未用者,有一事前后数易奏稿并存之者,不得曰奏议以惑来者,予正其名曰:《江南生橐笔集》。集中言天下财赋,大指不当丰于入,而当啬于出,有百余事;言天下刑名,大指谓本朝刑太宽,民太不畏;又有杀人不死,伤人盗,皆不抵罪者;又本朝纠虔②士大夫甚密,纠民甚疏,视前代矫枉而过其正。此其平生蓄于中心,时时露于文采者也。

[注释]①橐(tuó)笔:古代书史小吏,手提书袋,颈插支笔,随时为帝王记事,后比喻从事笔墨生涯。 ②纠虔:引申为纠举督正。

龚自珍曰:江南生之言当否,后世有折衷之者,予不深论。窃闻其为人,取于所主甚介,谈笑精悍,指示曲折,文辞甚辨丽,于属辞轻重繁简,往往因一言争轧往复,必欲达其意而后已。当此时,朝廷诏令,琅琅动数千言,督抚奏议,亦皆虎虎有生气,朝野不病君狂也。

张南山国朝诗征序①

周公何人哉？尹吉甫、谭大夫何人哉？逐臣放子，弃妾怨妇，举何人哉？周虽文，其殆无有诗人之名也。后之为诗，业之别有籍焉，成之别有名焉，二者辙孰旧？网取所无恩，恩杀，至所恩之人而胪②之，高下之，名曰作史；网取其人之诗而胪之，或留或削，名曰选诗。皆天下文献之宗之所有事也。二者名孰高？作史者曰：我古史氏家法，于史为大宗。选诗者则曰：孔子尝删诗③矣！我七十子家法，于经为别子。二者指孰优？其名与实孰合分？

[注释]①张南山：即张维屏，字南山，号珠海老渔，松心子，广东番禺（今广州）人，清代诗人。道光进士，曾为黄梅、广济知县、南康知府，皆有惠政。告归后闭户著书，晚年为学海堂学长。所作诗文编为《松心草堂集》，另辑有《国朝诗人征略》。　②胪(lú)：传语，陈述。　③孔子删诗：关于《诗经》的成书，司马迁《史记·孔子世家》认为孔子曾经删诗，是《诗经》的整理者和编订者。此说影响很大，但有争议。

龚自珍年三十四，著《古史钩沈论》七千言，于周以前家法，有意宣究①之矣。既具稿，七年未写定。夫自珍之世，非周之世，天下久矣有诗人之名也；天下久有诗人之名，天下献宗选诗，固宜选诗矣。受而视其目，其真以诗名者，未尝漏焉。而不可名为诗人者十八九，是何人哉？自天聪、崇德②，迄于今八朝，其姓名为专家诗人所熟闻者无几，诗人闻而咸异焉！

[注释]①宣究:深入探究。 ②天聪、崇德:清太宗皇太极年号,自1627年至1636年,凡10年。1636年,皇太极改"后金"为"大清",正式建立清朝,并去汗称帝,改元"崇德",这是满族第一个称帝的年号,共8年(1636—1643)。

曰举何人哉?自珍受而疑,俯而得其故,曰:若人殆①乐网取其人而胪之,而高下之欤?殆非徒乐网取其诗也欤?然则若人号称选诗也何故?曰:是职不得作史,隐之乎选诗,又兼通乎选诗者也。其门庭也远,其意思也谲②,其体裁也赅③。吁!诗与史,合有说焉,分有说焉,合之分,分之合,又有说焉。毕触吾心而赴吾志,吾所著书益写定。伟夫若人!怀史佚④之直,中孔门之律令,虎虎歃血⑤龚氏之庭者哉?张维屏,字南山,番禺⑥人,官黄梅令。

[注释]①殆:大概,几乎。 ②谲(jué):怪异,变化多端。 ③赅(gāi):完备。 ④史佚:西周初年史官。周成王戏言桐叶封弟,史佚认为天子无戏言,于是成王封递叔虞于唐。 ⑤歃血:古代举行盟会时,宰杀牲畜,并以牲畜的血涂抹嘴唇,表示诚意。 ⑥番禺:县名,即今广东番禺,明清时属广州府管辖,县治即今广东广州。

绩溪胡户部①文集序

古之民莫或强之言也。忽然而自言,或言情焉,或言悟焉,或言事焉,言之质弗同,既皆毕所欲言而去矣。后有文章家,强尊为文章祖,彼民也生之年,意计岂有是哉?且天地不知所由然,而孕人语言;人心不知所由然,语言变为文章。其业之有籍焉,其成之有名焉,淆为若干家,厘为总集若干,别集若干。又剧论其业之苦与甘也,为书一通。又就已然之迹,而画其朝代,条其义法也,为书若干通。舁②人舆者,又必有舁之者,曾曾云礽③,又必有祖祢④之者。日月自西,江河自东,圣知复生,莫之奈何也已!

[注释]①胡户部:即胡培翚,清代经学家,字载平,号竹村,安徽绩溪人。嘉庆进士,官至内阁中书、户部广东司主事。居官勤而处事细,时人称其"治官如治经,一字不肯放过"。居乡创办东山书院,曾主钟山、惜阴、泾川诸书院讲席。胡家世传经学,胡培翚又学于凌廷堪,遂精《三礼》,著有《仪礼正义》、《研六室文钞》等。 ②舁(yú):抬。 ③云礽(réng):远孙,比喻后继者。 ④祖祢(nǐ):古代对已在宗庙中立牌位的亡父的称谓。

龚自珍不彀①于言,言满北南;绩溪胡子则诣自珍舍,就求文章术。自珍正告曰:不幸不彀于言,言满北南;口绝论文,喑于苦甘;言之不戢②,以为口实;独不论文得失,未尝为书一通。高肩笥中③,效韩媲柳④,以笔代口,以论文名,覆按无有;子胡决其藩而铩⑤其例?且自珍尝闻胡子之言之质矣,粹然⑥胡子之言也,非如自珍之言之旁出氾涌⑦,而更端以言也。是谓七十子苗裔之言,是谓礼家大宗之言,其言式古训,力威仪焉。大之言礼经焉,中之言礼节焉,小之言礼牍简策焉。谭山水,问掌故,求建置,辨沿革,又胡子所言不一言者也。自珍作而言曰:将强名此以为文章岂可哉?然名此为文章又岂不可哉?设又从而区论之,甲幅近文章,乙幅不近文章,又岂可哉?其率是以言,继是以言,勤勤恳恳,以毕所欲言,其胸臆涤除余事之甘苦与其名,而专壹以言! 如其不然,而强龚自珍论文章,则胡子瘁⑧矣。

[注释]①弢(tāo):掩藏,隐蔽。 ②不戢(jí):不检束,放纵。 ③扃(jiōng):关闭。笥(sì):盛饭或衣物的方形竹器。 ④效韩媲柳:韩指韩愈,柳指柳宗元。 ⑤鈲(pī):分析。 ⑥粹(cuì)然:纯正貌。 ⑦氾(fàn)涌:犹泛滥。 ⑧瘁:劳累,困苦。

四先生功令文①序

其为人也惇博②而愈夷,其文从容而清明,使枯膢③之士,习之而知体裁,望之而有不敢易视先达④之志。盛世之盛,唐之开元、元和⑤,宋之庆历、元祐⑥,明之成化、弘治⑦,尚近似之哉! 尚近似之哉! 其人多深沈悱恻⑧,其文叫啸自恣,芳逸以为宗,则陵迟⑨之征已。夫庄周、屈平、宋玉⑩之文,别为初祖,而要其羡周任、史佚⑪、尹吉甫之生,而愿游其世,居可知也。

[注释]①功令:科举时代指考试制度中有关考试、录用的法令和规程,后泛指朝廷法令。 ②惇(dūn)博:纯厚博大。 ③枯膢(qú):干瘦,多形容人体;也比喻学养不足。 ④先达:有道德有学问而显达的前辈。 ⑤开元:唐玄宗年号,自公元713年至741年,凡29年。元和:唐宪宗年号,自公元806年至820年,凡15年。 ⑥庆历:宋仁宗年号,自公元1041年至1048年,凡8年。元祐:宋哲宗年号,自公元1086年至1094年,凡9年。 ⑦成化:明宪宗年号,自公元1464年至1487年,凡23年。弘治:明孝宗年号,自公元1488年至1505年,凡18年。 ⑧悱(fěi)恻(cè):忧思抑郁。 ⑨陵迟:同"凌迟",衰落颓坏。 ⑩庄周:指庄子;屈平:指屈原;宋玉:战国时楚国

人,辞赋家,传为屈原弟子,终身怀才不遇。 ⑪周任:古之良史,正直无私。史佚:周武王时为史官。

　　自珍尝之五都之廛①,市诸物,见有内外完好不訾窳②者,必五十岁前物,曷尝不想见时运之康阜③,民生之闲暇,虽形下之器,与夫专道艺者等。又况学士大夫,生赐书之家,而泽躬于尔雅之林者欤?四先生其伦也。四先生皆生世家,皆起家甲科④。其仕也,始终全盛之朝,意气雍容可观。其在官也,皆肯征宾客,买图史;其未第也,所与游乡党间,亦必无秽流不悦学之士。如甘露惠风,夕泠其条,而晨泠其柯,欲梧桐楠梓之不扶疏而荣华,不可得已,宜兹文之进于雅与颂之堂也。

　　[注释]①廛(chán):古代城市平民的房地。 ②訾(zǐ)窳(yǔ):苟且懒惰。 ③康阜:安康和富足。 ④甲科:明清则通称进士为甲科,举人为乙科。

　　我朝山川发诩,自康熙初元以来,如日炎炎;乾隆之文,一康熙之文,视开元、庆历、成化,善气之长,数倍过之。然生其间,仕其间,而能为四先生之文者,良亦不众。今付合写一通,而序之如此。只雅奇笙,时发其声,欲喻契乎千钟万镛①,锵喤镗鞳②之奏者也,非甘叫啸者也。武进管世铭、歙朱承宠、仁和陈登泰、桐乡诸汝卿③。

　　[注释]①喻(yú):古通"逾",越过;超过。镛(yōng):大钟,古代的一种乐器。 ②锵(qiāng)喤(huáng):形容钟声洪亮清越。镗(tāng)鞳(tà):钟鼓声。 ③管世铭:字缄若,号韫山,武进(今江苏常州)人。乾隆进士,改户

部主事,累迁郎中,擢御史。善诗,诗风朗健深厚,尤工古文。朱承宠:乾隆四十九年特赐举人,授为内阁中书。陈登泰:乾隆五十五年进士。

鸿雪因缘图记序

《鸿雪因缘图记》者,兵部侍郎江南河道总督长白麟公①之所作也。自髫卯②之岁,至四十岁,为图八十,是为第一卷;自四十至五十,为图复八十,为第二卷。其第一卷,阮相国、祁尚书③序之矣。道光辛丑④秋,自珍游淮,以内阁后进礼谒公浦上,晬⑤乎其容,慰劳有加,使自珍缀言⑥于第二卷之简端。微公命,自珍固有所欲言,重以公命,乌能无言。

[注释]①麟公:即麟庆,清代河工官员,字见亭,满族。道光时累官江南河道总督,在任十年建树最多,著有《黄运河口古今图说》、《河工器具图说》等水利专著。 ②髫(tiáo)卯(guàn):髫,古代小孩头上扎起来的下垂头发。卯:古代儿童束的上翘的两只角辫。 ③阮相国:即阮元,字伯元,号芸台,江苏仪征人。乾隆进士,官至两广总督、体仁阁大学士。曾在杭州创立诂经精舍,在广州创立学海堂,著有《揅经室集》,主编《经籍籑诂》,校刻《十三经注疏》,汇刻《皇清经解》等。祁尚书:即祁寯藻,字春圃,山西寿阳人,户部郎中祁韵士之子,道光进士。历官至军机大臣,左都御史,兵、户、工、礼诸部尚书,体仁阁大学士。道光十九年(1839),赴福建筹办海防,查禁鸦片。咸丰、同治之际,密陈厘捐病民,力请罢止。 ④道光辛丑:即道光二十一年(1841)。 ⑤晬(suì):润泽的样子。 ⑥缀言:缀文,联缀辞句成为文章,作文。

古今名臣硕辅①所遇之世不齐,为承平之臣易乎?为忧劳况瘁②、盘根错节、立奇功、勘大变之臣易乎?则必曰为承平者易矣。虽然,固有辨。今使所遇而永承平无事也,起家功名,致身华朊③,一切勿问,固不得预于贤大夫之数,其人固良易贤矣,不甘以科名华朊无竟矣,不过博览书史,周知掌故,上足以备人主燕闲之顾问,宦辙所至,宏奖士类,进其春华秋实之士而扬挖④之,其人虽贤,诚无甚难及者;若乃内韫韬略,外示纡余,蓄孟门、积石⑤于方寸,可以谈笑生风雷,而汪洋澹涵,冲乎夷易,使人不见驶疾惊骇之迹,猝有事变,投袂而起⑥,若劲弩激箭之发,若储之数十年于其怀抱间者,之人也,盖于天下可以常、可以变之全局大势,烂熟于胸中,而不可方物以逶迤于承平华朊者也,斯岂寻常意计所能以臆轩轾⑦者?

[注释]①硕辅:贤良的辅弼之臣。 ②况瘁:憔悴。 ③华朊(wǔ):华贵,显贵。 ④扬挖(gǔ):褒贬,评说。 ⑤孟门:古隘道名,在今河南辉县西,位于太行山之东,春秋时为晋国要隘。积石:山名,即今大雪山,在青海南部,古时认为它是黄河的发源地,相传大禹治水,疏导黄河自此。 ⑥投袂(mèi)而起:形容精神振作,立即行动起来的神态。投袂:挥动袖子。 ⑦轩轾(zhì):车前高后低为轩,车前低后高为轾,喻指高低轻重。

今我麟公,殆其人哉,殆其人哉!百有六十图,虽亦谈人伦之乐事,侈门内之祥和,簪笔①以入,承韬②以出,无亢厉③之言,有回翔之态。公弱冠通籍于全盛之朝,家世翔华,山川清晏,宜其然也。然而微窥公行部所及,山川形势,人民谣俗,古迹今状,皆备载之,弗为无本之说,与不急之言,而又问民生之疾苦,讨军实之有无,天下形势,半在于是。而姑韬晦其所学,不欲张大其名目,以托于百六十篇之绘事记云尔。即如在河南著《河工器具图说》四卷,古今之奇作,天下有用之书,孰加于是!然其目不过曰谦豫编图,非其章章明验耶?

[注释]①簪(zān)笔:古代上朝时,把笔插在头上,以备随时记事,以后成为一种行礼时的冠饰,用毛装饰簪头,插在帽前。 ②轺(yáo):古代轻便马车。 ③亢厉:奋扬。

今天下承平日久,而海氛未靖,此公所以有石公验炮之举也。公以河督兼署制军①,特小试其端耳。天子且益大用公,公行且总揽四海财赋而筹之,使公私上下交裕,然后入相,天子激扬清淑,焕发士大夫之耳目,以振厉一世,此海宇所喁喁②望公者,百六十篇皆其嚆矢③也。更十年,当更序之,敬濡笔④以俟。道光二十一年岁次重光赤奋若⑤孟秋上旬三日,内阁后进仁和龚自珍顿首拜纂。

[注释]①制军:明、清时期总督的称呼。 ②喁喁(yú):比喻众人敬仰归向的样子。 ③嚆(hāo)矢:响箭。因发射时声先于箭而到,故常用以比喻事物的开端,犹言先声。 ④濡(rú)笔:谓蘸笔书写或绘画。 ⑤重光赤奋若:古代太岁纪年法,屠维、重光对应天干己、辛,大渊献、赤奋若对应地支亥、丑。

徽州府志氏族表序

龚自珍始为徽州府表氏族也。先王以人道序天下,故氏族肇焉。我大清文物备亿,山川穆清,濒海而东,置行省者一十有八,其县一千三百有奇,县之民籍皆亿万;民皆能言所姓,而姓以世德家行,及勋贵之迹有述者,谓之大。自珍所至县多矣,皆谂①而记之。夫以大姓雄于县而诹于府者,有之矣;以大姓雄于府而诹于一行省者,又有之矣;以大姓雄于一行省,而诹于总知天下掌故②之宗所记闻者,又有之矣。

[注释]①诹(zōu):在一起商量事情,询问。 ②掌故:关于历史人物、典章制度等的故事或传说。

曩者家大人知徽日①,命自珍任征讨文献之役。徽之大姓,则固甲天下,粲然散著,靡有②专纪,是故削竹而为之表。其义例③曰:载大宗,次子以下不载。夫宗法立而人道备矣,次子之子孙,官至三品则书,不以宗废贵贵也。其有立言明道,名满天下则书,不以宗废贤贤也。自今兹嘉庆之世,推而上之,得三十世以上者,为甲族,得三十世者,为乙族,得二十世者,为丙族。义何所尚?尚于恭旧。遂著录洪氏、吴氏、程氏、金氏、鲍氏、方氏、汪氏、戴氏、曹氏、江氏、孙氏、毕氏、胡氏、朱氏、巴氏,凡十有五族,其余群姓附见焉,弗漏弗滥。

书既成,阅六年,嘉庆庚辰之岁④,则开箧而最录之如此。若夫齐、梁之浮谭,江左之虚风,侈心膏粱之名,诡言氏族之学;朝之失政,野之失德,作者何师焉?

[注释]①曩(nǎng)者:以往,从前。家大人:对别人称自己的父亲。嘉庆十七年(1812),龚自珍之父龚丽正就任徽州知府,曾主持重修《徽州府志》,龚自珍参与徽州文献搜集和整理,撰《徽州府志氏族表》。 ②靡(mǐ)有:无,没有。 ③义例:著书的主旨和体例。 ④嘉庆庚辰之岁:嘉庆二十五年(1820)。

长短言自序

情之为物也,亦尝有意乎锄之矣;锄之不能,而反宥①之;宥之不已,而反尊之。龚子之为《长短言》何为者耶?其殆尊情者耶?情孰为尊?无住为尊,无寄为尊,无境而有境为尊,无指而有指为尊,无哀乐而有哀乐为尊。情孰为畅?畅于声音。声音如何?消瞀②以终之。如之何其消瞀以终之?曰:先小咽之,乃小飞之,又大挫之,乃大飞之,始孤盘之,闷闷以柔之,空阔以纵游之,而极于哀,哀而极于瞀,则散矣毕矣。

[注释]①宥:通"佑",帮助,辅助。 ②瞀(mào):郁闷,心绪纷乱。

人之闲居也,泊然以和,顽然以无恩仇;闻是声也,忽然而起,非乐非怨,上九天,下九渊,将使巫求之,而卒不自喻其所以然。畴昔之年,凡予求为声音之妙盖如是。是非欲尊情者耶?且惟其尊之,是以为《宥情》之书一通;且惟其宥之,是以十五年锄之而卒不克。请问之,是声音之所引如何?则曰:悲哉!予岂不自知?凡声音之性,引而上者为道,引而下者非道,引而之于旦阳者为道,引而之于暮夜者非道;道则有出离之乐,非道则有沈沦陷溺之患。虽曰无住,予之住也大矣;虽曰无寄,予之寄也将不出矣。然则昔之年,为此长短言也何为?今之年,序之又何为?曰:爱书而已矣。

春秋决事比自序①

龚自珍曰：在汉司马氏②曰："《春秋》者，礼义之大宗也。"又曰："《春秋》明是非，长于治人。"晋臣荀崧③踵而论之曰："公羊精慈，长于断狱。"九流之目，有董仲舒④一百二十三篇，其别公羊决狱十六篇，颇佚亡，其完具者，发挥公羊氏之言，入名家；何休⑤数引汉律，入法家；而汉廷臣援《春秋》决赏罚者比比也，入礼家矣，又出入名法家。或问之曰：任礼，任刑，二指孰长？应之曰：刑书者，乃所以为礼义也；出乎礼，入乎刑，不可以中立。抑又闻之，《春秋》之治狱也，趋作法也，罪主人也，南面听百王也，万世之刑书也。决万世之事，岂为一人一事？是故实不予而文予者有之矣，岂赏一人？借劝后世曰：中律令者如是！实予而文不予者有之矣，岂诛一人？借诫后世曰：不中律令者如是！

[**注释**]①道光十八年（1838），龚自珍作《春秋决事比》，已轶，此文为序言。 ②司马氏：指司马迁。 ③荀崧：西晋文学家，字景猷，颍川颍阴（今河南许昌）人，荀彧玄孙。泰始年间袭父爵广阳乡侯，元帝即位，征拜尚书仆射，转太常。后因平王敦有功，封平乐伯，后迁右光禄大夫，领秘书监。重儒学，雅好文学。 ④董仲舒：西汉今文经学大师，把儒学引入法律，以《春秋》经义确定疑案，为判例二百余则，称为《春秋》决狱。 ⑤何休：字邵公，任城樊人（今山东曲阜），东汉经学家，官至谏议大夫。钻研今文诸经，著《春秋公羊传解诂》，为《公羊传》制定"义例"，阐明《春秋》中的"微言大义"，成为今文经学家议政的主要依据。

呜呼！民生地上，情伪相万万，世变徙相万万，世变名实徙相万万，《春秋》文成才数万，指才数千，以秦、汉后事，切劘①《春秋》，有专条者十一二，无专条者十八九，又皆微文比较，出没隐显，互相损益之辞。公羊氏所谓主人习其读，问其传，未知己之有罪者也。斯时通古今者起，以世运如是其殊科，王与霸如是其殊统；考之孤文只义②之仅存，而得之乎出没隐显之间；由是又欲竟其用，迳援其文以大救裨当世，悉中窾理③；竹帛烂，师友断，疑信半；为立德、适道、达权④之君子，若此其难也。

[注释]①切劘(mó)：切磨，切磋相正。　②孤文只义：指零碎的文字材料。　③窾(kuǎn)理：法则与情理。　④达权：通晓权宜，随机应付。

自珍既治《春秋》，觑理罅隙①，凡书弑、书篡、书叛、书专命、书僭、书灭人国火攻诈战、书伐人丧、短丧、丧娶、丧图婚、书忘雠、书游观伤财、书罕、书亟、书变始之类，文直义简，不俟推求而明，不深论。乃独好刺取②其微者，稍稍迂回赘词③说者，大迂回者。凡建五始，张三世，存三统④，异内外，当兴王，及别月日时，区名字氏，纯用公羊氏⑤；求事实，间采左氏⑥；求杂论断，间采穀梁氏⑦，下采汉师，总得一百二十事。独喜效董氏例，张后世事以设问之。以为后世之事，出《春秋》外万万，《春秋》不得而尽知之也；《春秋》所已具，则真如是。后世决狱大师，有能神而明之，闻一知十也者，吾不得而尽知之也；就吾所能比，则真如是。

[注释]①罅(xià)隙：裂缝，瑕疵。　②刺取：采取，选用。　③赘词：不

必要的话。　④建五始,张三世,存三统:即建立五德终始说、三世说与三统说。五德终始说:邹衍创立的一种旨在解释历代帝王相更替原因的学说。认为水、火、金、木、土五种物质相克的循环变化,决定着王朝的兴替和制度的变化。天子一定要得到五行中的一德,上天才显示祥符,表明已坐稳了皇位。后一德胜过前一德时,王朝就发生更迭了。　⑤公羊氏:指《春秋公羊传》。⑥左氏:指《左传》。　⑦穀梁氏:《春秋穀梁传》。

每一事竟,忾①然曰:假令董仲舒书完具,合乎？否乎？为之垂三年,数驳之,六七绅绎②之,七十子大义,何邵公③所谓非常异义可怪,恻恻乎权之肺肝而皆平也。向所谓出没隐显于若存若亡也者,朗朗乎日月之运大圜也,四宫二十八宿之摄四序④也。传曰:"不察之,寂若无,深察之,无物不在。"又曰:"笃信谨守。"世有疑而不肯察,闻道而不肯信,与土苴⑤残阙而不肯守,吾末如之何也已矣。既成,部为十一篇,命之曰《春秋决事比》。其本之礼部主事武进刘君⑥者凡七事,大书刘礼部曰别之,如公羊子称沈子、女子、北宫子曰故事。

[注释]①忾(kài)然:感慨貌,叹息貌。　②绅(chōu)绎(yì):细心阅读,理出头绪。　③何邵公:即何休,字邵公。　④四宫二十八宿:古人把用作观测日月五星运行坐标的二十八组恒星(或称星座),称为二十八宿,还把二十八宿分为东、南、西、北四宫,每宫七宿,各宫分别与苍龙、白虎、朱雀、玄武(龟蛇)四种动物形象相配,称为四象。四序:即四季,春、夏、秋、冬。　⑤土苴(jū):犹土芥,比喻微贱的东西。　⑥刘君:即刘逢禄,一生精研《公羊春秋》,成为清代今文学常州学派的集大成者。

升平分类读史雅诗自序

语云:人日戴天而不知天之高。其今之士民耶？盖相与世之游乎廓然大顺,若寒暑昼夜,而不知历圣实生我也,鞠我也。等百世之王,难比仁也。意士不谈史之过耶?史之百王,仁不仁之差,大端有三:视其赋,视其刑,视其役而已矣。

本朝自圣祖①之年,屡问所以损上益下者。世宗②初,遂用怡贤亲王③言,减苏松一道地丁银四十五万两;南昌一道地丁银十七万两。乾隆二年,又减江、浙两省地丁银二十万两,减明赋十之四。东南天下华,然而所食于东南者止此矣。独粟米漕东南。乾隆朝,凡蠲④七省漕米者三,普蠲天下地丁银者亦三,史所未有。且地丁者,丁统于地,非计丁而出赋也。有漕省,并地丁计,为十一;无漕省,只计地丁,尚未及三十分之一。虽曰玉食万方,而所食于一千四百五十一州县者,又止此矣。此本朝之赋。

[**注释**]①圣祖:指康熙帝。 ②世宗:指雍正帝。 ③怡贤亲王:康熙帝第十三子胤祥,与雍正帝关系最密,雍正朝曾总理朝政,出任议政大臣。 ④蠲(juān):除去,免除。

本朝死刑别二等:曰情实①,曰缓决②。又有情实而不予勾③者。勾囚之日,皇帝赐汉大学士一人坐,一一商榷之,讲官科道④皆侍;先期由有司详部臣核定;又有九卿会议签商;有刑部签商。盖自有司初定谳⑤,以至于予勾,中间更心目十数,更手百数。仕者罪至死,子孙应试入仕如故。此本朝之刑。

[**注释**]①情实:清朝纳入秋审的都是监候待决的死罪囚犯(即斩绞监候),如秋审入于"情实",就意味着所拟死刑应当执行,但"情实"人犯在执行

前还须由皇帝勾决才能下令执行。　②缓决:明清时期对死刑案件经朝审或秋审之后所做的一种判决。"缓决"是案情属实,但危害性较小,留待下一次朝审或秋审时处理。　③予勾:皇帝或其指定大臣用朱笔在判处死刑者的名字上画勾以示批准。　④讲官:明清指经筵讲官、日讲官等,即为皇帝进讲经史的官员。科道:明清时六科给事中与各道监察御史的合称,两者均以谏诤、监察为职。　⑤定谳(yàn):定案,定罪。

中外一家,无汉、唐戍边塞之民,而一切城工河防,以及内廷营造,行在①所幸,治跸道②,皆雇民给直;国家虽费帑巨万,民不知,知受雇而已。至于南河③,国家痔漏,所费者国之帑金也,所救者民之田庐也,似宜藉民力。乃役夫岁数百万,无空役者,是故本朝绝无力役之事。史之百王,其酷虐无道,生人丁其陁④者,不必征也;平世中主,亦不屑与度也;请征三王。三王且十一,况其降乎?《酒诰》⑤之杀滥,《甫刑》⑥之条繁,汉文虽除肉刑矣,而夷人之三族,何足数也,况其降乎?三王于农隙使民,用民力岁三日,况其降乎?至其鼎镬⑦、砧质,夷三族之刑,士大夫妻女发乐籍⑧之刑,言官受廷杖⑨、下镇抚司⑩狱之刑,计口出钱,髻龀⑪皆算,算及车船牛马之赋,治宫室,筑城戍边,尽闾左⑫以发之之力役,二百年之民,或甚⑬以古事,骇然不信,曰:史岂有是耶?而古者日日习之,若寒暑昼夜。彼非圆顶方趾,父母所生之民耶?非今之士民之先祖耶?何其惨也?

[注释]①行在:指帝王出行时暂住的地方。　②跸(bì)道:指帝王车驾行经之路。　③南河:雍正七年(1729)设江南河道总督,所管诸河称为南河,专管防治江南境内的黄河与运河,咸丰五年(1855)黄河北徙,八年(1858)裁

南河总督。　④陀(è)：困厄。　⑤《酒诰》：《尚书·周书》篇名，是周公以摄政王的口吻，对卫叔、康叔封诰诫其戒酒的一篇诰辞。　⑥《甫刑》：《尚书》篇名，周穆王时由司寇吕侯制定，所以叫吕刑。吕侯封国后改称甫国，吕侯改称甫侯，因此又叫《甫刑》。　⑦鼎镬(huò)：古代酷刑的一种，用鼎镬烹人。⑧乐籍：古代女犯及犯人妻女没入官府，沦为官伎，以音乐歌舞事奉官府，其名籍称为乐籍。后泛指官伎或乐户。　⑨廷杖：刑名。是封建帝王在朝廷上杖责臣下的一种刑罚，明代特有。　⑩镇抚司：明代官署，隶属锦衣卫。分南北二司，南司掌锦衣卫本卫刑名及军匠，北司专理诏狱，权势极大。　⑪髫(tiáo)龀(chèn)：童年、少年时期。髫，儿童下垂的头发。龀，儿童换牙。⑫闾左：古代以里为单位聚族而居，富强者居右，贫弱者居左，后借指平民和戍兵。　⑬悬(jì)：怨恨。

《升平分类读史雅诗》一卷，十有五篇，内阁中书仁和龚自珍之所造也。自珍自言曰：今之世，有穷陬①荒滨，貊乡鼠壤②，悍顽煽乱，而自外于天地父母者，闲岁上闻，为支末忧，谓宜有文臣，附先知觉后知之义，作为歌诗，而使相与弦歌其间。诗之义，贵易知也。犯上作乱之民，必有自搏颡③泣者，必有投械而起，仰祝圣清千万年，俯祝云礽④之游其世者。择言而兴，不避在位。

[注释]①穷陬(zōu)：偏远的角落。　②貊(mò)乡鼠壤(rǎng)：旧指民风浇薄、宵小横行的地区。　③颡(sǎng)：额，脑门儿。　④云礽(réng)：远孙。

干禄新书自序

序曰：凡贡士中礼部试，乃殿试①。殿试，皇帝亲策之，简八重臣，读其言。皇帝制曰：无隐直言，朕将采择。

又曰:朕将亲览焉。八人者则朝服北面②三跪九叩头,率贡士亦三跪九叩头,就位有虔。既试,八人者则恭遴其颂扬平仄如式③,楷法尤光致者十卷④,呈皇帝览。皇帝宣十人见。翼日銮仪卫陈法驾⑤,和声署设乐⑥,皇帝升太和殿⑦,贡士毕见。前三人赐进士及第冠服,由午门中道出⑧。乃出自端门、天安门,皆当驰道⑨,赐宴礼部如故事⑩。先殿试旬日为复试,遴楷法如之。殿试后五日,或六日、七日,为朝考⑪,遴楷法如之。三试皆高列,乃授翰林院官。

[注释]①贡士:《礼记·射义》:"诸侯岁献贡士于天子。"明清时期对会试考中者称为贡士,贡士经殿试登科者则称进士。礼部试:即会试,至明清时期会试隶属于礼部,因此称礼部试,或礼闱,又因考试定于春季举行,又称春闱。殿试:亦称廷试,会试录取的贡士,由皇帝在廷殿上亲自进行策问考试,称为殿试,取中后统称进士。　②朝服:也称具服,君臣朝会时所穿礼服。服制极为繁琐,冠、衣、裳及珮饰各有严格规定,不得僭越。北面:古代臣子、卑者之位,因天子坐南向北,故臣见君则居南向北。　③遴(lín):谨慎选择。平仄如式:指诗赋的声律合乎规则。　④楷法:正楷书法。光致:光洁精致。　⑤翼日:同"翌日",第二天,明天。銮仪卫:官署名,清代掌管皇帝及后妃车驾仪仗的侍卫机关。法驾:皇帝的车马,又称法车。　⑥和声署:清代乐部所属机构,掌管朝会乐律及诸队舞仪节,设署正、署丞。　⑦太和殿:亦名金銮殿,为故宫"三大殿"之一,明、清两代皇帝即位、寿诞、每岁元旦、冬至等重大典礼及出兵征讨仪式皆在此殿举行。　⑧午门中道:午门正中间的御道,赐准由中道行乃是一种荣耀。　⑨驰道:正居中央,专供皇帝驰行的道路。　⑩故事:旧日的典章制度或行事成例。　⑪朝考:科举考试方式之一,清制在殿试传胪后三日,于保和殿再进行一次考试,特派大臣阅卷,称为朝考,专为选庶吉士而设。

本朝宰辅①，必由翰林院官。卿贰及封圻大臣②，由翰林者大半。其非翰林官，以值军机处为荣选。军机处之职，有军事则佐上运筹决胜，无事则备顾问祖宗掌故，以出内命③者也。保送军机处，有考试，其遴楷法如之。京朝官由进士者，例得考差④。考差入选，则乘轺车衡天下之文章⑤。考差有阅卷大臣，遴楷法亦如之。部院官例许保送御史，御史主言朝廷是非、陈百姓疾苦，及天下所不便事者也。保送后有考试，考试有阅卷大臣，其遴楷法亦如之。

[注释]①宰辅：宰相的别称，宰相位居百官之上，为天子元辅，故称宰辅。清代为内阁大学士、军机大臣的喻称。　②卿贰：卿指六部尚书，贰指六部侍郎。封圻（qí）：同"封疆"，本谓居封疆的将帅，明清以来称总督、巡抚为封疆。　③内命：由皇帝直接发布的命令。　④考差：清代选派乡试正、副主考官的考试。　⑤轺（yáo）车：古代一种轻小便捷的马车，多为一马驾驶，一般为公卿士大夫所乘，顶有伞盖，四面敞露。衡：权衡，铨选。

龚自珍中礼部试，殿上三试，三不及格，不入翰林，考军机处不入直，考差未尝乘轺车。乃退自讼①，著书自纠，凡论选颖之法十有二，论磨墨膏笔②之法五，论器具五，论点画波磔③之病百有二十，论架构之病二十有二，论行间之病二十有四，论神势三，论气禀七。既成，命之曰《干禄新书》，以私子孙。时道光十有四年内阁中书龚自珍谨序。

[注释]①自讼：自责。　②膏笔：用毛笔蘸墨后斜着在砚台上理顺笔毛或除去多余的墨汁。　③波磔（zhé）：书法指右下捺笔。

识某大令集尾①

某大令,我不暇与之言佛儒之异同矣,言大令。大令为儒,非能躬行实践,平易质直也。以文章议论笼罩从游士,士慑然。聪明旁溢,姑读佛书,以炫博览。于是假三藏之汪洋恣肆②,以沛其文章,文章益自喜。此其第一重心。然而渐闻佛氏之精微,似不尽乎此,恧③焉,怯焉,退焉,阻焉,悔焉。此其第二重心。名渐成,齿渐高,从游之士之貌而言儒与貌而言佛者,益附之矣。则益傲慢告人曰:佛未可厚非。若以佛氏蒙其鉴赏者然,若以其赞佛为佛教增重者然。此其第三重心。

[注释]①识(zhì):记述。某大令:指恽(yùn)敬,字子居,阳湖(今江苏武进)人,乾隆举人,清代散文家,阳湖文派创始人,有《大云山房文稿》。 ②三藏:佛教经典分为经、律、论三部分,总称三藏。"经"记载释迦牟尼总说根本教义,"律"述说佛门戒律,"论"是佛弟子阐发教义的论说。恣肆:指文章、言论豪放无拘束。 ③恧(nǜ):自愧,惭愧。

有聊窃其旁文剩义①,以诂儒书,颇有合者。于是谤儒之平易质直、躬行实践者,曰:聪明莫我及。又深没其语言文字,讳其所自出,以求他年孔庑之特豚②。此其第四重心。如之何而可以讳之也?莫如反攻之,乃猖狂而谤佛。其谤佛也,无以自解其读佛也,于是效宋、明诸儒之言曰:不入虎穴,焉得虎子,我昔者读佛,正为今者之辟佛③。于是并其少年之初心而自诬自谤。此其第五重心。

见儒之魁硕而尊严者,则惮④而谢之曰:我之始大不正,不敢卒讳,与前说又歧异。所遇强弱异,故卑亢异。然而又谤儒书,所谤何等也?孔子、孟子之言穷理尽性以至于命之事,《易》、《诗》、《书》、《中庸》之精微,凡与佛似,则谤之曰:儒之言绝不近佛,儒自儒,佛自佛。如此立言,庶几深没其迹矣。此其第六重心。

[**注释**]①旁文剩义:次要的文字和内容。 ②庑(wǔ):堂下周围的走廊、廊屋。豚(tún):亦泛指猪。 ③辟(pì)佛:驳斥佛教佛理。 ④惮(dàn):怕,畏惧。

儒之平易者受谤,儒之精微者又受谤,读儒谤儒,读佛谤佛,两不见收,覆载①无可容,其军败,其居失,其口咿嚘②,其神沮丧,其名不立,其踝旁皇,如婴儿之号于路,丐夫之僵于野。老矣,理故业,仍以文章家自遁。遁之何如?东云一鳞焉,西云一爪焉,使后世求之而皆在,或皆不在。此其第七重心。或告之曰:文章虽小道,达可矣,立其诚可矣。又告之曰:孔子之听讼,无情者不得尽其辞。今子之情何如?又不应。乃言曰:我优也,言无邮,竟效优施③之言,以迄于今死。

[**注释**]①覆载:原指天地庇育及包容万物,后用为天地的代称。 ②咿(yī)嚘(yōu):象声词,形容人叹息、呻吟或吟咏声。 ③优施:春秋时期有两个优施。一是晋国优人,曾帮助晋献公夫人骊姬杀害太子申生。一是齐国优人,齐景公与鲁定公于夹谷会盟,齐人使优施在鲁君幕下戏舞,被孔子以"笑君者罪当死"之名杀害。

书汤海秋①诗集后

人以诗名,诗尤以人名。唐大家若李、杜、韩及昌谷、玉溪②;及宋、元,眉山、涪陵、遗山③,当代吴娄东④,皆诗与人为一,人外无诗,诗外无人,其面目也完。益阳汤鹏,海秋其字,有诗三千余篇,芟⑤而存之二千余篇,评者无虑⑥数十家,最后属⑦龚巩祚一言,巩祚亦一言而已,曰:完。何以谓之完也?海秋心迹尽在是,所欲言者在是,所不欲言而卒不能不言在是,所不欲言而竟不言,于所不言求其言亦在是。要不肯捋撦⑧他人之言以为己言,任举一篇,无论识与不识,曰:此汤益阳之诗。

[注释]①汤海秋:即汤鹏,清代诗人,字海秋,湖南益阳人。道光二年(1822)进士,官至监察御史。一生志在经世,但抱负不得施展。诗笔豪放,自成一家,面对鸦片战争前后的艰危时局,多伤时感世之作。著有《海秋诗集》、《浮丘子》等。 ②李:即李白。杜:即杜甫。韩:即韩愈。昌谷:即李贺,河南昌谷(河南宜阳)人,著有《昌谷集》。玉溪:即李商隐,号玉溪生。 ③眉山:即苏轼,四川眉山人。涪陵:即黄庭坚,曾谪居涪州(治所在四川涪陵),晚号涪翁,北宋江西诗派著名诗人。涪州在隋唐时曾改为涪陵郡,故称涪陵。遗山:即元好问,金代著名文学家、史字家,曾在遗山读书,因自号遗山山人,世称元遗山。 ④吴娄东:即吴伟业,号梅村,太仓(今江苏太仓)人。太仓州别称"娄江",境内娄江东流入长江,旧称其下游地区为娄东。其诗取法盛唐诸大家以及元稹、白居易,号为"娄东派"。文词清丽,音节调谐,既委婉含蓄,又沉着痛快。 ⑤芟(shān):删削文字。 ⑥无虑:大概。 ⑦属:通"嘱",叮嘱。 ⑧捋(xián)撦(chě):拉撕剥取,特指在写作中对他人的著作率意割裂,取用。

上清真人碑书后

余平生不喜道书,亦不愿见道士,以其剿用佛书门面语,而归墟①只在长生,其术至浅易,宜其无瑰文渊义也。独于六朝诸道家,若郭景纯、葛稚川、陶隐居②一流,及北朝之郑道昭③,则又心喜之,以其有飘摇放旷之乐,远师庄周、列御寇④,近亦不失王辅嗣⑤一辈遗意也,岂得与五斗米⑥弟子并论而并轻之耶?至唐而又一变,唐之道家,最近刘向所录房中家,唐世武曌、杨玉环⑦皆为女道士,而至真公主⑧奉张真人为尊师。一代妃主,凡为女道士,可考于传记者四十余人,其无考者,杂见于诗人风刺之作;鱼玄机、李冶⑨辈应之于下,韩愈所谓"云窗雾阁事窈窕",李商隐又有"绛节飘摇空国来"一首,尤为妖冶,皆有唐一代道家支流之不可问者也。因跋《上清真人碑》,忽然感此,牵连记。姑苏女士阿箭⑩侍,附记。

[注释]①归墟:神话传说中东海中的无底大深谷,是个海水无法填满的仙乡所在。　②郭景纯:即郭璞,字景纯,河东闻喜(今山西)人,东晋训诂学家、文学家,博学多才,嗜好古文奇字,精通阴阳卜筮之术。曾官著作佐郎,后为王敦所杀。葛稚川:即葛洪,字稚川,号抱朴子,丹阳句容(今江苏)人,东晋道教理论家。少好神仙、导引、养生、服食之法,所著《抱朴子》为后世研究中国古代炼丹术的代表作。陶隐居:即陶弘景(456—536),字通明,自号华阳隐居,谥贞白先生。丹阳秣陵(今江苏南京)人。南朝齐梁时著名道士,开创了道教的茅山宗,为南朝道教上清派的代表人物,长期隐居山林炼丹。　③郑道昭:北朝北魏书法家,字僖伯,自称中岳先生,开封(今属河南)人。官至秘书监,好为诗赋,工于书法。　④庄周、列御寇:即庄子、列子。列子为战国时

郑人,主张"贵虚",被道家尊为前辈,地位仅次于老子。　⑤王辅嗣:即王弼,三国时魏玄学家,字辅嗣,魏国山阳(今河南焦作)人,曾任尚书郎,好谈儒道,与何晏、夏侯玄等同开玄学清谈风气。著有《周易注》《老子注》。　⑥五斗米:指五斗米道,东汉时期四川流行的一种道教组织。　⑦武曌:即武则天。杨玉环:即唐玄宗的宠妃杨贵妃,曾出家为道士,号太真。　⑧至真公主:《新唐书》无至真公主,此当为玉真公主,唐睿宗之女。景云元年(710)请求入道,并改名玉真公主,进号上清玄都大洞三景师。　⑨鱼玄机:唐代女诗人,咸通年间在长安咸宜观出家为道士,工于诗歌,以清浅婉丽见长,与李郢、温庭筠等人有诗篇往来。李冶:唐代女诗人,女道士,与陆羽、刘长卿、皎然等交往甚厚,有诗赠答唱酬。曾被召入宫中,后因曾上诗叛将朱泚,为德宗所杀。　⑩阿箫(xiāo):又名灵箫,苏州人,龚自珍之妾。

第七辑

与人笺一①

客言:足下始工于文词②,近习考订。仆岂愿通人受此名哉③!又云:足下既习考订,亦兼文词。又岂愿通人受此名哉!足下示吾近作,勇去口吻之冶俊④,为汪洋郁栗冲夷⑤,是文章之祥也,而颇喜杂陈枚举夫一二琐故,以新名其家,则累矣累矣。古人文学⑥,同驱并进,于一物一名之中,能言其大本大原,而究其所终极;综百氏之所谭,而知其义例,遍入其门径,我从而筦钥⑦之,百物为我隶用。苟树一义,若浑浑圜⑧矣,则文儒之总也。

[注释]①这是龚自珍写给魏源的一封信,又题《与魏默深笺一》。 ②客:别人。足下:古时对平辈朋友的尊称,此处指魏源。 ③仆:对自己的谦称。通人:通晓古今之人。 ④冶俊:华而不实。 ⑤郁栗:曲折、起伏貌。冲夷:文章淡远平和。 ⑥文学:文章和学问。 ⑦筦(guǎn)钥:锁匙。 ⑧浑浑圜:圆满。圜,同"圆"。

与人笺二

少习名家①言,亦有用。居亭主犷犷②嗜利,论事则好为狠刻以取胜,中实无主。野火之发,无司燧者③,百里易灭也。某公端端④,醉后见疏狂,殆⑤真狂者。某君借疏狂以行其世故,某君效为骏稚⑥以行其老诈。某一席之义前后不相属⑦,能剿说⑧而无线索贯之,虑不寿。朝士方贵,亦作牢骚言,政⑨是酬应我曹耳。善忌人者术最多,品最杂;最工者,乃借风⑩劝忠厚,以济锄而行伐⑪,使受者伤心,而外不得直。骛⑫名之士如某君,孤进宜悯谅也。某童子妍黠⑬万状,志卖长者,奸而不雄,死而谥愍悼者哉⑭!

[注释]①名家:先秦以辩论"名"与"实"的关系问题为主要内容的学派。名家强调名称和实在必须相当,主张"循名责实,参伍不失",主要代表人物有惠施和公孙龙。 ②犷犷(guǎng):凶恶,粗暴。 ③司燧者:掌握取火之具引火的人。 ④端端:庄重正经的样子。 ⑤殆(dài):大概,几乎。 ⑥效为:装作。骏(ái)稚:呆傻,幼稚。 ⑦不相属(zhǔ):不相连,措矛盾违背。 ⑧剿说:袭取他人之言以为己说。 ⑨政:通"正"。 ⑩风:通"讽",用委婉言辞表达意思。 ⑪济:成,实现。锄:除,灭。伐:攻击。 ⑫骛(wù):追求。 ⑬妍(yán)黠(xiá):聪明而狡猾。 ⑭谥(shì):古代帝王或大官死后评给的称号。愍(mǐn)悼(dào):哀悼,哀怜。

与人笺五

手教①言者是也。人才如其面,岂不然?岂不然?此正人才所以绝胜。彼其时,何时欤?主上优闲,海宇平康,山川清淑,家世久长,人心皆定,士大夫以暇日养子弟之性情,既养之于家,国人又养之于国,天胎地息②,以深以安③,于是各因其性情之近,而人才成。高者成峰陵,硾④者成川流,娴者成阡陌⑤,幽者成蹊迳⑥,驶者成泷湍⑦,险者成峒谷⑧,平者成原陆,纯者成人民,驳者成鳞角⑨,怪者成精魅⑩,和者成参苓⑪,华者成梅芝⑫,戾⑬者成棘刺,朴者成稻桑,毒者成砒附⑭,重者成钟彝⑮,英者成珠玉,润者成云霞,闲者成丘垤⑯,拙者成崴嶵⑰,皆天地国家之所养也,日月之所煦⑱也,山川之所咻⑲也。

将日月之光,久于照而少休欤?将山川之气,久于施而少浮欤?遂乃缚草为形,实之腐肉,教之拜起,以充满于朝市,风且起,一旦荒忽飞扬,化而为沙泥。子列子⑳有言:君子化猿化鹤,小人化虫化沙。等化乎?然而猿鹤似贤矣。噫嚱,噫嚱!

[注释]①手教:对别人亲笔信的敬称。 ②天胎地息:指天地自然环境对人的培育生养。胎,孕育。息,生长。 ③以深以安:使人的性情深厚稳重。 ④硾(duì):同"堆",小山,此处指"低矮"。 ⑤娴:文雅。阡陌:田间纵横的小路。 ⑥蹊迳:即"蹊径",深山小路。 ⑦泷(lóng)湍:急流。 ⑧峒(dòng)谷:山洞峡谷。 ⑨鳞角:游鱼走兽。 ⑩精魅(mèi):妖精鬼怪。 ⑪参苓:人参、茯苓。 ⑫华:同"花",美好。梅芝:梅花、芝兰。 ⑬戾:暴戾。 ⑭砒:砒霜,烈性毒药。附:附子,一种根茎叶均有毒的植物,可入药。 ⑮彝(yí):古代盛酒器。 ⑯丘垤(dié):小土堆。 ⑰崴(wěi)嶵(zuì):险峻崎岖的山。 ⑱煦(xù):照耀。 ⑲咻:同"呴(xù)",滋润培育。 ⑳列子:即列御寇,著有《列子》。但今本《列子》没有此语。葛洪《抱朴子》:"周穆王南征,三军之众,一朝尽仕,君子为猿为鹤,小人为虫为沙。"龚自珍可能引用这

一典故。

与人笺七

示与某学士书,称为某官先生,而以其主书院,故自称门生,非礼也。汉儒自一经相授受外,无师弟子。东京处士①喜标榜,然史称会葬②者三千人,皆交游,非弟子。师弟子分至严,唐、宋人犹知之。故以韩愈③之贤,而李翱、皇甫湜④不以门生自居。惟大臣爱士而荐之于朝者,或称门生,范文正公⑤之于晏元献⑥是也。唐、宋科目士有此感恩知己之论,而亦非古道也,特未乖名教。君子生唐、宋以后,则貌而从之。若夫书院之设,山长⑦之名,南宋始有,不与三代家塾、党庠、州序⑧同制,与提举宫观之祠官⑨并兴。私立名字,号召徒众,人树一帜。至于明季东林、复社⑩之徒,云合雾散,所在响应,有数千人而出一人之门者,明之亡虽不尽系此,此师此门生与有力焉。然犹可言者,曰志私而号则公,学非而名尚正。故其时门生无不归美其师曰:吾师讲学也;或曰崇名节也。

[注释]①东京:东汉建都洛阳,因在西汉旧都长安之东,故称东京。处士:古时称有才德而隐居不做官的人,后世泛指没做过官的读书人。 ②会葬:谓合葬一墓。 ③韩愈:唐朝杰出的文学家,思想家。其学通贯六经百家,力反六朝以来的骈偶文风,提倡散体,与柳宗元同为古文运动的倡导者。 ④李翱:唐朝文学家。字习之,唐贞元进士,官至山南东道节度使,曾从韩愈学古文,是古文运动的参加者。皇甫湜:唐朝文学家。字持正,元和进士,官至工部郎中。从韩愈学古文,文章流于奇僻、险奥,与李翱、张籍齐名。 ⑤范文正公:即范仲淹。 ⑥晏元献:即晏殊,北宋著名词人,官至宰相。 ⑦

山长：书院主持人。元代书院负责人正式称山长，由政府委派，讲学之外，总领院务。清乾隆时改名院长，清末仍称山长。 ⑧党庠(xiáng)：指古代乡学。州序：州中所设的学校。 ⑨祠官：宋代宫观官的俗称，掌管祭祀和祠庙的官。 ⑩东林：即东林党，明朝万历年间顾宪成被革职后，与高攀龙等在东林书院讲学，议论朝政，被称为东林党。他们主张开放言路，实行改良，遭到以魏忠贤为首的宦官的迫害残杀。复社：明末江南士大夫结成的政治集团，以张溥、张采为领袖，主张改良政治。顺治九年(1652)复社被清廷取缔。

今之书院，则又宋、明书院之罪人也，假借权要，荐之郡县之长，遑问①经师人师？忝然②拥席坐，实干谒③之客耳。然犹可言者，曰致其羔雁④，而甲乙其时艺，则亦举业之师也。若某学士，则又今之书院之罪人也。学士主新安书院三年矣，未尝至徽也，徽之士不识其面，三百人中，无称门生者。古人为师心丧三年，比于君父，民生之义固然。师如是其易且多也，今之士将终身治其心丧⑤而不暇也。又今世通例，凡称彼夫子者，自称门生，或称受业；称彼某官、某先生者，自称后学。二者不相溷。足下于某学士既称之某先生矣，而又自乱其例称门生，何也？倘改曰：歙⑥后学某，奉书学士先生左右，则士于大夫礼亦宜然。足下讲古学之日久，故僭商定如此，其他词义皆善。不宣。

[注释]①遑(huáng)问：何必追究。 ②忝(tiǎn)然：无耻貌，不知羞愧貌。 ③干谒：因对人有所求而请求拜见。 ④羔雁：小羊与雁，古代卿大夫相见时的礼品。 ⑤心丧：古时老师死后，弟子不穿丧服，只在心里悼念，叫心丧。 ⑥歙(shè)：歙县，在安徽南部。

与 人 笺 八

今有家于此,邻人谇①其东,市人噪其西,或决水以灌其墙,或放火以烧其篱,举家惶骇②,似束手无策矣。入其门奴仆鹄立③,登其庭子姓秩然④,奴仆无不畏其家长者,子姓无不畏其父兄者。然则外来者举无足虑,而其家必不遽亡。又有家于此,宾客望门而致敬,四方财货麇⑤至,门庭丹雘⑥,奕奕⑦华好,入其门则奴仆箕踞⑧而嬉,家长过之,无起立者,登其堂,有孙攘臂⑨欲棰笞⑩其祖父,祖父欲诉于宾客,面发赪⑪而不得语,此家宁可支长久耶? 开辟以来,民之骄悍⑫,不畏君上,未有甚于今日中国⑬者也。今之中国,以九重天子之尊,三令五申,公卿以下,舌敝唇焦⑭,于今数年,欲使民不吸鸦片烟而民弗许;此奴仆踞家长,子孙箠祖父之世宙⑮也。即使英吉利不侵不叛,望风纳款⑯,中国尚且可耻而可忧,愿执事⑰且无图英吉利。道光庚子⑱冬十有一月初九日,自珍顿首。

[注释]①谇(suì):责骂。 ②惶骇:惊惶、害怕。 ③鹄立:如鹄引颈而立,比喻盼望。 ④秩然:秩序井然,整饬貌。 ⑤麇(qún):同"麇",成群。 ⑥丹雘(huò):可供涂饰的红色颜料。 ⑦奕奕(yì):美好貌。 ⑧箕(jī)踞(jù):两脚张开,两膝微曲地坐着,形状像箕,这是一种轻慢傲视对方的姿态。 ⑨攘(rǎng):臂捋起袖子,露出胳膊表示振奋。 ⑩棰(chuí)笞(chī):鞭打。 ⑪赪(chēng):古同"赪",赤色。 ⑫骄悍:骄横凶悍。 ⑬中国:中原王朝。 ⑭舌敝唇焦:舌头破烂,嘴唇干焦。形容说话太多,费尽唇舌。敝,破;焦,干。 ⑮世宙:宇宙,世界。 ⑯纳款:归顺;降服。 ⑰执事:书信中用以称对方,意思是不敢直陈,请执事者转达,表示尊敬。 ⑱道光庚子:道光二十年

(1840)。

与江居士①笺

别离以来，各自苦辛，榜其居曰"积思之门"，颜其寝曰"寡欢之府"，铭其凭曰"多愤之木"。所可喜者，中夜皎然，于本来此心，知无损已尔。自珍之学，自见足下而坚进，人小贫穷，周以财帛，亦感檀施②，况足下教我求无上法宝乎？小人疾痛，医以方药，亦感恩力，况足下教我求无上医王③乎？人小迷跌，引以道路，亦感指示，况足下教我求万劫息壤④乎？别离已深，违足下督策⑤，掉举转多昏沈⑥不鲜。

[注释]①江居士：即江沅。　②檀施：施舍财物。　③医王：本指医术高超之人，后多以指佛或高僧等。　④万劫：佛经谓世界有成、住、坏、空四期，皆称为劫，万劫为万世。息壤：古代神话中一种自生不息的土壤，如扔一小块到地上很快就会长成大山。鲧治洪水时，从天庭中盗下息壤来堵塞洪水，因此被杀。　⑤督策：督促鞭策。　⑥昏沈：即昏沉，法相宗八大随烦恼之一，意谓昏沉蒙昧的精神状态。

至于手教①，虑信根②退，想戏弄之言。自珍久不见有，信是何根？根何云信？本来如是而已，何况有退失耶？重到京师又三年，还山之志③，非不温紫瘼寐④间，然不愿汩没⑤此中，政未易有山便去，去而复出，则为天下笑矣。顾哛⑥语言，简文字，省中年之心力，外境⑦迭至，如风吹水，万态皆有，皆成文章，水何容拒之哉！万一竟可还，还且不出，是亦时节因缘至尔。

[注释]①手教:对别人来信的敬称。 ②信根:五根之一,五根指修行佛法所需具备的五种能力,即信根、精进根、念根、定根与慧根。信根是五根的总根,能使求佛者相信佛教的各种道理。 ③还山之志:归隐山林的志向。 ④寤(wù)寐(mèi):醒和睡,指日夜。 ⑤汨没:沉沦,埋没。 ⑥弢(tāo):通"韬",隐藏。 ⑦外境:指外界事物。

至于与人共为道,夙所愿也。浸假至今,虽遇聪明贵人,祗宜用一切世法而随顺之。陈饿夫之晨呻于九宾鼎食①之席则叱矣,诉寡女之夜哭于房中琴妤之家则谇②矣,况陈且诉者之本有难言也乎?《行愿品》③久收到。《圆觉疏》④闻苏州刻成,前约所云不忘也,当自致贝居士⑤。伏惟吉祚,不宣。癸未六月二日自珍和南⑥。

[注释]①九宾:古代朝会大典设九宾,以示隆重。九宾说法不一,但皆指九种地位不同的礼宾员。鼎食:列鼎而食,形容豪侈生活。 ②谇(suì):责骂。 ③《行愿品》:即《普贤行愿品》,传诵甚广,被列为净土四经之一,在密乘中亦影响甚深。 ④《圆觉疏》:道光四年八月,龚自珍与江沅资助居士贝埠重刊《圆觉经略疏》,并作《重刊圆觉经略疏后序》、《助刊圆觉经略疏愿文》。 ⑤贝居士:即贝埠,号简香,苏州人,好藏书,筑千墨庵,藏唐碑千种,嗜古,不事生产,使家中贫苦。 ⑥癸未:即道光三年(1823)。和南:合掌礼拜,合十,佛教徒与人相见的一种礼节。

与陈博士笺①

静盦博士足下:自古以阴阳五行占验②灾异,与推步家③术绝不相同,不能并为一家之言。梓慎、裨灶之流,无能推日食者,况月食!近世推日月食精矣,惟彗星④之出,古无专书,亦无推法,足下何不请于郑亲王⑤,取钦天监⑥

历来彗星旧档案汇查出，推成一书？则此事亦有定数，与日食等耳。自珍最恶京房⑦之《易》，刘向之《洪范》，以为班氏《五行志》⑧不作可也。此书成，可以摧烧汉朝天士⑨之谬说矣。

[注释]①陈博士：即陈杰，字静盦，乌程（今浙江吴兴）人，诸生，清代算学家。嘉庆末考取天文生，任钦天监博士。精通数学、天文，调任国子监算学助教，著有《辑古算经细草》、《算学大成》。博士：宋以后常作为专精某行业技艺的人，明清时期太常寺设太常博士，国子监有五经博士，钦天监有漏刻博士等。笺(jiān)：书信。 ②占谂(xiǎn)：占验，占卜的结果得到应验。 ③推步家：即历法家，推算日月五星度数，昏旦节气差异的人。 ④彗星：道光元年(1821)我国曾出现彗星。 ⑤郑亲王：名乌尔恭额，字石琴，清朝大臣，满洲镶黄旗人。历任军机章京、知府、按察使等职，1834年升任浙江巡抚，1840年英国发动鸦片战争，定海失陷，他束手无策，遂被革职。 ⑥钦天监：明清时期钦天监掌察天文历数、占候推步，设监正、监副等官。清制汉满并用，也有个别欧洲传教士参加。 ⑦京房：西汉今文易学"京氏学"的开创者，其说以通变释《易》，好言灾异。元帝时被立为博士，曾多次以其灾异之说推论时政得失，上奏皇帝。著有《京氏易传》，为后世阴阳卜筮家所宗奉。 ⑧班氏《五行志》：即班固《汉书·五行志》，为我国正史记载天灾人祸祥异的最早专志。 ⑨天士：懂得天文阴阳术数的方士。

与江子屏笺①

大著读竟。其曰《国朝汉学师承记》，名目有十不安焉，改为《国朝经学师承记》。敢贡其说：夫读书者实事求是，千古同之，此虽汉人②语，非汉人所能专。一不安也。本朝自有学，非汉学，有汉人稍开门径，而近加邃密③者，有汉人未开之门径，谓之汉学，不甚甘心。不安二也。琐碎恒饤④,不可谓非学,不得为汉学。三也。汉人与汉人不同,家各一经,经各一师,孰为汉学乎?四也。若以汉与宋为对峙,尤非大方之言⑤;汉人何尝不谈性道⑥?五也。宋人何尝不谈名物训诂⑦?不足概服宋儒之心。六也。近有一类人,以名物训诂为尽圣人之道,经师收之,人师摈之,不忍深论,以诬汉人,汉人不受。七也。汉人有一种风气,与经无与,而附于经,谬以神灶、梓慎之言为经,因以汩陈⑧五行,矫诬上帝为说经⑨,《大易》、《洪范》⑩,身无完肤,虽刘向⑪亦不免,以及东京内学⑫,本朝何尝有此恶习?本朝人又不受矣。八也。本朝别有绝特之士,涵咏白文⑬,创获于经,非汉非宋,亦惟其是而已矣,方且为门户之见者所摈。九也。国初之学,与乾隆初年以来之学不同;国初人即不专立汉学门户,大旨欠区别。十也。有此十者,改其名目,则浑浑圜无一切语弊矣。自珍顿首。丁丑冬至日。

[注释]①江子屏:指江藩,著有《国朝汉学师承记》。笺(jiān):书信。②汉人:指汉朝人。 ③邃(suì)密:精深周密。 ④饤恒:比喻文辞罗列堆砌。 ⑤大方:称博学或精于一技一艺的人为"大方",指专家学者,内行人。⑥性道:人性与天道。 ⑦名物训诂:训诂的一种类型,即对名物内涵和名物得名的由来进行解释。 ⑧汩陈:错乱陈列。 ⑨矫诬:假借圣贤或君王的名义,而行诋毁诬陷。 ⑩《洪范》:《尚书》篇名。洪,大;范,法、规范。旧传为商末箕子向周武王陈述的"天地之大法"。 ⑪刘向:西汉经学家,字子政,精于经术,尤其擅长阴阳五行,能以阴阳休咎论时政得失,语甚切直。 ⑫内学:东汉初年谶纬之说盛行,崇信谶纬者称谶纬之学为内学,而把"六经"之学称外学。 ⑬白文:书的正文,不附加评点注释。

参考书目

龚自珍著,王佩诤校:《龚自珍全集》,上海古籍出版社1999年版。
夏田蓝:《龚定庵全集类编》,中国书店1991年版。
孙钦善:《龚自珍选集》,人民文学出版社2004年版。
孙钦善:《龚自珍诗文选》,人民文学出版社1991年版。
樊克政:《中国近代思想家文库·龚自珍卷》,中国人民大学出版 2015年版。
樊克政:《龚自珍年谱考略》,商务印书馆2004年版。
郭延礼:《龚自珍年谱》,齐鲁书社1987年版。
陈铭:《剑气箫心:龚自珍传》,浙江人民出版社2005年版。
陈铭:《龚自珍评传》,南京大学出版社1998年版。
麦若鹏:《龚自珍传论》,安徽大学出版社2005年版。
阎海清:《化作春泥更护花:龚自珍全传》,长春出版社1996年版。
张寿安:《龚自珍学术思想研究》,文史哲出版社1997年版。
管林:《龚自珍研究》,人民文学出版社1984年版。
朱杰勤:《龚定庵研究》,商务印书馆1947年版。
孙文光:《龚自珍研究资料集》,黄山书社1984年版。
法家著作选读编辑组:《龚自珍著作选注》,人民出版社1976年版。
南京师范学院中文系:《龚自珍诗文选注》,江苏人民出版社1976

年版。

广州合金钢厂等龚自珍诗文注释组:《龚自珍诗文选注》,广东人民出版社1975年版。

近期国学读物要目

国学新读本

诗经　梁锡锋　注说
论语　臧知非　注说
尚书　姜建设　注说
国语　曹建国　张玖青　注说
孔子家语　杨朝明　注说
山海经　郑慧生　注说
墨子　苏凤捷　程梅花　注说
孟子　何晓明　周春健　注说
庄子　曹础基　注说
荀子　杨朝明　注说
韩非子　赵沛　注说
孙子兵法　赵国华　注说
楚辞　李中华　邹福清　注说
潜夫论　王健　注说
文心雕龙　戚良德　注说

礼记　杨天宇　注说
老子　曹峰　注说
吕氏春秋　张富祥　注说
商君书　徐莹　注说
战国策　张彦修　注说
淮南子　杨有礼　注说
春秋繁露　曾振宇　注说
世说新语　赵成林　注说
史通　李振宏　注说

周易　龚留柱　注说
新语　李振宏　注说
新书　徐莹　注说
新论　臧知非　注说
说苑　赵国华　范正娥　注说
搜神记　王利锁　注说
颜氏家训　郭宝军　注说

文中子　王路曼　池　桢　注说
潜书　池　桢　王路曼　注说
六祖坛经　姚彬彬　注说
韩愈集　刘真伦　注说
柳宗元集　岳　珍　注说
贞观政要　苏士梅　注说
通书　张文瀚　注说
正蒙　李　峰　注说
王弼集　党圣元　注说
欧阳修集　杨　亮　注说
王安石集　张富祥　李玉诚　注说
容斋随笔　张富祥　注说
论语集注　梁振杰　注说
大学中庸集注　梁振杰　注说
孟子集注　赵庆伟　注说
近思录　路新生　注说
传习录　岳淑珍　注说
焚书　李竞艳　注说
明夷待访录　赵轶峰　注说
闲情偶寄　惠　萍　注说
龚自珍集　曹志敏　注说
校邠庐抗议　刘克辉　戴宁淑　注说
劝学篇　马小泉　注说

百年河大国学旧著新刊

河洛方言诠诂　王广庆　著
三统历表　邵瑞彭　著
中国戏剧概论　卢　前　著
晚明思想史散论　嵇文甫　著
论语新探　赵纪彬　著
天问研究　孙作云　著
汉魏六朝文学史　李嘉言　著
金艺文志　金登科记考　万　曼　著
唐集叙录　万　曼　著
中国文学史新编　张长弓　著
汉碑集释　高　文　著
袁中郎研究　任访秋　著
东夷杂考　李白凤　著
宋会要辑稿考校　王云海　著
长江集新校　李嘉言　著

高适岑参选集　高　文　王刘纯　选著
花间集注　华锺彦　著
庆湖遗老诗集校注　王梦隐　著
曾瑞散曲集校注　李春祥　著
辛弃疾选集　佟培基　选著
汉魏六朝韵谱　于安澜　著
毡推闲话　武慕姚　著
中国救荒史　邓云特　著
红学二百年　李春祥　著
文心雕龙选讲　温绎之　著

于安澜书画学四种
画论丛刊
画史丛书
画品丛书
书学名著选

元典文化丛书
中华第一经——《周易》与中国文化　宋会群　苗雪兰　著
教化百科——《诗经》与中国文化　孙克强　张小平　著
经国治民之典——《周礼》与中国文化　郝铁川　著
哲人的智慧——《老子》与中国文化　高秀昌　龚　力　著
圣人箴言录——《论语》与中国文化　李振宏　著
武学圣典——《孙子兵法》与中国文化　龚留柱　著
亚圣思辨录——《孟子》与中国文化　何晓明　著
逍遥之祖——《庄子》与中国文化　白本松　王利锁　著
外王之学——《荀子》与中国文化　张曙光　著
中国帝王术——《韩非子》与中国文化　王宏斌　著
史家绝唱——《史记》与中国文化　邓鸿光　著
诸经总龟——《春秋》与中国文化　涂文学　周德钧　著
管理宝典——《管子》与中国文化　袁　闻　著
纵横家书——《战国策》与中国文化　张彦修　著
人仙之间——《抱朴子》与中国文化　徐仪明　冷天吉　著
医学圣典——《黄帝内经》与中国文化　王庆宪　梁晓珍　著
礼乐渊薮——《礼记》与中国文化　黄宛峰　著
词章之祖——《楚辞》与中国文化　李中华　著
星学宝典——《历书天官书》与中国文化　郑慧生　著
天人衡中——《春秋繁露》与中国文化　曾振宇　范学辉　著
王政全书——《吕氏春秋》与中国文化　张富祥　著
神话之源——《山海经》与中国文化　高有鹏　孟　芳　著

新道鸿烈——《淮南子》与中国文化　杨有礼　著
史家龟鉴——《史通》与中国文化　曾凡英　著
政事纲纪——《尚书》与中国文化　姜建设　著
春秋弦歌——《左传》与中国文化　龚留柱　著
平民理想——《墨子》与中国文化　苏凤捷　程梅花　著
人伦本原——《孝经》与中国文化　臧知非　著
法典之王——《唐律疏议》与中国文化　徐永康　吉霁光　郑取　著
文论巨典——《文心雕龙》与中国文化　戚良德　著

宋代研究丛书
北宋诗学　张海鸥　著
宋代东京研究　周宝珠　著
宋代地域经济　程民生　著
宋代监察制度　贾玉英　著
宋代官员选任和管理制度　苗书梅　著
宋代地域文化　程民生　著
宋代文学通论　王水照　主编
宋代司法制度　王云海　主编
宋代教育　苗春德　主编
清明上河图与清明上河学　周宝珠　著
宋代文化史　姚瀛艇　主编
黄庭坚与宋代文化　杨庆存　著
宋代交通管理制度研究　曹家齐　著
岳飞和南宋前期政治与军事研究　王曾瑜　著
成圣之道——北宋二程修养工夫论之研究　温伟耀　著
宋代绘画研究　邓乔彬　著

汉语史专书语法研究丛书
《三朝北盟会编》语法研究　刁晏斌　著
《荀子》虚词研究　黄珊　著
《晏子春秋》词类研究　姚振武　著
《聊斋俚曲》语法研究　冯春田　著
《孟子》词类研究　崔立斌　著
《朱子语类辑略》语法研究　吴福祥　著
敦煌变文12种语法研究　吴福祥　著
《吕氏春秋》句法研究　殷国光　著
《尚书》语法论稿　钱宗武　著
《左传》语法研究　何乐士　著
《元典章·刑部》语法研究　李崇兴　祖生利　著
汉语语法史断代专书比较研究　何乐士　著

图书在版编目(CIP)数据

龚自珍集/曹志敏注说. —郑州:河南大学出版社,2016.6
(国学新读本)
ISBN 978-7-5649-2420-1

Ⅰ.龚… Ⅱ.①曹… Ⅲ.①龚自珍(1792—1841)—古典文学研究 Ⅳ.①I206.2

中国版本图书馆 CIP 数据核字(2016)第 141322 号

责任编辑　胡玲霞
责任校对　陈　霞
封面设计　马　龙

出版发行　河南大学出版社
　　　　　地址:郑州市郑东新区商务外环中华大厦 2401 号　邮编:450046
　　　　　电话:0371－86059701(营销部)　网址:www.hupress.com
排　版　郑州市今日文教印制有限公司
印　刷　河南新华印刷集团有限公司
版　次　2016 年 10 月第 1 版　　印　次　2016 年 10 月第 1 次印刷
开　本　650mm×960mm　1/16　印　张　22.5
字　数　282 千字　　　　　　　　定　价　45.00 元

(本书如有印装质量问题请与河南大学出版社营销部联系调换)